# 福祉住環境コーディネーター検定試験®

## 3級
### 公式テキスト

東京商工会議所 編

## 第1章 暮らしやすい生活環境をめざして

## 第2章　健康と自立をめざして

## 第5章　安心できる住生活とまちづくり

## ●本書の使い方

### (1)学習のテーマ

3級公式テキスト（改訂6版）は、本編第1章〜第5章と実践事例集で構成されています。本編は、3級受験生のみなさまに、より効果的に学習を進めていただけるように、各節ごとにねらいをまとめ、さらに知識を広めていただけるように随所にコラムを掲載しています。

### (2)用語解説

必要に応じて用語解説を本文欄外に付けています。なお、用語解説を掲載した用語は、本文中で太字としています。

## ●今回の改訂6版について

3級公式テキスト（改訂6版）は、2019（平成31）年1月発行の改訂5版・3級公式テキスト（以下「前回版テキスト」）を改訂したものです。全体の構成は、前回版テキストを踏襲し、必要に応じて次のとおり改訂しています。

### ＜改訂のポイント＞

### (1)法律、制度、施策等について

前回版テキスト発行後の改正・変更等を反映し、2021（令和3）年12月段階で作成しています。

### (2)調査・統計資料等について

原則として2021（令和3）年12月段階で公表されている最新の年次資料に変更しています。ただし、定期的ではない調査や、調査項目の変更等により本文掲載項目に該当する新規資料がない場合は、従前どおり掲載しています。なお、図表等の出典の省庁名等は、公表当時のものとなっています。

### (3)その他

新しい展開等にもとづき記述の更新を行うとともに、前回版テキストに対する質問内容や要望に応じて記述の整理・変更を行っています。

### ＜主な変更箇所＞

○第1章・3節「在宅生活の維持とケアサービス」

2021（令和3）年4月等に施行された「地域共生社会の実現のための社会福祉法等の一部を改正する法律」（2020（令和2）年法律第52号）および関連する法令による介護保険制度改正や令和3年度介護報酬改定による見直し等を踏まえた記述としています。

○第4章

住宅改修関連調査の実施・分析の結果等をもとに、全体を通じて内容を見直し、住環境および住環境整備手法の変化を反映しています。

○第5章・2節「安心できる住生活」

2021（令和3）年3月に閣議決定された「住生活基本計画（全国計画）」等を踏まえた記述としています。

○第5章・3節「安心して暮らせるまちづくり」

2021（令和3）年4月等に施行された「バリアフリー法の一部を改正する法律」（2020（令和2）年法律第28号）および関連する法令によるバリアフリー施策関連の見直しを踏まえた記述としています。

○事例集

新たに「コーディネーター実践事例」を追加するとともに、相談援助の基礎知識となるコラム「社会福祉援助技術」を追加しています。

## ●本テキストの最新情報は福祉住環境コーディネーター検定試験®ホームページにてご覧いただけます。

https://www.kentei.org/fukushi/

デザイン：インスタントカーマ　表紙イラスト：菅原　美佐子

# 暮らしやすい
# 生活環境をめざして

# 少子高齢社会と共生社会への道

**ねらい** 世界に類をみない本格的な高齢社会の到来、出生率の低下による少子化は、ライフスタイルや家族形態などにも影響を及ぼしています。ここでは、少子高齢社会の現状を踏まえ、高齢化や少子化対策の具体的施策について学習します。

## A 少子高齢社会の現状と課題

 **人口統計から見た社会構造の変化**

### 【1】人口減少社会の到来

わが国の総人口は、2021（令和3）年12月1日現在で1億2,547万人となり、前年同月に比べて約62万人減少しました（総務省統計局「人口推計」（令和3年（2021年）12月1日概算値））。総人口の規模が減少するなかにあって、高齢者人口（65歳以上）は過去最高の3,624万人で、全体の約28.9％となっています（同上）。

高齢者人口が増加する一方で、年少人口（0歳から14歳まで）、生産年齢人口（15歳から64歳まで）は減少しており、少子高齢社会の現実が浮き彫りになりました（図1）。

国立社会保障・人口問題研究所の「日本の将来推計人口」（平成29年推計）では、今後、高齢者人口は、**団塊の世代**が**後期高齢者**となる2025（令和7）年に向かって激増することが予測され、高齢化率は、2065（令和47）年には38.4％に達すると見込まれています。

出生の状況は、**合計特殊出生率**の低下に歯止めがかからない状況で、2019（令和元）年も1.36と、過去最低水準となった2005（平成17）年の1.26と比べるとやや持ち直しているものの、依然低い水準となっています。これらの数値から予測されることは、現役世代の引退、高齢化と少子化の進捗を加味した場合、生産年齢人口の比率が今後いっそう低下する社会構造へと変化していくだろうということです。

つまり、高齢者人口の増加と、年少人口の減少とが同時並行的に進んでおり、これらの現象を少子高齢化と呼んでいます。このような社会では、単なる経済成長や景気の推移を気にするのではなく、少子高齢社会

**団塊の世代**
1947（昭和22）年から1949（昭和24）年にかけての第1次ベビーブームに生まれた世代。作家の堺屋太一著の小説『団塊の世代』が由来。第二次世界大戦にかかわった国に共通してみられる現象で、この3年間に集中して人口が増加した。

**後期高齢者**
75歳以上の高齢者。なお65歳から74歳までの高齢者を前期高齢者という。

**合計特殊出生率**
1人の女性が一生に産む子どもの数を示す数値。

に見合った世代間での共存の道を探らなければなりません。**社会保障費**が増大を続けていることを背景に、高齢者施策、少子化対策といった個々の施策のみならず、どのような社会のあり方を求めていくのかという視点が最も重要視されることになります。

　本節では、まず高齢者の生活実態と高齢者対策、少子化の現状と支援策について把握し、少子高齢社会にどのような視点で向き合うことが大切であるかを考えてみます。

**社会保障費**
生活費を保障する所得保障、医療保障、社会福祉サービスの保障に関する費用のこと。政府予算に占める医療や年金、介護、生活保護などの社会保障関連の経費は、特に「社会保障関係費」と呼ばれるが、高齢化などの影響によりその額は増加し続けている。

## 【2】高齢者の生活実態
### (1) 単独世帯の増加

　高齢者人口の増加は、戦後の高度経済成長のなかで国民一人ひとりが豊かになり、インフラ(社会資本)の充実によって生活環境が改善され、医療技術に関しても高度化が進んだ結果といえます。高齢化率は1980年代まで先進諸国の中でも下位であったものが、この30年間ほどで一気に最も高い水準にまで駆け上がりました。

　平均寿命(p.51参照)は2020(令和2)年には男性が81.64歳、女性は87.74歳となっています。

　増加を続ける高齢者の実態は、世帯数に占める割合にも表れています。65歳以上の高齢者がいる世帯は、2019年現在2,558万4千世帯で、全世帯(5,178万5千世帯)の49.4%を占めています(厚生労働省「国民生活基礎調査」2019(令和元)年)。65歳以上の高齢者がいる世帯のうち、一人暮らしの「単独世帯」が736万9千世帯(28.8%)、「夫婦のみの世帯」が

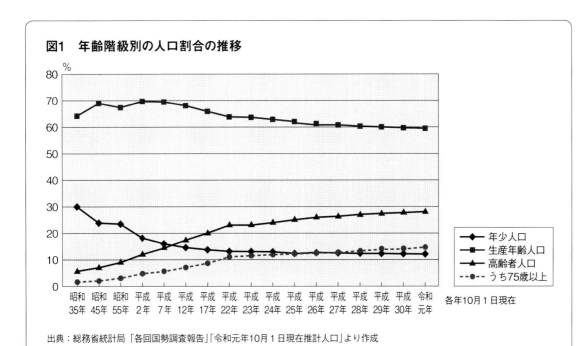

**図1　年齢階級別の人口割合の推移**

凡例：
- 年少人口
- 生産年齢人口
- 高齢者人口
- うち75歳以上

各年10月1日現在

出典：総務省統計局「各回国勢調査報告」「令和元年10月1日現在推計人口」より作成

第1章　暮らしやすい生活環境をめざして

第2章　健康と自立をめざして

第3章　バリアフリーとユニバーサルデザイン

第4章　安全・安心・快適な住まい

第5章　安心できる住生活とまちづくり

事例集　地域で取り組む福祉のまちづくり実践事例

827万世帯（32.3%）などとなっており、大きな割合を占めています（図2）。こうした傾向は、核家族化の顕著な流れを示すものであるという分析がされていますが、日本人のライフスタイルが変化していると受け止めることができます。

進学、就職、結婚といった節目に独立し、家族が分散していくという世帯状況の変化に伴い、核家族化された少人数の世帯では、明らかに子育ての人員が不足し、家事の負担も大きくなっています。これはほんの一例にすぎませんが、高齢社会の進展は、今後さらに家族の役割や機能を大きく変えていくきっかけになるという視点をもつ必要があります。

### （2）高齢者の就業

一方で、高齢者が定年後すぐに隠居生活を送るようなライフスタイルが定着しているとはいえません。2020年の65歳以上の労働力人口は労働

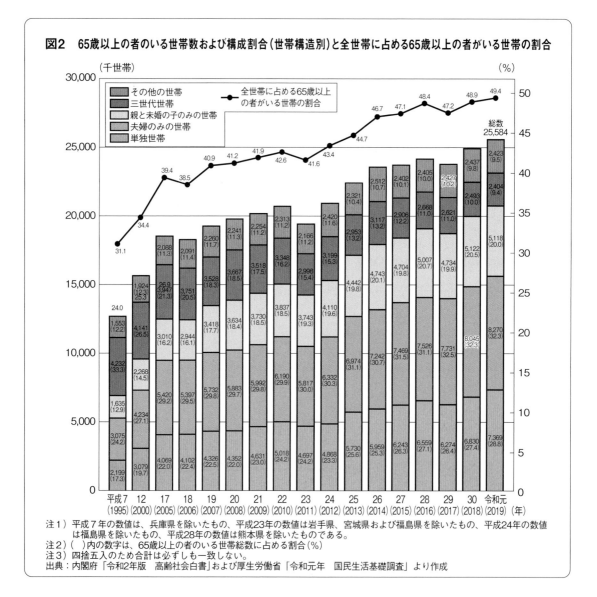

図2　65歳以上の者のいる世帯数および構成割合（世帯構造別）と全世帯に占める65歳以上の者がいる世帯の割合

注1）平成7年の数値は、兵庫県を除いたもの、平成23年の数値は岩手県、宮城県および福島県を除いたもの、平成24年の数値は福島県を除いたもの、平成28年の数値は熊本県を除いたものである。
注2）（　）内の数字は、65歳以上の者のいる世帯総数に占める割合（%）
注3）四捨五入のため合計は必ずしも一致しない。
出典：内閣府「令和2年版　高齢社会白書」および厚生労働省「令和元年　国民生活基礎調査」より作成

第1章　暮らしやすい生活環境をめざして

第2章　健康と自立をめざして

第3章　バリアフリーとユニバーサルデザイン

第4章　安全・安心・快適な住まい

第5章　安心できる住生活とまちづくり

事例集　地域で取り組む福祉のまちづくり実践事例

力人口総数の13.4％を占めています（内閣府「令和3年版高齢社会白書」）。さらに、労働力人口において、65〜69歳の雇用者数は320万人、70歳以上の雇用者数は300万人と大きな数になっています（総務省「労働力調査」2020（令和2）年）。また、厚生労働省の「第15回中高年者縦断調査」（2019年11月）によれば、65〜69歳になっても仕事をしたい者は56.4％、70歳以降でも仕事をしたい者は39.0％となっています。こうした傾向から、今後の高齢者対策を考えるうえでは、介護・介護予防サービス等の充実に加え、健康で元気な高齢者に対する雇用・就業の機会を確保していくことが重要となります。

### 【3】高齢者の健康と福祉

　「人口1,000人当たり433.6人」。これは、2019（令和元）年における65歳以上の高齢者（入院者を除く）の「ここ数日、病気やけが等の自覚症状のある人」の数です（厚生労働省「国民生活基礎調査」2019年）。また、通院している高齢者の割合は、1,000人当たり689.6人となっています。高齢期には健康上の何らかの問題を抱えている高齢者が多いということがわかります。

　2000（平成12）年4月からスタートした介護保険制度は、高齢者等が介護を必要とする状態になったときに利用できるサービスとして広く認知されていますが、介護保険制度を利用できる要介護、要支援の認定を受けた65歳以上の高齢者は、約656万人に及んでいます。（厚生労働省「介護保険事業状況報告」（2019年度））。今後さらに介護を必要とする高齢者の割合が増えていくことは間違いありません。つまり、暮らしやすい生活環境を考えるうえで、要介護者の増加は重要な要素の一つといえます。

　一方で、高齢者の中には元気な人も多数存在しています。高齢者の社会参加の状況を見ると、実に60歳以上の58.3％が、社会活動に参加しています（内閣府「令和3年版高齢社会白書」）。高齢者をすべて弱者としてとらえる視点だけでは、快適な住環境づくりにはつながらないことがうかがえます。

## ❷　高齢者の施策の現状と課題

### 【1】高齢社会対策大綱の概要

　ここまで、人口動態の統計資料から少子高齢化が急速に進んでいくことを確認し、高齢者に対するあらゆる角度から準備された施策の必要性について見てきました。そこで、わが国の高齢者対策の内容について整理してみましょう。

　まず、わが国の高齢社会対策は、1995（平成7）年に制定された「**高齢**

**高齢社会対策基本法**
高齢社会対策の基本理念を明らかにしてその方向を示し、国をはじめ社会全体として高齢社会対策を総合的に推進していくため定められた法律。1995（平成7）年12月施行。

**高齢社会対策大綱**
高齢社会対策基本法（1995（平成7）年法律第129号）第6条の規定に基づき、政府が推進すべき基本的かつ総合的な高齢社会対策の指針として定められたもの。

社会対策基本法」に基づいています。この法律によって「**高齢社会対策大綱**」が翌年に公表され、次いで2001（平成13）年に新たな高齢社会対策大綱が閣議決定されました。また、2012（平成24）年9月7日に新たな高齢社会対策大綱が閣議決定され（2001年閣議決定の高齢社会対策大綱は廃止）、政府の高齢社会対策の中長期的な指針としての性格をかんがみて、経済社会情勢の変化等を踏まえ、おおむね5年を目途に必要に応じて、見直しを行うものと明記されました。

2012年の高齢社会対策大綱では、その基本的な考え方として、次の6つを掲げました。（2012年閣議決定の高齢社会対策大綱は廃止）

①「高齢者」の捉え方の意識改革

②老後の安心を確保するための社会保障制度の確立

③高齢者の意欲と能力の活用

④地域力の強化と安定的な地域社会の実現

⑤安全、安心な生活環境の実現

⑥若年期からの「人生90年時代」への備えと世代循環の実現

さらに、2018（平成30）年2月16日に新たな高齢社会対策大綱が閣議決定されました。

新たな高齢社会対策大綱は、政府が推進すべき基本的かつ総合的な高齢社会対策の指針となることを目的として定められており、基本的な考え方として、以下の3つを掲げています。

①年齢による画一化を見直し、すべての年代の人々が希望に応じて意欲・能力をいかして活躍できるエイジレス社会を目指す。

②地域における生活基盤を整備し、人生のどの段階でも高齢期の暮らしを具体的に描ける地域コミュニティを作る。

③技術革新の成果が可能にする新しい高齢社会対策を志向する。

65歳以上の一人暮らしの高齢者が男女ともに増加していることはすでに述べましたが、こうした高齢者を一つの枠にあてはめて考えることは非常に難しくなっています。たとえば、内閣府「第9回高齢者の生活と意識に関する国際比較調査」による子どもや孫とのつきあいに関するアンケート調査では、高齢者が子どもや孫と「いつも一緒に生活できるのがよい」と答えた割合は低下し、「ときどき会って食事や会話をするのがよい」の割合が上昇しています。本音の部分では、子どもや孫とのかかわりを望みながらも、実際には別々の生活環境をもっていることが望ましいという価値観をもつ高齢者が増えたことを示しています。

こうした高齢者の実像を考えると、画一的な高齢者像を前提に施策を整備することはできません。また、若年期から高齢期のライフスタイルに配慮した環境づくりや、それをサポートする地域活動の環境や情報提供の手段を整備することが必要です。

## 表1　2018（平成30）年決定の高齢社会対策大綱の6つの分野

1　就業・所得
(1) エイジレスに働ける社会の実現に向けた
　　環境整備
(2) 公的年金制度の安定的運営
(3) 資産形成等の支援

2　健康・福祉
(1) 健康づくりの総合的推進
(2) 持続可能な介護保険制度の運営
(3) 介護サービスの充実（介護離職ゼロの実
　　現）
(4) 持続可能な高齢者医療制度の運営
(5) 認知症高齢者支援施策の推進
(6) 人生の最終段階における医療の在り方
(7) 住民等を中心とした地域の支え合いの仕
　　組み作りの促進

3　学習・社会参加
(1) 学習活動の促進
(2) 社会参加活動の促進

4　生活環境
(1) 豊かで安定した住生活の確保
(2) 高齢社会に適したまちづくりの総合的推進
(3) 交通安全の確保と犯罪、災害等からの保護
(4) 成年後見制度の利用促進

5　研究開発・国際社会への貢献等
(1) 先進技術の活用及び高齢者向け市場の活性
　　化
(2) 研究開発等の推進と基盤整備
(3) 諸外国との知見や課題の共有

6　全ての世代の活躍推進
(1) 全ての世代の活躍推進

## 【2】大綱の分野別の基本的施策

　2018（平成30）年決定の高齢社会対策大綱では、その基本的な考え方を踏まえ、「就業・所得」「健康・福祉」「学習・社会参加」「生活環境」「研究開発・国際社会への貢献等」および「全ての世代の活躍推進」の6つの分野において、施策の指針を示しています（表1）。

　大綱では、施策の方針の一つとして「生活環境」の中の「豊かで安定した住生活の確保」で、以下の内容が示されています。

### （1）次世代へ継承可能な良質な住宅の供給促進

　高齢者等すべての人にとって安全・安心で豊かな住生活を支える生活環境の構築に向け、住宅の安全性、耐久性、快適性、エネルギーの使用の効率性その他の住宅の品質または性能の維持および向上により、良質な住宅ストックの形成を図ること。また、若年期からの持ち家の計画的な取得への支援等を引き続き推進すること。

### （2）循環型の住宅市場の実現

　良質な既存住宅の資産価値が適正に評価され、その流通が円滑に行われるとともに、居住ニーズと住宅ストックのミスマッチが解消される循環型の住宅市場をめざし、建物状況調査・保証、住宅履歴情報の普及促進等を行うことで、既存住宅流通・リフォーム市場の環境整備を進めること。また、高齢者が有する比較的広い住宅を、子育て世帯等向けの賃貸住宅として活用するための住み替えを支援すること。

### （3）高齢者の居住の安定確保

　高齢者が、地域において安全・安心で快適な住生活を営むことができるよう、サービス付きの高齢者向け住宅の供給等により、住宅のバリアフリー化や見守り支援等のハード・ソフト両面の取り組みを促進すること。また、民間事業者等との協働により、公的賃貸住宅団地等の改修・

第1章　暮らしやすい生活環境をめざして

第2章　健康と自立をめざして

第3章　バリアフリーとユニバーサルデザイン

第4章　安全・安心・快適な住まい

第5章　安心できる住生活とまちづくり

事例集　地域で取り組む福祉のまちづくり実践事例

**住宅セーフティネット法**
2007（平成19）年に制定された「住宅確保要配慮者に対する賃貸住宅の供給の促進に関する法律」の略称。空き家等を活用した住宅セーフティネット機能の強化を図るため、2017（平成29）年に改正されている。

**住宅確保要配慮者居住支援協議会（居住支援協議会）**
住宅確保要配慮者（低額所得者、被災者、高齢者、障害者、子どもを育成する家庭その他住宅の確保に特に配慮を要する人）の民間賃貸住宅への円滑な入居の促進を図るため、地方公共団体や関係業者、居住支援団体等が連携し、住宅確保要配慮者および民間賃貸住宅の賃貸人の双方に対し、住宅情報の提供等の支援を実施するもの。住宅セーフティネット法に定められている組織。

建替えに併せた福祉施設等の設置を促進するほか、公的保証による民間金融機関のバックアップなどによりリバースモーゲージの普及を図り、高齢者の住み替え等の住生活関連資金を確保すること。さらに、一人暮らし高齢者が増加するなか、高齢者が、その特性に応じて適切な住宅を確保できるよう、改正「**住宅セーフティネット法**」に基づき、民間賃貸住宅等の空き室や空き家を活用した、高齢者等の住宅確保要配慮者向け賃貸住宅の供給を促進すること。加えて、民間賃貸住宅への円滑な入居を促進するため、地方公共団体、宅地建物取引業者、賃貸住宅管理業者、居住支援を行う団体等から構成される**住宅確保要配慮者居住支援協議会（居住支援協議会）**に対する支援を行い、民間賃貸住宅に関する情報の提供や必要な相談体制の整備等を図ること。

 ## 3 少子化対策の課題と施策の現状

2020（令和2）年の「人口動態統計」（厚生労働省）によれば、同年の出生数は約84万835人となっています。合計特殊出生率は1.36でした（2019（令和元）年）。

かつて第1次ベビーブーム（1947〜1949（昭和22〜24）年の出生数の増加）の時期に生まれた女性が出産したことによって、第2次ベビーブーム（1971〜1974（昭和46〜49）年）が到来し、その出生数は増加していました。しかしながら、1975（昭和50）年以降は合計特殊出生率が2.00を下回り、以降、前年を上回る年があるものの、全体としては減少しています。

母親の年齢別の出生数を見ると、30〜34歳の年代の出生数が最も多く約30万人、次いで25〜29歳の約22万人、35〜39歳の約20万人となっています。近年の推移を見ると、20歳代の出生割合が少なく、30歳代が増えてきています。これは、晩産化の傾向にあることを示しています。

少子化は、私たちの社会に大きな影響を及ぼします。子どもの数が減少し続ければ、総人口が減少することにつながります。

### 【1】 少子化対策の視点

わが国で「少子化」が問題だと認識され、対策が講じられたのは1990（平成2）年のことでした。この前年、合計特殊出生率が1.57を記録しました（1.57ショック）。これを契機に、子育てと仕事の両立支援、子どもを産み育てやすい環境づくりに向けた施策が次々に実施されてきました。

最初の具体的な計画は1994（平成6）年に策定された「今後の子育て支援のための施策の基本的方向について（エンゼルプラン）」であり、その5年後には「重点的に推進すべき少子化対策の具体的実施計画について（新エンゼルプラン）」が策定され、保育サービスの充実から雇用、母子

保健・相談、教育など幅広い観点から実施されています。

その後、2002（平成14）年に「少子化対策プラスワン」、2003（平成15）年には「少子化社会対策基本法」が成立しました。歯止めのかからない急速な少子化傾向に対して、総合的な施策の推進が図られてきています。

2004（平成16）年には、「少子化社会対策基本法」に基づく**少子化社会対策大綱**が、また2005（平成17）年度から2009（平成21）年度までの重点施策の具体的実施計画である「子ども・子育て応援プラン」が策定されました。

その後、2010（平成22）年、少子化社会対策大綱が見直され、「子ども・子育てビジョン」が策定されました。この大綱で、子どもと子育てを応援する社会をめざして、家族や親が子育てを担う社会から社会全体で子育てを支える社会への脱皮を提唱しました。さらに、2015（平成27）年には、結婚、妊娠、子ども・子育てに温かい社会の実現をめざす新たな少子化社会対策大綱を策定しました。

2020（令和2）年5月29日に新しい令和の時代にふさわしい少子化対策として総合的かつ長期的な少子化社会対策大綱が閣議決定されました。その基本的な目標は、「『希望出生率1.8』の実現に向け、令和の時代にふさわしい環境を整備し、国民が結婚、妊娠・出産、子育てに希望を見出せるとともに、男女が互いの生き方を尊重しつつ、主体的な選択により、希望する時期に結婚でき、かつ希望するタイミングで希望する数の子供を持てる社会をつくる」こととし、結婚、妊娠・出産、子育ては個人の自由な意志決定に基づくものであることを強調しました。大綱の基本的な考え方として5つの項目が取り上げられています。

1　結婚・子育て世代が将来にわたる展望を描ける環境をつくる
2　多様化する子育て家庭のさまざまなニーズに応える
3　地域の実情に応じたきめ細かな取組を進める
4　結婚、妊娠・出産、子ども・子育てに温かい社会をつくる
5　科学技術の成果など新たなリソースを積極的に活用する

## 【2】少子化対策の課題

大綱では、これらの5つの基本的な考え方の項目に対応して、重点課題を示しています。

1番目の考え方の重点課題としては、①若い世代が将来に展望を持てる雇用環境等の整備（経済的基盤の安定）、②結婚を希望する者への支援（地方公共団体による総合的な結婚支援の取組に対する支援等）、③男女ともに仕事と子育てを両立できる環境の整備（保育の受け皿整備、育児休業や育児短時間勤務などの両立支援制度の定着促進・充実など）、④子育て等により離職した女性の再就職支援、地域活動への参画支援（学び直し支援など）、⑤男性の家事・育児参画の促進、⑥働き方改革（長時

**少子化社会対策大綱**
2003（平成15）年に制定された「少子化社会対策基本法」の第7条に「政府は、少子化に対処するための施策の指針として、総合的かつ長期的な少子化に対処するための施策の大綱を定めなければならない」と規定されており、長期的な施策方針を定めることになっている。

第1章　暮らしやすい生活環境をめざして

第2章　健康と自立を　めざして

第3章　バリアフリーとユニバーサルデザイン

第4章　安全・安心・快適な住まい

第5章　安心できる住生活とまちづくり

事例集　地域で取り組む福祉のまちづくり実践事例

間労働の是正、多様で柔軟な働き方の実現、雇用形態にかかわらない公正な待遇の確保など)と暮らし方改革(学校・園関連の活動、地域社会への多様で柔軟な参加促進など)が示されています。

2番目の考え方に対する重点課題としては、①子育てに関する支援(経済的支援、心理的・肉体的負担の軽減等)、②在宅子育て家庭に対する支援(一時預かり、相談・援助等の充実)、③多子世帯、多胎児を育てる家庭に対する支援(多子世帯に配慮した子育て、保育、教育、住居などのさまざまな面での負担の軽減策の推進など)、④妊娠期から子育て期にわたる切れ目のない支援(母子保健法改正を踏まえた産後ケア事業の全国展開等)、⑤子育ての担い手の多様化と世代間での助け合い(NPOやシニア層などの参画促進による地域での子育て支援、三世代同居・近居しやすい環境づくりなど)が示されています。

3番目の考え方の重点課題としては、①結婚、子育てに関する地方公共団体の取組に対する支援、②**地方創生**と連携した取り組みの推進(「地域アプローチ」による少子化対策の推進など)が示されています。

4番目の考え方の重点課題としては、①結婚を希望する人を応援し、子育て世帯をやさしく包み込む社会的機運の醸成(子育て支援パスポート事業の普及・促進、「家族の日」「家族の週間」等を通じた理解促進など)、②妊娠中の人や子ども連れに優しい施設や外出しやすい環境の整備、③結婚、妊娠・出産、子ども・子育てに関する効果的な情報発信が示されています。

5番目の考え方の重点課題としては、①結婚支援・子育て分野におけるICT(情報通信技術)やAI(人工知能)等の科学技術の成果の活用促進(AIを活用したシステムと相談員による相談を組み合わせた結婚支援、行政内部や保育現場における業務の効率化、母子保健関連データの関係者間での共有・活用、子育て関連手続にかかる負担軽減など)が示されています。

これらの重点課題は、少子化対策として必要不可欠なものであり、着実に推進する必要があります。

## 【3】 少子化社会対策にみられる住宅の整備

少子化社会対策大綱では、「住宅支援、子育てに寄り添い子供の豊かな成長を支えるまちづくり」の観点から子育てしやすい住宅の整備を推進しています。

1　融資、税制を通じた住宅の取得等の支援

子育て世帯が、子育てに適した住宅を取得し、または子どもの成長に応じ、増改築や改修をしやすくできるよう、融資や税制等を活用し、子育てに適したゆとりある住宅の確保を図る。

2　良質なファミリー向け賃貸住宅の供給促進

**地方創生**
2014(平成26)年11月に、まち・ひと・しごと創生法の成立と地域再生法の改正が行われ、地域や地方がそれぞれ特徴を生かして地方経済を活性化し、若者を中心に地方の人が地元で職を得、豊かに暮らせるようにするとともに、人口減少対策にもしていこうとしている。

1節　少子高齢社会と共生社会への道

第1章　暮らしやすい生活環境をめざして

第2章　健康と自立をめざして

第3章　バリアフリーとユニバーサルデザイン

第4章　安全・安心・快適な住まい

第5章　安心できる住生活とまちづくり

事例集　地域で取り組む福祉のまちづくり実践事例

地域優良賃貸住宅制度や民間供給支援型賃貸住宅制度等により、子育て世帯等を対象とした優良な賃貸住宅の供給を支援する。

3　新たな住宅セーフティネット制度の推進

改正住宅セーフティネット法に基づき、民間賃貸住宅等の空き室や空き家を活用した、子育て世帯等の住宅確保要配慮者の入居を拒まない賃貸住宅の登録を促進するとともに、住宅の改修や入居者負担の軽減等への支援を行う。また、居住支援協議会や居住支援法人が行う相談・情報提供等に対する支援を行う。

4　公的賃貸住宅ストックの有効活用等による居住の安定の確保

公的賃貸住宅において、事業主体による子育て世帯等に対する当選倍率優遇等の対応を推進する。

5　公的賃貸住宅と子育て支援施設との一体的整備等の推進

公的賃貸住宅・団地の建替え等に際し、子育て支援施設等との合築・併設を推進する。また、住宅団地等における子育て支援施設等の整備を推進するとともに、子育て世帯等の居住の安定確保に資する先導的取組に係る提案を募集し、その実現・普及を支援する。

6　街なか居住等の推進

職住近接で子育てしやすい都心居住、街なか居住を実現するため、住宅の供給や良質な住宅市街地などの環境整備を行う。

7　子育てフレンドリーで安全な都市の実現

子育てしやすい都市づくりを推進するため、職場に近接して子育て支援施設を導入する事業等や子育てしやすい住宅ストックへのリフォームに対して支援を実施する。

8　金融支援を通じた子育て支援施設を含む優良な民間都市開発事業の推進

（一財）民間都市開発推進機構が実施する金融支援（出資等）により、子育て支援施設を含む優良な民間都市開発事業を推進する。

9　小中学校の余裕教室、幼稚園等の活用による地域の子育ての拠点づくり

小中学校の余裕教室、幼稚園等を活用し、地域における子育て支援や親子交流等の機能を担う場の設置を促進する。

# B　地域社会、社会全体の取り組みの必要性

## 少子高齢社会の意味

　私たちが暮らす社会は、明らかに少子高齢社会へと急速に進んでいます。つまり、高齢者人口が増加するとともに、年少人口（0歳から14歳まで）と生産年齢人口（15歳から64歳まで）は減少してきています。もう一つ重要な点は、わが国の総人口が減少過程に入っていると推測されていることです。国立社会保障・人口問題研究所の「日本の将来推計人口（平成29年推計）」によれば、わが国の総人口は、2015（平成27）年の1億2,709万人から、2040（令和22）年に1億1,092万人を経て、2060（令和42）年には9,284万人となり、2065（令和47）年には8,808万人になると予測されています。総人口の減少は、経済・社会・政治・文化に大きな影響を与え、現在の私たちの暮らしが持続できるのかどうか大きな課題となっています。私たちが安心して暮らせるために、このような人口減少の中での少子高齢社会をどのように乗り切っていくかを考える必要があります。

### 【1】少子化の影響

　現代社会は、個人の考え方、価値観などが多様であり、その生き方もさまざまです。結婚は本人の意思であり、本人が判断することです。また、男性は仕事、女性は家事・子育てという役割分担を固定化して考えるのではなく、夫婦が協力して子育てに取り組み、女性が働きやすい職場環境を整備することは当然のことながら必要です。しかし、それだけでは、少子化の課題を解決することは困難です。夫婦や職場だけでは解決することは難しいので、社会全体で少子化の課題に取り組む必要があります。では、少子化はどのような影響をもたらすのでしょうか。

　少子化の進行によって、将来的に生産年齢人口は減少し、経済的な生産能力へ影響することは避けられません。平均寿命が延びている状況を考えると、高齢者が占める割合が高くなり、年金・医療・福祉などの社会保障の負担が現役の世代に重くのしかかってくる側面も十分考慮する必要があります。

　一方、社会面では、単身者や子どものいない世帯が増加することで、家族構成が変化し、私たちの社会活動の基本的な単位として考えてきた「家族」の形そのものが大きく変わります。単身世帯が増加し、その人たちの暮らしや介護を社会全体で支えることになり、その費用の増大も

1節　少子高齢社会と共生社会への道

第1章　暮らしやすい生活環境をめざして

第2章　健康と自立をめざして

第3章　バリアフリーとユニバーサルデザイン

第4章　安全・安心・快適な住まい

第5章　安心できる住生活とまちづくり

事例集　地域で取り組む福祉のまちづくり実践事例

予測されます。地域にとっては、地域の担い手・後継者不足が問題となり、地域社会を維持することが難しくなります。企業にとっては、働き手が減少し、生産力の向上を望むことが難しくなってきます。国にとっても、将来的に生産年齢人口が減少し、経済的な生産能力の低下が生じると、国民生活を維持するための財源が不足してきます。このように少子化の進行は、個人・地域・企業・国に至るまで大きな影響をもたらします。

## 【2】高齢社会の影響

　高齢になることによって、私たちには心身機能の低下が老化現象として現れます。高齢者は、医療的なケアを受ける機会が増え、高齢者に必要な医療費が自然と増えてきます。また、高齢になることによって、介護を受ける人も増えていきます。近年、**認知症**高齢者の増加が指摘され、2010（平成22）年の時点で日常生活自立度Ⅱ以上の認知症の高齢者は280万人と推計され、そのおおよそ半数が在宅で生活しています（表2）。特に、75歳以上の高齢者が増加すると生活支援を必要とする傾向が高くなります。つまり、高齢社会は介護費用が増大する社会となってきます。

　さらに、高齢者の生活に必要不可欠なものに年金があります。年金の考え方は、働く人が助け合って費用を出し合い、将来の生活の不安に備える保険というものです。そのためには、若くて働き盛りの世代が働けない高齢者の生活を支えるだけの給料をもらえるようにしなければなりません。高齢社会では、年金だけでは生活が厳しくなってきます。

　このように、高齢社会の進展によって危惧されることは、年金や医療、社会福祉や生活保護、雇用制度などの**社会保障給付費**（年金・医療・福祉などを合わせた額）の負担が生産年齢人口に重くのしかかってくることです。特に高齢者関係の社会保障給付費が増大しており、2019（令和元）年度は82兆444億円となり、社会保障給付費に占める割合は66.5％となっています（国立社会保障・人口問題研究所「社会保障費用統計」2019年度）。

**認知症**

成人になってから起こる記憶力の低下や、判断力の低下などにより社会生活や日常生活を一定のレベルに保つことが困難となる状態をいう。原因としては、種々の脳内疾患や身体疾患があるが、高齢期に起こる認知症の代表的なものに、アルツハイマー型認知症と脳血管性認知症がある。徘徊、異食、せん妄、興奮、暴力行為などの周辺症状などもみられる。

**社会保障給付費**

国際労働機関（ILO）が国際比較上定めた社会保障の基準に基づき、社会保険や社会福祉等の社会保障制度を通じて、1年間に国民に給付される金銭またはサービスの合計額。

### 表2　認知症高齢者の居場所別内訳（平成22年9月末現在）

単位：万人

| | 居宅 | 特定施設 | グループホーム | 介護老人福祉施設 | 介護老人保健施設等 | 医療機関 | 合計 |
|---|---|---|---|---|---|---|---|
| 日常生活自立度Ⅱ以上 | 140 | 10 | 14 | 41 | 36 | 38 | 280 |

※端数処理の関係により合計は一致しない。
※介護老人保健施設等には、介護療養型医療施設が含まれている。
出典：「「認知症高齢者の日常生活自立」Ⅱ以上の高齢者」（厚生労働省　平成24年8月24日）
（注）自立度Ⅱとは、家庭内外で日常生活に支障をきたすような症状・行動や意思疎通の困難さがみられても、だれかが注意していれば自立できる状態である。自立度Ⅲ、Ⅳ、Mと進むにつれ、重症の状態となる。

### 【3】少子高齢社会の意味

　わが国は、少子高齢社会になっており、同時に総人口の減少傾向がみられます。この問題を解決するためには、個々の家族だけでは困難であり、社会全体で対応しなければなりません。そのためには、地域ぐるみで、住民の力を結集して、地域社会の発展をめざす方向性を住民一人ひとりが認識する必要があります。近年、高齢者福祉において、エイジング・イン・プレイス（Aging in Place）という理念が強調されるようになってきました。1992（平成４）年、パリで行われた**経済協力開発機構（OECD）**の社会保障大臣会議において取り上げられたこの理念は、高齢者一人ひとりにとって最もふさわしい場所、つまり、住み慣れた地域社会を基盤として安全で安心な老後生活を過ごそうという考え方です。このような観点から、厚生労働省は、持続した社会保障制度を確立するために、高度急性期医療から在宅医療・介護までの一連のサービス提供体制を確保できるよう地域包括ケアシステムの実現をめざしています。このケアシステムは、日常生活圏で30分以内でサービスを受けられるようにするものであり、医療と福祉の地域連携が必要不可欠となってきます。

　このような地域社会のめざす方向性とは、いったいどのようなものなのでしょうか。少子高齢社会になり、私たちの地域社会も変化してきています。従来の血縁、地縁に基づく地域社会のつながりが薄れてきており、それに代わる新たな人と人との結びつきによって地域社会をつくる動きになってきています。たとえば、2004（平成16）年の新潟県中越地震や2011（平成23）年の東日本大震災では、救援物資や募金活動の支援だけでなく、全国各地のボランティアが参加し、支援活動を行いました。このような動きは、各個人が自立し尊厳をもって、自分の属する社会への参加や貢献を自分らしく発揮したいという意識が働いた結果といえます。

　子どもや高齢者の課題は、個別的に検討することも重要ですが、人と人との新たな結びつきを形成しながら社会全体で解決することも重要となります。つまり、年齢や世代で区別をつける考え方ではなく、高齢世代がその能力や経験を生かして、若い世代とともに経済社会や地域社会を支えていく、いわゆる「**エイジレス社会**」の構築をめざす必要があります。

**経済協力開発機構（OECD）**

ヨーロッパや北米等の先進諸国によって、国際経済全般について協議することを目的とした国際機関。経済成長、生活水準の向上、発展途上国の経済開発、世界貿易の拡大などを目的としている。日本は1964（昭和39）年に加盟国となった。

**エイジレス社会**

だれもが年齢にとらわれることなく、個人の能力、意欲に応じて、社会の一員として生き生きと充実した暮らしができる社会のこと。

 **ユニバーサル社会の実現の意義**

### 【1】ユニバーサル社会とは

　地域で互いに助け合う、共助や互助といわれた時代から、人々がより自由に社会のさまざまな面で活動できるようになってきており、ともに新たな結びつきを形成して生きる社会になっていくことが大切です。こ

第1章　暮らしやすい生活環境をめざして

第2章　健康と自立をめざして

第3章　バリアフリーとユニバーサルデザイン

第4章　安全・安心・快適な住まい

第5章　安心できる住生活とまちづくり

事例集　地域で取り組む福祉のまちづくり実践事例

のような社会を共生社会と呼んでいます。

　共生社会を形成するためには、だれもが安心して生活できるように住まいや建築物のバリアフリー化を推進し、障害の有無、年齢等にかかわりなく、国民一人ひとりがそれぞれ対等な社会の構成員として自立し、相互にその人格を尊重しつつ支え合う、各個人がもっている能力を最大限発揮できる社会が基礎となります。

　このような社会をユニバーサル社会といいます。ユニバーサル社会を実現するためには、高齢者や障害者の別なく、すべての人々が平等に参加し、すべての人に開かれた社会をめざす必要があります。ユニバーサル社会を形成する観点から、ユニバーサルデザインの考え方、高齢者や障害者に対する支援制度、ユニバーサルデザインによる製品や施設等の社会環境の整備を進めることが重要です。

　特に、私たちの暮らしの基本である居住環境の整備は、ユニバーサル社会を形成するうえで核となるものです。

## 【2】 社会全体での取り組みの必要性

　ユニバーサル社会の形成のためには、元気高齢者対策や介護予防の重視など、地域社会を基盤として、社会全体で取り組む必要があります。個々の家族の中ではこのような高齢者の課題を解決することは困難です。

　家族の中でも、特に女性に過重な負担がかかっている場合が多く、働いている女性が離職し、自己実現の場を失うだけではなく、社会的には、労働力をもつ人口の減少にもつながります。

　このような観点からも、地域において個別ニーズに対応する介護サービスを確保する必要があり、社会全体で介護サービスを提供できるような高齢者保健福祉施策が求められてきています。

## 【3】 まち・ひと・しごと創生法のめざすもの

　2014(平成26)年11月、「まち・ひと・しごと創生法」が成立しました。この法律は、少子高齢社会における人口減少を食い止めるとともに、東京圏への人口の過度の集中を是正し、

　①国民一人ひとりが夢や希望を持ち、潤いのある豊かな生活を安心して営める地域社会の形成(まち)

　②地域社会を担う個性豊かで多様な人材の確保(ひと)

　③地域における魅力ある多様な就業の機会の創出(しごと)

を目的に制定されました。

　その基本理念は、

　①結婚・出産は個人の決定に基づくものであることを基本としつつ、結婚・出産・育児について希望の持てる社会が形成されるよう環境を整備する

②地域の特性を生かした創業の促進・事業活動の活性化により、魅力
　　ある就業の機会を創出する
などとなっています。

　この法律に基づいて、「長期ビジョン」と「総合戦略」が策定されました。平成26年12月に閣議決定された長期ビジョンの中では、

　①自らの地域資源を活用した、多様な地域社会の形成をめざす
　②外部との積極的なつながりにより、新たな視点から活性化を図る
　③地方創生が実現すれば、地方が先行して若返る
　④東京圏は、世界に開かれた「国際都市」への発展をめざす

という将来の日本社会の姿を提示し、地方創生がめざす方向を位置づけています。

　私たちは、地域社会での取り組みを行うときに、地方創生との連携を図りながら、新たな地域社会を形成することが求められます。

# 2 節

# 福祉住環境整備の重要性・必要性

**ねらい**　高齢者や障害者をはじめすべての人々が安全で安心な生活をおくるためには、住まいに対するどのような配慮が必要なのでしょうか。日本の住宅の問題点を踏まえ、住環境整備の重要性と福祉住環境コーディネーターの役割について学習します。

# A　日本の住環境の問題点

## 1　住環境の問題点

　世界に類をみない速さで高齢化が進むなか、団塊の世代といわれる「戦後のベビーブーム世代」の人々が後期高齢者の仲間入りをしています。これまで企業の第一線で活躍していた人たちも、退職後には地域に戻り、在宅での生活が長くなります。

　わが国全体の高齢者の年齢構成を見てみると、現時点で、65歳以上75歳未満の前期高齢者よりも、75歳以上の後期高齢者のほうが多く、国立社会保障・人口問題研究所の推計によると、2018（平成30）年以降、後期高齢者のほうが多い傾向が拡大していきます。言い換えると、身体機能の低下や病気などにより、健康面に問題を抱えた高齢者が多くなるということです。

　高齢者が地域に居住し、できるだけ自立した生活を維持していくためには、日常生活を安全に過ごせる住宅の環境整備が欠かせません。

　このような状況を踏まえて、身体機能が低下した高齢者の生活を見たとき、われわれが伝統的に受け継いできたこれまでの日本の住宅構造は、はたして高齢者にとって生活しやすいものといえるのでしょうか。

　従来、日本の住宅は、柔らかな畳があって、木のぬくもりが伝わり、一見、高齢者にはやさしいと思われてきましたが、実は、安全・安心・快適な空間とは言い難く、それどころか、**脳血管障害**（脳血管疾患）や心疾患などの疾病により障害をもった場合には、ますます問題点が多くなるといわれています。具体的には、高齢者から見た日本の住宅構造の問題点として、次のような点が挙げられます。

①玄関の**上がりがまち**、廊下と和室、洋室と和室、脱衣室と浴室など、

**脳血管障害**
脳血管病変を原因とする疾患の総称（脳血管疾患）。脳血管の血流障害により脳実質が壊死をきたす脳梗塞、脳血管の破綻による脳出血、クモ膜下出血等がある。脳血管疾患は、死因の第4位であるとともに、要介護状態の原因の第2位でもある。

**上がりがまち**
玄関などの上がり口の床との境の縁に取り付ける枠材のこと。

日本古来の長さ、質量、面積などの単位。メートル法導入後、公式には用いられていないが、軸組構法(p.180参照)の木造住宅では、柱間の芯−芯距離を尺貫法の一間または半間で割り付けている場合が多い。一間(6尺)は1,820mm、半間(3尺)は910mm、一坪は1.82m×1.82m≒3.3㎡=2畳である。

**福祉用具**

「福祉用具の研究開発及び普及の促進に関する法律(福祉用具法)」において「心身の機能が低下し日常生活を営むのに支障のある老人又は心身障害者の日常生活上の便宜を図るための用具及びこれらの者の機能訓練のための用具並びに補装具」と定義されている。

**和式浴槽**

底面積が狭く深さがある浴槽。肩までつかれる深さ(約600mm)があり、膝を曲げて入浴する。浴槽は大きさや深さの比から、和式浴槽、洋式浴槽、和洋折衷式浴槽に分類されることが多い。

**心筋梗塞**

虚血性心疾患のうちの一つ。心臓が栄養としている冠動脈の血流量が減り、心筋へ十分な酸素が運ばれず、心筋に壊死を生じた状態。

**家庭内事故**

床や浴室での転倒、階段からの転倒・転落、建物などからの転落、浴槽での溺死など、住宅内で生じた事故のこと。

住宅内に段差が多く、このことが高齢者の生活動作を著しく不便・不自由にし、ときには転倒・転落事故の原因になっている。

②設計者がこれまで常識として考えてきた住宅の廊下、階段、開口部などの幅員は**尺貫法**の影響が強いために狭くなりがちであり、介護を必要とする高齢者や**福祉用具**を使用する高齢者の室内移動に適していない。

③室内面積の狭い日本の住宅で、生活の洋式化が進み、家具類の使用が多くなったために室内はますます狭くなり、介護を必要とする高齢者、福祉用具を使用する高齢者の室内移動を困難にしている。

④畳などの床面に座る、和式トイレでしゃがむ、**和式浴槽**をまたいで入るなど、和式の生活様式は、身体機能が低下した高齢者には不向きである。

⑤従来の日本の住宅は湿気の多い夏向きに造られているため、冬の寒さには向いていない。また、居間や寝室は暖房していても、浴室・脱衣室やトイレを暖房している住宅はまだ少ない。すなわち、室内の温度差が大きく、高齢者や障害者、特に**心筋梗塞**などの循環器系の疾患をもつ高齢者には不適切な環境となっている。

このような住宅上の不都合から、高齢者が室内を自由に移動することができないために、寝たきりの高齢者やおむつ使用者を生み出しているともいわれています。

## 2 家庭内事故

これまで「身体機能が低下した高齢者」とあえて強調してきましたが、実は健康な高齢者が、住宅内で、ある日突然、転倒・転落・溺死といった事故で亡くなっている例も多くなっています。なかでも、厚生労働省の統計によると、入浴中に溺死する高齢者が多くなっていることがわかります。このような住宅内で発生する「**家庭内事故**」により、年間に約1万2千人の高齢者が死亡しています(表1)。

家庭内では階段、台所、浴室など、いたるところで事故が発生します。フローリングの床に敷いたカーペットの端がめくれていたためにつまずいて転倒したり、電球を交換しようとして踏み台から転落したという高齢者もいます。住宅火災では、火災に気づかずに逃げ遅れてしまう、気がついても避難できないなどのケースもみられます。また、前述のとおり、家庭内事故では浴槽内での溺死の割合が高くなっています。

これらは、住環境の問題と同時に、高齢者自身の運動機能低下がその一因でもありますが、一瞬の注意力の欠如が、家庭内事故を引き起こす

2節　福祉住環境整備の重要性・必要性

第1章　暮らしやすい生活環境をめざして

第2章　健康と自立をめざして

第3章　バリアフリーとユニバーサルデザイン

第4章　安全・安心・快適な住まい

第5章　安心できる住生活とまちづくり

事例集　地域で取り組む福祉のまちづくり実践事例

原因であるとすれば、こうした事故を未然に防ぐのは本当に難しいことです。

　事故の原因は、本人の不注意が多いとされていますが、現在の住宅の造りが高齢者に適していないため、家庭内事故を引き起こしているともいえます。この考えに立てば住宅の安全性が広さや快適さと同じくらいに、ときにはより重要であるという認識に至るでしょう。近年ではこのような認識が社会的に広まりつつあります。

　したがって、事故が発生してから、または心身機能が低下してから対策を講じるのではなく、事故が発生しないように、また元気なうちから対策を講じ、家族皆が安心して生活できるように、安全、快適な住環境をめざしていくことが望ましいと考えられます。

**表1　家庭における主な不慮の事故の種類別に見た年齢別死亡数**

| | 総数 | 0歳 | 1〜4 | 5〜9 | 10〜14 | 15〜29 | 30〜44 | 45〜64 | 65〜79 | 80〜 |
|---|---|---|---|---|---|---|---|---|---|---|
| 総　数 | 13,708 | 51 | 22 | 12 | 20 | 123 | 248 | 1,259 | 4,517 | 7,449 |
| 転倒・転落・墜落 | 2,418 | 3 | 2 | 3 | 3 | 33 | 39 | 225 | 711 | 1,399 |
| 　スリップ、つまづきおよびよろめきによる同一平面上での転倒 | 1,461 | 2 | — | — | — | 5 | 9 | 117 | 370 | 958 |
| 　階段およびステップからの転落およびその上での転倒 | 395 | — | — | 1 | — | — | 3 | 41 | 149 | 201 |
| 　建物または建造物からの転落 | 240 | — | 2 | — | 3 | 25 | 25 | 39 | 74 | 70 |
| 不慮の溺死および溺水 | 5,451 | 6 | 4 | 2 | 10 | 37 | 32 | 277 | 1,952 | 3,131 |
| 　浴槽内での溺死および溺水 | 5,004 | 6 | 4 | 2 | 10 | 37 | 29 | 247 | 1,786 | 2,883 |
| 　浴槽への転落による溺死および溺水 | 33 | — | — | — | — | — | 1 | 2 | 15 | 15 |
| その他の不慮の窒息 | 3,219 | 39 | 13 | 1 | 2 | 18 | 50 | 289 | 939 | 1,868 |
| 　胃内容物の誤嚥 | 462 | 10 | 4 | — | — | 7 | 15 | 61 | 116 | 249 |
| 　気道閉塞を生じた食物の誤嚥 | 2,319 | 4 | 5 | — | — | 4 | 20 | 183 | 703 | 1,400 |
| 　気道閉塞を生じたその他の物体の誤嚥 | 212 | 2 | 2 | — | — | 1 | 6 | 20 | 47 | 134 |
| 煙、火および火炎への曝露 | 724 | — | 3 | 6 | 4 | 7 | 27 | 134 | 263 | 274 |
| 　建物または建造物内の管理されていない火への曝露 | 605 | — | 3 | 5 | 4 | 7 | 25 | 121 | 231 | 203 |
| 　夜着、その他の着衣および衣服の発火または溶解への曝露 | 45 | — | — | — | — | — | — | 3 | 12 | 30 |
| 熱および高温物質との接触 | 38 | — | — | — | — | — | — | — | 6 | 32 |
| 　蛇口からの熱湯との接触 | 32 | — | — | — | — | — | — | — | 6 | 26 |
| 有害物質による不慮の中毒および有害物質への曝露 | 277 | — | — | — | 1 | 24 | 76 | 95 | 37 | 44 |
| 　その他のガスおよび蒸気による不慮の中毒および曝露 | 48 | — | — | — | — | 7 | 8 | 14 | 8 | 11 |
| 　農薬による不慮の中毒および曝露 | 25 | — | — | — | — | 1 | — | — | 6 | 18 |

注：1）総数には、年齢不詳を含む。
　　2）死因の内訳は主な項目のため、たしあげても総数にはならない。
出典：「令和2年 人口動態統計（確定数）」（厚生労働省）より作成

# B　福祉住環境コーディネーターとは

**高齢期に変化する生活環境**

　　高齢になるにしたがって、徐々に身体機能も低下し、また、仕事から退けば社会的な地位も収入も変化し、生活内容自体が変わることからライフスタイルも変化していきます。家庭においては、子どもたちが独立するなど、家族構成も家族関係も若いころとは異なってきます。また、退職後には、趣味やボランティア活動などがより大切になるかもしれませんが、だれもが住み慣れた地域や家で地域の人々と交流をもちながら「自分らしい暮らしを続けたい」という欲求をもつのは自然です。それどころか、状況が変化したために、その欲求がより強くなることもしばしば見受けられます。

　　一方、身体機能が低下したり、病気になったり、あるいは事故などで障害をもった場合は、医療、保健、福祉、看護、機能回復に関するいろいろなサービスや、介護が必要になるかもしれません。そのために「医療や介護についての情報が欲しい」「福祉サービスなどの制度について知りたい」「だれでも操作しやすく、生活に便利な機器や用具を使いたい」など、生活上のさまざまな情報がいっそう必要となります。

　　このようなさまざまな状況を考えると、高齢者に対しての最良の支援とは、その人が願う楽しみや生きがいを尊重し、住環境整備を含む有効な各種サービスを的確に提供することといえます。

**高齢化に伴う住環境の整備**

　　住宅という視点から高齢者の生活環境を考えてみましょう。高齢になると自宅で過ごす時間が長くなり、住宅が生活の中心の場所となります。そして、身体機能の低下が大きいほど、住環境の良否が高齢者の生活動作の幅を大きく左右することとなります。健康で若いときには気にならなかった住宅の造り、とりわけ、わずかな段差、廊下や階段の足もとの暗がり、浴室やトイレ、水回りなどの設備機器の高さや設置具合などが不都合に感じられてきます。

　　こうした住宅構造上の問題点をバリア(障壁)といい、これらのバリアを取り除こうというのが「バリアフリー」の考え方です。最近ではさらに一歩進めて、はじめからバリアをつくらないように住宅や環境を整え

2節　福祉住環境整備の重要性・必要性

第1章　暮らしやすい生活環境をめざして

第2章　健康と自立をめざして

第3章　バリアフリーとユニバーサルデザイン

第4章　安全・安心・快適な住まい

第5章　安心できる住生活とまちづくり

事例集　地域で取り組む福祉のまちづくり実践事例

ようという方向に変わってきています。これを「ユニバーサルデザイン」といいます。

　高齢となり身体機能が低下しても、介護が必要になっても住み続けることができ、自分の意思と努力で暮らしていくことが「自立した生活」の基本です。住宅をはじめとする住環境が、この「自立」を左右する面は大きいといえます。

　また、高齢者に対して十分な配慮がなされた住宅なら、からだに不自由が生じても多少の改修や福祉用具を使用することで、以前の状態と同じかそれに近い生活が可能になります。介護が必要になった場合においても、人的介護を最小限にとどめることができます。

　さらに、人が地域社会とのかかわりをもって生き生きと暮らすことを考えると、住宅だけでなく周辺のまちづくりも、すべての人にとって安全で、快適に利用できるように、人にやさしい環境にしていくための配慮が必要となります。

 ## 福祉住環境コーディネーターの定義

　高齢者や障害者などの住まいや住環境整備を考える際には、対象者の身体機能や生活状況を十分に考慮し、これらに配慮した福祉用具や住宅構造の検討と調整、情報提供などが必要不可欠となります。さらに本人をはじめ、住環境整備にかかわる家族や専門職間の調整なども必要となります。これらの役割を担うために誕生したのが福祉住環境コーディネーターなのです。

　つまり、福祉住環境コーディネーターとは「住宅は生活の基盤であるという考え方の下に、医療、保健、福祉、建築、福祉用具の活用、サービスや制度の利用などに関する知識を身に付け、住宅に関するさまざまな問題点やニーズを発見し、各専門職と連携をとりながら具体的な事例に適切に対処できる人材のこと」と定義されます。

　福祉住環境コーディネーターは、高齢者や障害者、そしてその家族の生活全体を見据え、本人ができるだけ自立した生活がおくれるように、住環境の側面からさまざまな支援を行い、各分野の専門職をコーディネートし、専門職間の連携・調整を図りながら業務を遂行していく人材であるといえます。

# 4 福祉住環境コーディネーターの役割

　福祉住環境コーディネーターは、一人ひとりと向き合って対応していくきめ細かな配慮とともに、地域社会のしくみや情報、制度の活用など社会全体を見渡す視点をもつことが必要です。そのうえで、常に生活者の視点から、対象者が置かれている状況に合わせて、「現状の問題点は何か」「どんな生活がしたいのか」「何が最適な住環境か」を把握し、対象者自身のニーズを明らかにするところに、その役割が求められています。

　また、具体的な住環境整備の方法を探り、問題解決に導き、対象者の生活と活動を改善し、生活全体の質を高めていく、さらに対象者だけではなく、家族をはじめすべての人々の自立と尊厳ある生活を、住環境という切り口を出発点にして、あらゆる側面から支援するのが、福祉住環境コーディネーターの役割となります。

# 3節

# 在宅生活の維持とケアサービス

**ねらい** 本章では、高齢になっても障害があっても、住み慣れた地域で、その人らしい暮らしが維持できるように、生活を支えるケアサービスと、そのしくみについて学習します。

## A　高齢者の生活を支える介護保険制度

### 1　介護保険制度の考え方

　介護保険制度は、高齢者の介護を社会全体で支え合うしくみとして、2000（平成12）年4月にスタートしました。制度が創設された背景には、高齢化の進展に伴う要介護高齢者の増加や、介護期間の長期化による介護ニーズの増大、核家族化の進行など要介護高齢者を支えてきた家族状況の変化等があります。

　介護保険制度の特徴として、単なる身の回りの世話にとどまらず、高齢者の自立した生活を支援すること、また、利用者本位の医療と福祉の総合サービスを提供すること、そして、保険料負担に対して給付を行うしくみである社会保険方式をとったことが挙げられます（表1）。

　高齢者の保健福祉制度は、それまで市町村が必要なサービスを判断し、提供していたもの（**措置制度**）が、介護保険制度の創設により、利用者がみずからサービスの種類や事業者を選択できるしくみ（契約制度）に変わりました。別々に申し込みが必要であった医療サービスと福祉サービスを組み合わせて利用できるようになり、サービスの提供も、民間企業やNPOなど多様な事業者の参入が可能になりました。また、被保険者として保険料の納付が義務付けられる一方、サービス利用時の負担は、原

**措置制度**
行政の権限による行政処分のこと。行政の公的責任においてサービスや費用負担等を決定し、利用者にサービス提供を行う。

**表1　介護保険制度の基本的な考え方**

| 自立支援 | 単に介護を要する高齢者の身の回りの世話をするということを超えて、高齢者の自立を支援することを理念とする |
|---|---|
| 利用者本位 | 利用者の選択により、多様な主体から保健医療サービス、福祉サービスを総合的に受けられる制度 |
| 社会保険方式 | 給付と負担の関係が明確な社会保険方式を採用 |

則として費用の一定割合とされました（創設当初は所得にかかわらず1割。現在は原則1割とし、65歳以上のうち一定以上所得者は2割、現役並み所得者は3割）。

制度創設から20年以上が経過し、介護保険制度は国民に定着してきました。提供されるサービスは質・量ともに向上しており、一人ひとりが望む生活を実現するための選択肢が広がって、より幅広いニーズに対応できるようになっています。

##  2 介護保険制度のしくみ

### 【1】運営のしくみと対象者

介護保険制度は、被保険者が納める保険料（50%）と税金などの公費（50%）を財源としています。被保険者は65歳以上の第1号被保険者と、40歳以上65歳未満の第2号被保険者に分かれていますが（表2）、保険料（50%）は、それぞれの人口比に基づき按分して負担することになっており、負担割合は3年ごとに見直されます。

制度の運営主体（保険者）である市区町村（以下、市町村）は、**要介護・要支援認定**（以下、要介護認定）や、保険料の徴収などを行います。国と都道府県は、財政、事務面のほか人材・資源・情報を提供し、補完し合うことで市町村をサポートします。

40歳以上の人は、介護保険の被保険者となり、介護保険料を毎月支払うことになります。このうち65歳以上の被保険者（第1号被保険者）は、市町村（保険者）が実施する要介護認定において介護が必要だと認定された場合（要介護・要支援状態）に介護サービスを受けることができます。また、40歳以上65歳未満の医療保険加入者（第2号被保険者）は、加齢に起因する**特定疾病**を原因とする障害によって要介護・要支援状態になった場合に、介護保険サービスを受けることができます。

**要介護・要支援認定**
介護サービスの利用にあたり、調査に基づいてどの程度の介護が必要であるかを判断するもの。認定の区分として、程度の軽いものから順に、要支援1・2、要介護1〜5がある。

**特定疾病**
加齢に起因する疾病で、末期がん、関節リウマチなど16疾病が指定されている。第2号被保険者は、特定疾病を原因として要介護・要支援状態になった場合に介護サービスを受けることができる。

**表2 第1号被保険者と第2号被保険者**

| | 第1号被保険者 | 第2号被保険者 |
|---|---|---|
| 加入対象者 | 65歳以上 | 40歳以上65歳未満の医療保険加入者 |
| サービスを利用できる人 | 要介護者 要支援者 | 要介護・要支援者のうち加齢に起因する「特定疾病」によるもの |
| 保険料の徴収方法 | 市町村が徴収 | 医療保険者が医療保険料とともに徴収 |

### 【2】介護給付・予防給付のサービス利用までの流れ

介護保険サービスは、その対象者に応じて、介護給付、予防給付、地域支援事業の3つに区分することができます（図1）。介護給付のサービスは要介護1〜5、予防給付のサービスは要支援1・2を対象としてお

3節　在宅生活の維持とケアサービス

第1章　暮らしやすい生活環境をめざして

第2章　健康と自立をめざして

第3章　バリアフリーとユニバーサルデザイン

第4章　安全・安心・快適な住まい

第5章　安心できる住生活とまちづくり

事例集　地域で取り組む福祉のまちづくり実践事例

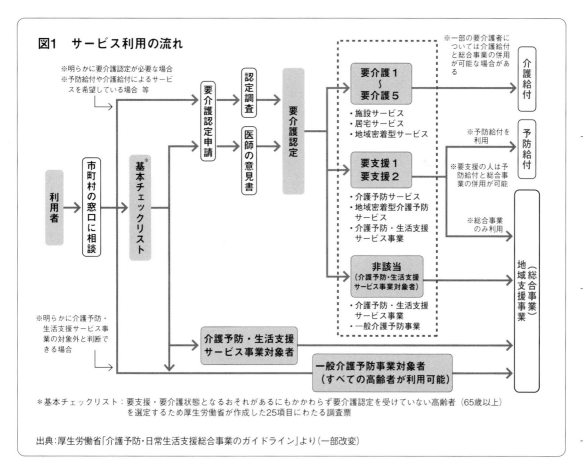

**図1　サービス利用の流れ**

※明らかに要介護認定が必要な場合
※予防給付や介護給付によるサービスを希望している場合 等

利用者 → 市町村の窓口に相談 → 基本チェックリスト※

要介護認定申請 → 認定調査／医師の意見書 → 要介護認定

要介護1〜要介護5
・施設サービス
・居宅サービス
・地域密着型サービス

要支援1／要支援2
・介護予防サービス
・地域密着型介護予防サービス
・介護予防・生活支援サービス事業

非該当（介護予防・生活支援サービス事業対象者）
・介護予防・生活支援サービス事業
・一般介護予防事業

介護予防・生活支援サービス事業対象者

一般介護予防事業対象者（すべての高齢者が利用可能）

※一部の要介護者については介護給付と総合事業の併用が可能な場合がある → 介護給付

※予防給付を利用
※要支援の人は予防給付と総合事業の併用が可能 → 予防給付

※総合事業のみ利用

地域支援事業（総合事業）

※明らかに介護予防・生活支援サービス事業の対象外と判断できる場合

＊基本チェックリスト：要支援・要介護状態となるおそれがあるにもかかわらず要介護認定を受けていない高齢者（65歳以上）を選定するため厚生労働省が作成した25項目にわたる調査票

出典：厚生労働省「介護予防・日常生活支援総合事業のガイドライン」より（一部改変）

り、いずれもサービスの利用には要介護認定が必要になります。これに対し、介護予防を目的とする地域支援事業には、要介護・要支援状態になる前の段階で要介護認定を受けずに利用できるサービスもあり、この場合は、利用の流れが異なります。

**(1)　申請**

　介護給付・予防給付のサービスを利用するためには、どの程度の介護が必要であるのか（要介護度）を判定するための要介護認定が必要になります（図2）。申請には、住まいのある市町村の窓口に書類を提出します。手続は本人や家族が行うほか、**地域包括支援センター、居宅介護支援事業者**、介護保険施設などに代行してもらうこともできます。

　申請を受けた市町村は、申請に基づき、かかりつけ医（主治医がいない場合は市町村の指定医）に心身の状況についての主治医意見書の作成を依頼します。また、市町村の調査員が、認定調査票（全国一律の様式）に基づいて本人や家族から心身の状態など所定の項目の聞き取り調査を行います。

**地域包括支援センター**
高齢者の暮らしを地域でサポートするための拠点として、市町村が設置する。保健師・社会福祉士・主任介護支援専門員等の3職種のチームアプローチにより、住民の健康の保持および生活の安定のために必要な援助を行い、保健医療の向上と福祉増進を包括的に支援する。

**居宅介護支援事業者**
介護サービスの利用者に対し、その人に合った介護サービス計画（ケアプラン）を作成する事業者。計画の作成は、事業所の介護支援専門員（ケアマネジャー）が行う。

## 図2　介護給付・予防給付におけるサービス利用までの流れ

申請 ➡ 判定 ➡ 認定 ➡ 計画 ➡ サービス利用

①申請：本人や家族等が住まいのある市町村の窓口へ申請書類を提出します。
②判定：市町村の担当者が、訪問して聞き取り調査を行い、調査票に記入します。
　　　　コンピューターにより全国共通の基準で判定（一次判定）します。
　　　　一次判定と主治医の意見書をもとに介護認定審査会で判定（二次判定）します。
③認定：二次判定の結果をもとに市町村が認定を行い、本人へ通知します。
④計画：介護サービス計画（ケアプラン）を（依頼して）作成します。
⑤サービス利用：サービス利用を開始します。

**介護認定審査会**

要介護認定の二次判定を行う審査機関で、委員は、保健、医療、福祉に関する学識経験者から市町村長が任命する。

**ケアプラン**

要介護者に対し、適切なサービスを提供するための計画。介護保険制度では「介護サービス計画」といい、サービスの提供はこれに基づいて行われる。なお、利用者が自分で計画を作成する場合は市町村に届け出て確認を受ける。また、施設サービスを利用する場合には、施設側がケアプラン（施設サービス計画）を作成する。

### (2)　判定

　要介護度の判定には、一次判定と二次判定があります。一次判定では、調査員が行った調査内容をコンピューターに入力し、全国一律の判定方式で判定を行います。二次判定では、一次判定の結果と、認定調査票に記入された特記事項、主治医意見書に基づき、保健・医療・福祉に関する学識経験者で構成される**介護認定審査会**が判定を行います。

### (3)　認定

　認定結果は、原則として申請から30日以内に市町村が本人に通知します。要介護度は介護に要する時間を基準に判定され、必要に応じて状態の維持・改善可能性も考慮に入れられます。区分は、程度の軽いものから順に要支援1・2、要介護1〜5の7段階に分かれており、これに該当しない場合は非該当とされます。要支援1・2と認定された人は予防給付、要介護1〜5と認定された人は介護給付のサービスの対象となり、また、非該当とされた人でも、地域支援事業のサービスを利用することができます。

### (4)　計画

　介護保険のサービスは、**ケアプラン**に基づいて行われます。ケアプランは利用者が自分で作成することもできますが、一般的に要介護者は介護支援専門員（ケアマネジャー）に、また、要支援者の介護予防ケアプランは地域包括支援センターに作成を依頼します。

　ケアプランは単なるサービスの組み合わせではありません。作成にあたって介護支援専門員等は、利用者の心身の状態等を把握して、本人や家族の希望を聞きながら課題分析（アセスメント）を行い、どのような生活をめざすのかを明確化します。サービスの提供が開始された後も、本

３節　在宅生活の維持とケアサービス

第1章
暮らしやすい
生活環境をめざして

第2章
健康と自立を
めざして

第3章
バリアフリーと
ユニバーサルデザイン

第4章
安全・安心・
快適な住まい

第5章
安心できる住生活と
まちづくり

事例集
地域で取り組む福祉の
まちづくり実践事例

人や家族の望む生活の実現に向けた取り組みが順調に進んでいるか、定期的な状況確認（モニタリング）や見直しを行います。

⑸　サービスの利用

　介護給付・介護予防のサービスを利用したときは、原則として費用の１割を自己負担します（第１号被保険者のうち一定以上所得者は２割、現役並み所得者は３割）。残りの９割（８割・７割）は、保険者である市町村から保険給付として支払われます。

　サービス等は現物給付で、利用者はサービスの提供を受け、自己負担分のみを事業者に支払うことになっており、保険給付分は市町村から事業者に支払われます。なお、福祉用具購入費（p.120）や住宅改修費（p.179）の支給を受ける場合は、利用者が費用の全額を事業者に支払い、後で市町村から保険給付分の払い戻しを受けます。

## 【3】 地域支援事業（総合事業）のサービス利用までの流れ

### ⑴　要介護・要支援状態になる前からの介護予防サービスを実施

　地域支援事業は、地域の実情に応じて**介護予防**を推進するために市町村が実施しているもので、介護予防・日常生活支援総合事業（以下、総合事業）、包括的支援事業、任意事業の３つで構成されています。このうち総合事業は、要介護認定を受けていない人を含め、幅広い人を対象に介護予防のサービスを行うもので（図１）、要支援者等を対象とする介護予防・生活支援サービス事業とすべての高齢者（第１号被保険者）を対象とする一般介護予防事業の２つに分けられます。

　総合事業は弾力的な利用が可能で、要支援者の場合、予防給付のサービスと介護予防・生活支援サービス事業（以下、サービス事業）とを組み合わせて利用することができます。また、要介護者も、要介護１〜５に認定される前からサービス事業を利用している場合は、介護給付と併せて継続的に利用することができます。総合事業のサービスのみの利用を希望する場合は、要介護認定を省略して**基本チェックリスト**による判断で迅速にサービスを利用することができます（ただし第２号被保険者は、要介護認定の申請を行う必要があります）。さらに、一般介護予防事業であれば、すべての高齢者が利用可能です。

### ⑵　基本チェックリストによる振り分け

　市町村や地域包括支援センターの窓口では、被保険者からサービスの利用について相談を受けた際、基本チェックリストを用いた状況確認を行い、その結果に応じて、振り分けを行います（図１）。介護給付・予防給付の利用が見込まれる人は要介護認定の申請を行うことになり、基本チェックリストにおいて一定の項目に該当する人は総合事業におけるサービス事業の対象となります。また、サービス事業の対象に該当しない人は、すべての高齢者を対象とする一般介護予防事業を利用することが

**介護予防**
要介護状態の発生をできる限り防ぐ（遅らせる）こと、そして、要介護状態にあってもその悪化をできる限り防ぐこと、さらには軽減をめざすことをいう。

**基本チェックリスト**
要介護・要支援状態となるおそれがあるにもかかわらず要介護認定を受けていない高齢者（65歳以上）を選定するため厚生労働省が作成した25項目にわたる調査票で、生活機能の低下をチェックするもの。

できます。

　ただし、明らかに要介護認定が必要な場合や、はじめから介護給付・予防給付のサービスを希望している場合は、基本チェックリストによる状況確認は行われず、要介護認定の申請を行うことになります。同様に、明らかにサービス事業の対象外であることが判断できる場合も、チェックリストによる状況確認は行われません。

　基本チェックリストは、生活機能の低下のおそれがある高齢者を早期に把握し、状態に合わせた早期対応を可能とするために活用されるもので、時間がかかる要介護認定を受けずに、迅速に総合事業のサービスを利用できるようになるという利点があります。

## 【4】サービスの種類と内容

### (1) 要介護者・要支援者が利用できるサービス

　要介護者・要支援者が利用できるサービス(介護給付・予防給付の対象サービス)は、サービスが提供される場所等に応じて、主に居宅サービス、地域密着型サービス、施設サービスの3つに分類することができます(表3)。

　居宅サービスは自宅(居宅)を基本とするサービスであり、自宅を訪問してもらい利用するサービス(訪問サービス)や、自宅から施設などに通って利用するサービス(通所サービス)、ふだん自宅で介護を行っている家族がさまざまな理由で介護ができない場合などに施設等を利用するサービス(短期入所サービス)などがあります。地域密着型サービスは、住み慣れた地域での生活を支えるため、市町村の住民のみが利用可能な地域の実情に応じたサービスであり、訪問サービスや通所サービスのほか、訪問・通所・宿泊を組み合わせて受けられるサービス(複合型サービス)があります。また、施設サービスは、生活の場を自宅から介護保険施設に移して利用するサービスで、介護老人福祉施設(特別養護老人ホーム)や介護老人保健施設などがあります。

　なお、居宅サービスと地域密着型サービスは、介護給付と予防給付の両方に該当するサービスがありますが、施設サービスの対象は要介護者に限られており介護給付に限定されます。

### (2) サービス事業対象者等・非該当の人が利用できるサービス

　介護保険のサービスには、要介護者・要支援者を対象とした介護給付・予防給付のサービスのほかに、市町村が行う地域支援事業における総合事業があり、要介護認定で非該当となった人や要介護認定を受けていない人も、サービスを利用することができます。

　総合事業のサービス事業では、訪問サービスや通所サービスのほか、栄養改善を目的とした配食や住民ボランティアの見守り等の生活支援サービスなどを実施しており、要支援者や基本チェックリストにおいて一

定の項目に該当した人を対象にしています。また、総合事業の一般介護予防事業では、地域住民による通いの場の運営などが行われており、すべての第1号被保険者とその支援のための活動にかかわる人が利用することができます。

## COLUMN

# 在宅介護を支える専門職

在宅介護は多くの専門職に支えられています。それぞれの専門職の特徴を知っておきましょう。

●医師（かかりつけ医）　国家資格

医療の中核を担う。かかりつけ医は日ごろから診察を受けている医師のことをいう。入院から在宅医療が可能となった患者に対して、訪問診療を行う。要介護認定に用いられる「主治医の意見書」を作成する。

●社会福祉士（ソーシャルワーカー）　国家資格

福祉に関する相談を受け、助言・援助を行う。社会福祉資源に関する知識をもつ専門家で関係機関との連絡・調整を担当する。

●介護福祉士　国家資格

入浴、排泄、食事、着替えの介助など介護全般や、それにかかわる指導を行う。

●介護支援専門員（ケアマネジャー）　公的資格

介護保険制度において、利用者が適切な介護サービスが受けられるよう介護サービス計画（ケアプラン）を作成したり、事業者・施設との連絡・調整を行う。

●看護師　国家資格

医師の診療のサポートや、患者の療養上の世話を行う。介護保険制度では、訪問看護師として利用者宅を訪問したり、施設で看護師として

医療ケアなどを担当する。

●理学療法士（Physical Therapist；PT）　国家資格

基本的動作能力の回復を目的とし、筋力の向上などの運動療法や、温熱、電気刺激による物理療法を中心としたリハビリテーションを実施する。

●作業療法士（Occupational Therapist；OT）　国家資格

家事や工作など職業的・創造的活動や日常生活動作など、作業を通じてリハビリテーションを実施し、心身機能を回復させる。

●言語聴覚士（Speech-Language-Hearing Therapist；ST）　国家資格

音声・言語機能、摂食・嚥下機能、または聴覚に障害がある者に対し、訓練や指導を行い回復を図る。

●保健師　国家資格

地域住民の健康管理や保健指導を担当する。高齢者の自宅を訪問し健康・介護相談を受けたり、地域の保健・医療・福祉活動の支援を行う。

●福祉用具専門相談員　公的資格

福祉用具の専門知識をもち、適切な用具の選び方、使い方などを助言する。

●福祉住環境コーディネーター　民間検定

住宅改修や福祉用具のコーディネートなどの提案を行い、住環境整備を支援する。1〜3級に分かれている。

## 表3　介護保険で利用できるサービス

| 居宅サービスの名称 | 介護給付 | 予防給付 | 地域支援事業 | 内容 |
|---|---|---|---|---|
| **【訪問サービス】居宅（居宅とみなされる施設）に訪問してもらい利用するサービス** | | | | |
| 訪問介護(ホームヘルプ) | ○ | | ○ | 居宅において介護福祉士や訪問介護員が、入浴、排せつ、食事等の介護や、そのほかの日常生活を送る上で必要となるサービスを提供する |
| 訪問入浴介護 | ○ | ○ | | 居宅において持参した浴槽などにより入浴援助を行う |
| 訪問看護 | ○ | ○ | | 看護師、准看護師等が居宅を訪問し、療養に関わる世話や必要な診療補助を行う |
| 訪問リハビリテーション | ○ | ○ | | ＰＴ・ＯＴ・ＳＴなどが居宅を訪問し、心身の機能の維持・回復、日常生活の自立等を促進することを目的としたリハビリテーションを提供する |
| 居宅療養管理指導 | ○ | ○ | | 医師・薬剤師・歯科医師・歯科衛生士・管理栄養士などによる療養上の管理や指導を行う |
| **【通所サービス】自宅から施設などに通って日帰りで利用するサービス** | | | | |
| 通所介護（デイサービス） | ○ | | ○ | 老人デイサービスセンターなどで、入浴、排せつ、食事等の介護や、そのほかの日常生活を送る上で必要となるサービスと機能訓練を提供する |
| 通所リハビリテーション | ○ | ○ | | 介護老人保健施設、病院や診療所などでリハビリテーションを提供する |
| **【短期入所サービス】** | | | | |
| 短期入所生活介護 | ○ | ○ | | 介護老人福祉施設（特別養護老人ホーム）などの施設で、入浴、排せつ、食事等の介護その他の日常生活上の世話や機能訓練を行う |
| 短期入所療養介護 | ○ | ○ | | 介護老人保健施設などの施設で短期間生活してもらい、看護、医学的な管理の必要となる介護や機能訓練、そのほかに必要となる医療、日常生活上のサービスを提供する |
| **【居住系・施設系サービス】** | | | | |
| 特定施設入居者生活介護 | ○ | ○ | | 特定施設（有料老人ホーム・軽費老人ホーム・養護老人ホーム）の入居者に、入浴、排せつ、食事などの介護や日常生活上の世話、機能訓練を行う |
| **【福祉用具利用・環境整備に関するサービス】** | | | | |
| 福祉用具貸与 | ○ | ○ | | 心身の状況、希望、環境を踏まえ適切な福祉用具を貸し出す援助、その取り付けの調整を行う |
| 特定福祉用具販売 | ○ | ○ | | 福祉用具のうち、入浴や排せつの際に用い貸与に適さないもの（特定福祉用具）を販売する |
| 住宅改修 | ○ | ○ | | 手すりの取り付けや、段差解消、床材の変更など住宅改修にかかった費用の支給 |
| 地域密着型サービスの名称 | 介護給付 | 予防給付 | 地域支援事業 | 内容 |
| **【訪問サービス】居宅（居宅とみなされる施設）に訪問してもらい利用するサービス** | | | | |
| 定期巡回・随時対応型訪問介護看護 | ○ | | | 定期的な巡回や通報により居宅を訪問し、入浴、排せつ、食事等の介護や療養生活を支援するための看護、そのほかの日常生活を送る上で必要となるサービスを提供する |
| 夜間対応型訪問介護 | ○ | | | 夜間の定期的な巡回等により居宅を訪問し、入浴、排せつ、食事等の介護、そのほかの日常生活を送る上で必要となるサービスを提供する |
| **【通所サービス】自宅から施設などに通って日帰りで利用するサービス** | | | | |
| 地域密着型通所介護 | ○ | | ○ | 老人デイサービスセンターなどで、入浴、排せつ、食事等の介護や、そのほかの日常生活を送る上で必要となるサービスと機能訓練を提供する |
| 療養通所介護 | ○ | | | 常時看護師による観察が必要な末期がん患者や難病などの重度要介護者を対象に、療養通所介護計画に基づき、入浴、排せつ、食事等の介護やそのほかの日常生活上の世話と機能訓練を行う |
| 認知症対応型通所介護 | ○ | ○ | | 老人デイサービスセンターなどで居宅の認知症の人に、入浴、排せつ、食事等の介護や日常生活上の世話、機能訓練を行う |
| **【居住系・施設系サービス】** | | | | |
| 認知症対応型共同生活介護（グループホーム） | ○ | ○ | | 予防給付は要支援2のみ対象 |
| 地域密着型特定施設入居者生活介護 | ○ | | | 定員が29名以下の小規模な有料老人ホーム等の入居者に、入浴、排せつ、食事等の介護、洗濯、掃除などの家事、生活等に関する相談・助言、日常生活上の世話などを行う |
| 地域密着型介護老人福祉施設入所者生活介護 | ○ | | | 小規模な特別養護老人ホーム（定員29人以下）で、地域密着型施設サービス計画に基づいて介護等のサービスを提供する |
| **【複合型サービス】訪問・通所・宿泊が組み合わせて受けられるサービス** | | | | |
| 小規模多機能型居宅介護 | ○ | ○ | | 居宅訪問やサービス拠点への通所、もしくは短期宿泊にて、入浴、排せつ、食事等の介護やそのほかの日常生活を送る上で必要なサービスや、機能訓練を行う |
| 看護小規模多機能型居宅介護 | ○ | | | 居宅訪問やサービス拠点への通所、もしくは短期宿泊にて、入浴、排せつ、食事等の介護や療養生活を支援するための看護、そのほかの日常生活を送る上で必要なサービスや、機能訓練を行う |
| 施設サービス（施設名） | 介護給付 | 予防給付 | 地域支援事業 | 内容 |
| 介護老人福祉施設（特別養護老人ホーム） | ○ | | | 入浴、排せつ、食事などの介護、そのほかの日常生活を送る上で必要となるサービス、機能訓練、健康管理および療養上のサービスを提供する |
| 介護老人保健施設 | ○ | | | 看護、医学的な管理の必要となる介護、機能訓練そのほかの必要な医療、日常生活上のサービスを提供する |
| 介護療養型医療施設 | ○ | | | 療養上の管理、看護、医学的な管理の必要となる介護、機能訓練そのほかの必要な医療を提供する（2024（令和6）年3月に廃止予定） |
| 介護医療院 | ○ | | | 長期にわたる医療と介護のニーズを併せ持つ高齢者を対象とした介護保険施設 |

上記のほか、ケアプラン等の作成に関するサービス（居宅介護支援・介護予防支援）がある。

## ③ 介護保険制度の近年の動向と今後の課題

### 【1】 介護保険を取り巻く近年の状況

　要介護（要支援）認定者数は、制度開始より増加し続け、256.2万人（2000（平成12）年度）から668.6万人（2019（令和元）年度）と2.6倍になりました（図3）。2006（平成18）年度以降、要支援に1・2の区別ができ、2021（令和3）年10月現在、この要支援1・2と要介護1の合計が全体の約半数に達しています（「介護保険事業状況報告月報（暫定版）」令和3年10月分）。

　認定者数と同様、各サービス受給者も増加し続けました。2021年3月現在、施設サービスは95万人に、また、居宅サービスは（要介護・要支援双方を含めて）368万人と開始時の約4倍に増加し、地域密着型サービス（2006年に創設）は88万人まで増加しています。

### 【2】 介護保険制度の変遷

　介護保険は、制度の改正や報酬の改定を通して、サービスの再編や追加、見直しを行ってきました。

　制度開始より最初の5年を経て、2006年には、予防重視型のシステムへと転換し、これまでの介護給付に加えて予防給付が創設され、小規模多機能型居宅介護などの地域密着型サービスが開始されたほか、地域包括支援センターが設置され、地域支援事業を通じて地域高齢者の介護予

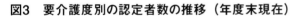

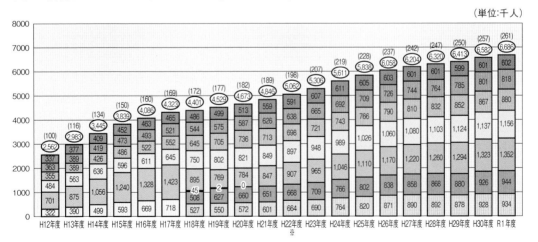

図3　要介護度別の認定者数の推移（年度末現在）

（単位：千人）

□ 要支援　□ 要支援1　□ 要支援2　□ 経過的要介護　□ 要介護1　□ 要介護2　□ 要介護3　□ 要介護4　■ 要介護5

＊（　）の数値は、平成12年度を100とした場合の指数である。
＊平成29年度から全市町村で介護予防・日常生活支援総合事業を実施している。
※東日本大震災の影響により、平成22年度の数値には福島県内5町1村の数値は含まれていない。
出典：厚生労働省「令和元年度 介護保険事業状況報告（年報）」より作成

3節　在宅生活の維持とケアサービス

第1章　暮らしやすい生活環境をめざして

第2章　健康と自立をめざして

第3章　バリアフリーとユニバーサルデザイン

第4章　安全・安心・快適な住まい

第5章　安心できる住生活とまちづくり

事例集　地域で取り組む福祉のまちづくり実践事例

防に向けた取り組みが始まりました。

　介護保険は、その後も原則として3年ごとに制度の見直しが行われてきました。

　安定した持続可能な質の高いサービスが提供できるように、ニーズに応じたサービス対価や利用者の費用負担に配慮した介護保険料の見直し等が繰り返し行われました。特に近年は、介護報酬によるサービスの適正な評価方法、業務の効率化や事業所の体制の整備、介護人材の確保に向けた課題への取り組みが強化されています。

　なかでも「地域包括ケアシステム」は、身近な地域で高齢者を支えるしくみとしてその構築が推進され、深化をめざし、さらに持続可能な形へと、常に革新が進められてきました。

　2012(平成24)年には、地域包括ケアの推進に向けて、在宅サービスの充実と地域密着型サービスの強化(24時間対応が可能な定期巡回・随時対応型訪問介護看護や複合型サービスが開始)や、一部の医療行為の規制が緩和(介護職員等による喀痰吸引等)されました。2015(平成27)年には、地域ケアシステム構築に向けて、非該当の人を含むすべての高齢者の総合的支援に向けて地域支援事業(市町村が主体となり地域の実情に合った事業を展開)を多様化させ、全国で実施することになりました。2018(平成30)年には、認知症施策推進総合戦略(2015年に策定された新オレンジプラン、2017(平成29)年に改定)に基づき認知症高齢者等にやさしい地域づくりが推進されました。また、すべての人が、住み慣れた地域で最後まで安心して住み続けられるように、共生型サービス(同一事業所における居宅介護等と障害福祉のサービスとの連携)や、介護医療院(医療と介護の両方を必要とする人を対象とし、看取り・ターミナルケアへの対応が可能な施設)が創設され、自立支援と重度化防止が図られました。そして、2021(令和3)年には、住み慣れた地域において、利用者の尊厳を保持しつつ、複雑化・多様化したニーズに対応できる支援体制の構築をめざして、さらなる革新が求められています。

　直近の2021年の制度改正(介護報酬改定)では、これら地域包括ケアシステムの推進に加えて、事業所における感染症や災害への対策が盛り込まれました。また、介護保険サービスの質の向上や持続可能な形で安定したサービスが供給されるように、新たなシステム運用やテクノロジーの活用等が提唱されました。

## 【3】介護保険制度の今後の課題

　わが国の高齢者数は、2042(令和24)年に3,935万人となりピークを迎えます(内閣府「令和3年版高齢社会白書」)。また、75歳以上の人口が全人口に占める割合は2055(令和37)年には25％を超え、85歳以上の人口も2035(令和17)年まで増加の一途をたどる見込みです(厚生労働省老健

3節　在宅生活の維持とケアサービス

第1章　暮らしやすい生活環境をめざして

第2章　健康と自立をめざして

第3章　バリアフリーとユニバーサルデザイン

第4章　安全・安心・快適な住まい

第5章　安心できる住生活とまちづくり

事例集　地域で取り組む福祉のまちづくり実践事例

局「介護保険制度の概要」2021（令和3）年）。また、認知症の高齢者が増加傾向にあり、65歳以上の単身世帯・夫婦のみの世帯も増加することが予測されています。

　要介護（要支援）認定率は、年齢が高いほど上昇するため（75歳以上では31.9％、85歳以上では59.4％―「令和元年度 介護保険事業状況報告（年報）」）、今後も介護保険のサービスを必要とする人が増え、ニーズが多様化・重度化することが予測されています。

　また、介護保険の総費用も増加の一途をたどっています。第1号被保険者の保険料（全国平均・月額）は、2000（平成12）年の制度開始当初は高齢者1人あたり2,911円でしたが、2021年には6,014円へと増加しました。これに加えて2025（令和7）年以降、現役世代の減少が進むことが予測されていることから、制度の支え手（第2号被保険者の減少）と担い手（サービス提供者）の双方が不足する懸念があります。

　現在、わが国では、現役世代が大きく減少する2040（令和22）年を意識し、国民の誰もがより長く元気に活躍できる社会の実現に向けて、①多様な就労・社会参加、②健康寿命の延伸、③医療・福祉サービスの改革の必要性が指摘されています（「2040年を展望した社会保障・働き方改革本部」資料より）。

　これらを踏まえて、介護保険制度においても、今後は、VR（仮想現実）やAI（人工知能）の導入、ロボットの活用、また、データヘルス改革、持続可能な人材確保・育成・シニア人材活用（キャリアチェンジによる介護人材の確保や処遇改善、副業・兼業などの多様な働き方の推進、キャリアアップや活躍の場を設けるなどの改革）の推進がより一層求められることが予測されます。

　こうした革新は、福祉住環境コーディネーターが関与する介護保険関連のサービス（住宅改修や福祉用具の導入、リハビリテーション、介護現場等）にも直結する課題であるとともに、技術革新の積極的な活用によるサービスの質の向上と、コーディネーターとしてのキャリアアップにもつながることが期待されます。

**科学的介護情報システム**
科学的介護情報システム（Long-term care Information system For Evidence, LIFE）とは、要介護認定や介護レセプト、VISIT（通所・訪問リハビリテーションのデータ）、CHASE（高齢者の状態やケアの内容等のデータ）の蓄積を受けて構築されたシステム。PDCAサイクルによる介護サービスの質の向上をめざし、2021年4月から運用が開始された。

## COLUMN
# 2021年の改正（介護報酬改定）のポイント

**1. 感染症や災害への対策**：介護保険の対象者は有事には弱者となってしまう恐れが高く、地域と連携した対応の必要性があります。3年をかけて事業所の体制構築をすることになりました。

**2. 地域包括ケアシステムの推進**：①認知症への対応力強化、②看取りへの対応（ガイドラインに基づく対応、認知症グループホームでの看取り対応も強化）、③医療と介護の連携（介護医療院への移行推進）、④在宅サービスの強化（訪問看護・訪問入浴の強化、早期在宅復帰促進の強化、緊急時宿泊ニーズへの対応、通所介護の地域交流促進）、⑤ケアマネ

ジメントの質の向上、⑥地域の特性に応じた
サービス充実(離島や中山間地域でのサービ
ス加算、認知症対応型共同生活介護のユニッ
ト数の基準緩和)等が進められます。

3．質の向上、持続可能性と安定性の確保：介
　護保険サービスの質の向上を図り、持続可能
　な形で安定したサービスが供給されるように、
　①リハビリテーション・機能訓練・口腔ケア・
　栄養管理等の取り組み連携や強化(介護保険
　施設への歯科医師・歯科衛生士の訪問指導、

多職種連携によるリハビリテーションの推進
における管理栄養士の関与強化)、②サービ
スの質の評価と適正化(**科学的介護情報シス
テム**の運用開始)、③寝たきり防止・重度化
防止(施設での日中生活支援、褥瘡マネジメ
ントと排せつ支援の強化)、④介護人材の確
保(介護職員の処遇改善・環境改善の取り組み、
テクノロジーの活用や人員・施設基準の緩和
を通した業務の効率化と負担軽減)等が進め
られます。

## COLUMN

# 地域包括ケアシステムについて

　2011(平成23)年の介護保険制度改正において
示された「地域包括ケアシステム」の考え方に
基づき、わが国では、医療、介護、予防、住ま
い、生活支援サービスを切れ目なく提供するこ
とで高齢者が住み慣れた地域(おおむね30分以
内に必要なサービスが提供される日常生活圏域。
具体的には中学校区程度の範囲)で、安心して
自分らしい暮らしを人生の最期まで続けること
ができるよう、医療と介護の連携強化や、介護
人材の確保とサービスの質の向上、認知症対策
の推進、高齢者の住まいの整備などが進められ
てきました。

　真の「地域包括ケアシステム」の構築には、「介
護」「医療」といった専門的サービスの充実や
相互の連携のみならず、安心で安全な住まいの
確保と、いつまでも元気に暮らすための介護予
防や生活を支える生活支援が重要です。高齢者
だけでなく、その地域に住むすべての住民のニ
ーズを的確につかむと同時に地域における課題
を把握し、行政と企業やボランティア団体等が
協力し、地域の自主性を重んじた取り組みを進

め、それぞれの地域特性を踏まえ、「地域力」
を向上させることが不可欠です。

　また、地域ごとの特性に応じて、有機的なつ
ながりを生み出すプラットフォームが提供され
ることで、インフォーマルサポートの発掘や充
実、高齢者どうしの組織化、NPO化が促進され、
障害の有無にかかわらずすべての人に社会参加
と社会貢献の機会を拡げることが期待されてい
ます。なかでも、福祉住環境コーディネーター
は、安心安全な住まいの確保に向けた取り組み
に寄与します。

　安心安全な住まいの確保は、そこを拠点とす
る地域に対するわがまち意識(**プライド・オブ・
プレイス**：居住地への敬意や誇り)や愛着を育み、
住民一人ひとりの気づきを促します。これらを
情報として吸い上げる(ニーズの発掘)しくみは、
見守りにもつながります。また、多様な価値観
の個性豊かな人々が緩やかな結びつき(ネット
ワーク)を保つことにより柔軟な発想が生み出
されます。顔の見える関係性の構築は、医療福
祉の関係者のみならず、住民の間に互酬性の補
完(お互いさまという気持ち)をもたらします。
これら(安心・安全感、人々の結びつき、お互
いさまという意識)の相乗効果が地域コミュニ

3節　在宅生活の維持とケアサービス

第1章　暮らしやすい生活環境をめざして

第2章　健康と自立をめざして

第3章　バリアフリーとユニバーサルデザイン

第4章　安全・安心・快適な住まい

第5章　安心できる住生活とまちづくり

事例集　地域で取り組む福祉のまちづくり実践事例

ティのソーシャルキャピタル（社会的資本）を醸成し、地域に暮らす人々の健康や有事の協力関係の構築にも有効に作用します。

したがって、福祉住環境コーディネーターには、この地域包括ケアシステム深化や革新に向けて、高齢者支援や医療福祉の分野にとどまらず多様な分野の知識・技術を生かした活躍が期待されているといえます。

# B　障害者を広く支える障害者総合支援法

 **障害者総合支援法について**

わが国の障害者支援に関する施策は、行政が必要と判断したサービスを提供する措置制度から、障害者自身が主体的にサービスを選択し、契約に基づき、共通の制度のもとで一元的にサービスを受ける形へと転換が図られてきました。また、障害種別に縦割りで提供されてきた公的施設中心のケアから、民間経営を主体とした施設・事業所のケアへと自由化され、サービスの質の向上と透明化が進められてきました。

サービスの根拠となる主な法律として、2003（平成15）年施行の「**支援費制度**」および2006（平成18）年施行の「障害者自立支援法」を経て、2013（平成25）年4月に施行された「障害者の日常生活及び社会生活を総合的に支援するための法律（障害者総合支援法）」があります。「障害者総合支援法」は、「障害者基本法」の理念にのっとり、「障害者及び障害児が基本的人権を享有する個人としての尊厳にふさわしい日常生活又は社会生活を営むことができるよう、必要な障害福祉サービスに係る給付、地域生活支援事業その他の支援を総合的に行い、もって障害者及び障害児の福祉の増進を図るとともに、障害の有無にかかわらず国民が相互に人格と個性を尊重し安心して暮らすことのできる地域社会の実現に寄与する」ことを目的としています（第1条）。

「障害者総合支援法」の特徴は、障害の種類に関係なく（身体障害、知的障害、精神障害、発達障害等、さらに一定の**難病**を含む）、すべての障害者・障害児を対象に、共通の制度のもとで支援を行うことです。利用者負担については、利用したサービス量に応じて定率負担が発生するそれまでの「応益負担」から、所得に応じた「応能負担」が原則となりました。また、個別の事情に合わせた負担の減免など、サービスの質の向上に向けたさまざまな環境整備が進みました。さらに、障害児支援の

**支援費制度**
障害者がサービスを選択し、計画に基づき利用する制度。利用者は市町村の支給決定に基づき指定事業者と契約を結び、サービス利用後は負担能力に応じて利用者負担額を支払う。

**難病**
治療方法が確立していない疾病など難病により障害をきたした人も、「障害者総合支援法」の対象者となっている。対象となる疾患は、当初は関節リウマチ等130疾患にとどまったが（2013年）、見直しが繰り返され、2021（令和3）年11月1日からは366疾患となっている。

ニーズの多様化にあわせたサービスの充実や、障害者が地域で自立した"望む生活"の実現に向けた相談支援の拡充が図られています。

##  障害者総合支援法のしくみ

### 【1】運営のしくみと対象者

「障害者総合支援法」に基づく各種の給付（サービス）は、自己負担を除く部分の財源がすべて税により賄われる社会扶助方式で運営されています。制度の運営主体は市町村で、都道府県がこれを支援する形式をとっていますが、サービスの種類によっては都道府県が直接運営にあたるものもあります（図4）。

「介護保険法」のサービスが、原則として65歳以上の人を対象としているのに対して、「障害者総合支援法」では、身体障害、精神障害、知的障害（発達障害を含む）、さらに一定の難病を含むすべての障害領域の人を対象としています。

「障害者総合支援法」に基づくサービスは、全国で一律の基準により提供される「自立支援給付」と、地域の特性に応じて柔軟に実施される「地域生活支援事業」に大別されます。「自立支援給付」のサービスには、「障害福祉サービス」「相談支援」「自立支援医療」「補装具」等があります。一方、「地域生活支援事業」は、地域の特性や利用者の状況に応じ、柔軟な形態により事業を効果的・効率的に実施できるよう市町村の創意工夫により実施される（基本的人権の享受や尊厳の確保に必要な）多様な事業で構成されています。なお、障害児のみを対象としたサービスである「障害児相談支援」等は「児童福祉法」に基づいて提供されています（図4）。

これらのサービスを受ける際に生じる費用の利用者負担は、サービス量と所得等に配慮した負担（応能負担）です。また、収入に応じた負担軽減措置なども設けられています。なお、「障害福祉サービス」を利用する際には、障害の多様な特性や心身の状態に応じて必要とされる標準的な支援の度合いを示す「障害支援区分」などに基づいた支給が行われています。

### 【2】サービス利用までの流れ

障害福祉サービスの利用までの流れは、①申請、②「障害支援区分」の認定、③サービス等利用計画案の作成、④支給決定、⑤サービス担当者会議の実施、⑥サービス等利用計画の作成、⑦サービス利用の開始です（図5）。なお、介護給付（介護を受ける場合）と訓練等給付（訓練等の支援を受ける場合）では利用の際のプロセスが若干異なります。

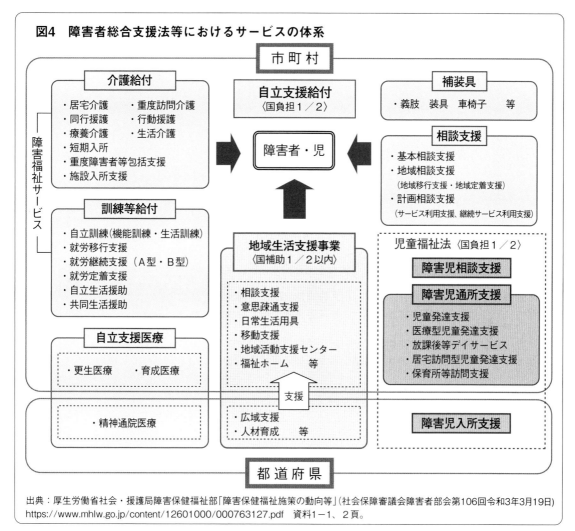

図4　障害者総合支援法等におけるサービスの体系

出典：厚生労働省社会・援護局障害保健福祉部「障害保健福祉施策の動向等」(社会保障審議会障害者部会第106回令和3年3月19日)
https://www.mhlw.go.jp/content/12601000/000763127.pdf　資料1−1、2頁。

①申請

　　障害福祉サービスの利用を希望する本人(家族)が、市町村の担当の
窓口へ申請書を提出します。

②「障害支援区分」の認定

　　「障害支援区分」の認定の手続は、「調査」「判定」「認定」の3段
階です。

・「調査」は、申請を受けた市町村の認定調査員が、全国共通の心身
　の状況に関する80項目の基本調査や概況調査(本人・家族の状況、
　サービス利用状況等)を自宅等に訪問して実施します。

・「判定」は、2段階で行われます。一次判定は、主に基本調査に基
　づきコンピューターで判定、二次判定は、一次判定の結果、医師の
　意見書(心身の状態や特別な医療の必要性等についての意見を求め
　る)をもとに市町村の審査会で行います。

・「認定」は、二次判定結果に基づき、「区分1〜区分6」(必要とされ

第1章　暮らしやすい生活環境をめざして

第2章　健康と自立をめざして

第3章　バリアフリーとユニバーサルデザイン

第4章　安全・安心・快適な住まい

第5章　安心できる住生活とまちづくり

事例集　地域で取り組む福祉のまちづくり実践事例

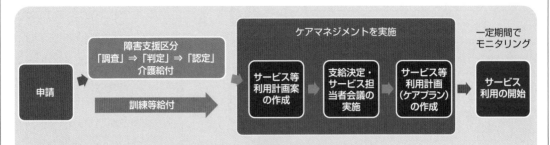

**図5　障害福祉サービス利用までの流れ**

ケアマネジメントを実施

一定期間で
モニタリング

障害支援区分
「調査」⇒「判定」⇒「認定」
介護給付

申請　　　訓練等給付　　サービス等
利用計画案
の作成　　支給決定・
サービス担
当者会議の
実施　　サービス等
利用計画
（ケアプラン）
の作成　　サービス
利用の開始

① 申請：本人や家族が住まいのある市町村の担当窓口に申請書類を提出します。
② 障害支援区分の認定：主に介護給付のサービスで必要になります。市町村の担当者が訪問して認定調査を行い、コンピューターによる一次判定が出されます。その結果と医師の意見書をもとに審査会が二次判定を行い、市町村が認定を行って本人へ通知します。
③ サービス等利用計画案の作成：アセスメントに基づき「サービス等利用計画案」を作成し、市町村へ提出します。
④ 支給決定：「支給決定」は「サービス等利用計画案」等を踏まえて市町村が行います。
⑤ サービス担当者会議の実施：「サービス担当者会議」を開催しサービス事業者との連絡・調整を行います。
⑥ サービス等利用計画の作成：「サービス等利用計画（ケアプラン）」を作成します。
⑦ サービス利用の開始：プランに基づきサービス提供事業者と契約を結び利用を開始します。

出典：全国社会福祉協議会『障害福祉サービスの利用について』
（https://www.shakyo.or.jp/download/shougai_pamph/date.pdf）12・13頁を改変

**指定特定相談支援事業者**

市町村により指定されている「特定相談支援事業所」のこと。障害福祉サービスを利用する際には、アセスメントをもとに「サービス等利用計画案」を作成し、支給決定後も引き続いてサービス担当者会議の開催を含めたケアマネジメントをつかさどる。サービス開始後もモニタリングやプラン修正等に関与する。なお、「特定相談支援事業」とは、基本相談支援（障害者・児やその家族からの一般的な相談に応じて情報提供や連絡調整を行う）と計画相談支援のいずれも行うものをいう。

る支援の度合いは区分6が最も高い）のいずれかまたは「非該当」で、市町村が通知します。なお、この障害支援区分の認定は、訓練等給付では（一部を除き）必要としません。

③「サービス等利用計画案」の作成

　市町村の指定を受けた「**指定特定相談支援事業者**」が自宅などに訪問し、生活上の悩みやサービス利用の意向などを聞き取り、援助の優先度などの課題分析（アセスメント）に基づく「サービス等利用計画案」を作成します。

④「支給決定」

　障害支援区分をもとに、勘案事項と提出された「サービス等利用計画案」を踏まえて市町村が決定し、本人に通知します。

⑤「サービス担当者会議」の実施

　支給決定後、「指定特定相談支援事業者」は、「サービス担当者会議」を開催します。本人・家族・サービス事業者等と連携し、サービスの内容や量が最適となるように調整を行います。

⑥「サービス等利用計画」の作成

　「指定特定相談支援事業者」に依頼し（身近な地域にない場合は自分で作成することもできる）、実際に利用する「サービス等利用計画（ケアプラン）」を作成します。

第1章　暮らしやすい生活環境をめざして

第2章　健康と自立をめざして

第3章　バリアフリーとユニバーサルデザイン

第4章　安全・安心・快適な住まい

第5章　安心できる住生活とまちづくり

事例集　地域で取り組む福祉のまちづくり実践事例

## COLUMN

# ケアマネジメントについて

　「障害者総合支援法」に基づくサービスを利用する人の多くは、さまざまなサービスを同時に利用します。サービスの利用に際しては、最適なサービスを効率よく円滑に利用できるように支給決定前のアセスメント段階から、ケアマネジメントが継続して実施されるようになりました(2021(令和3)年4月より)。ケアマネジメントは、指定特定相談支援事業者によるサービス利用計画案の作成や、支給決定後のサービス担当者会議の運営、「サービス等利用計画(ケアプラン)」の作成において行われます。さらにサービス利用開始後も、本人・家族・サービス事業者等との連絡などにおいてケアマネジメントが継続的に行われ、一定期間ごとに必要に応じた見直しや修正(モニタリング)を行うことで、最適なサービスが円滑に提供できるように調整が図られています。

⑦サービス利用の開始

　ケアプランに応じた個々のサービス提供事業者との契約に基づき、サービス利用が開始されます。

## 【3】サービスの種類と内容

　障害福祉サービスのうち、「介護給付」には、居宅介護(ホームヘルプ)、重度訪問介護、同行援護、行動援護、重度障害者等包括支援という訪問系のサービス、および短期入所(ショートステイ)、療養介護、生活介護という日中活動支援系のサービス、さらに施設入所支援サービスがあります。一方、障害福祉サービスのうち「訓練等給付」には、自立生活援助、共同生活援助(グループホーム)という居住支援系のサービスと、自立訓練(機能訓練)、自立訓練(生活訓練)、就労移行支援、就労継続支援A型(雇用型)、就労継続支援B型(非雇用型)、就労定着支援という訓練・就労系のサービスがあります。各サービスの内容については表4に示します。

　「相談支援」のサービスには、「計画相談支援」と「地域相談支援」があります。「計画相談支援」は、障害福祉サービス等の利用計画の作成を支援するものです。一方、「地域相談支援」は、入所施設や精神科病院等から地域生活への移行に向けた支援です。「地域相談支援」はさらに、「地域移行支援」(退所・退院する人に対し、地域移行に向けた支援を行う)と、「地域定着支援」(退所・退院した人、家族との同居から一人暮らしに移行した人、地域生活が不安定な人等に対し、地域生活を継続していくための支援を行う)の2つに分けられます。

　「障害児支援」のサービスは、障害児相談支援系、障害児通所支援系、障害児入所支援系、障害児訪問系に集約されました(表5)。これにより従来の障害種別で分かれていたサービス(給付)について、利用形

**モニタリング**
ケアマネジメントの一環として、一定期間ごとに利用者本人・家族の状況や、サービス等利用計画の実施状況を確認し、必要に応じて見直しや修正を行い、サービス提供の円滑化と適性化を図ること。

**表4 「障害者総合支援法」における主なサービスの種類と内容（その１）**

| | | | | 障害福祉サービス等の体系（介護給付・訓練等給付） |
|---|---|---|---|---|
| 訪問系 | 介護給付 | 居宅介護（ホームヘルプ） | 者児 | 自宅で、入浴、排せつ、食事の介護等を行う |
| | | 重度訪問介護 | 者 | 重度の肢体不自由者または重度の知的障害もしくは精神障害により行動上著しい困難を有する者であって常に介護を必要とする人に、自宅で、入浴、排せつ、食事の介護、外出時における移動支援、入院時の支援等を総合的に行う |
| | | 同行援護 | 者児 | 視覚障害により、移動に著しい困難を有する人が外出するとき、必要な情報提供や介護を行う |
| | | 行動援護 | 者児 | 自己判断能力が制限されている人が行動するときに、危険を回避するために必要な支援、外出支援を行う |
| | | 重度障害者等包括支援 | 者児 | 介護の必要性がとても高い人に、居宅介護等複数のサービスを包括的に行う |
| 日中活動系 | | 短期入所（ショートステイ） | 者児 | 自宅で介護する人が病気の場合などに、短期間、夜間も含めた施設で、入浴、排せつ、食事の介護等を行う |
| | | 療養介護 | 者 | 医療と常時介護を必要とする人に、医療機関で機能訓練、療養上の管理、看護、介護および日常生活の世話を行う |
| | | 生活介護 | 者 | 常に介護を必要とする人に、昼間、入浴、排せつ、食事の介護等を行うとともに、創作的活動または生産活動の機会を提供する |
| 施設系 | | 施設入所支援 | 者 | 施設に入所する人に、夜間や休日、入浴、排せつ、食事の介護等を行う |
| 居住支援系 | | 平30～ 自立生活援助 | 者 | 一人暮らしに必要な理解力・生活力等を補うため、定期的な居宅訪問や随時の対応により日常生活における課題を把握し、必要な支援を行う |
| | | 共同生活援助（グループホーム） | 者 | 夜間や休日、共同生活を行う住居で、相談、入浴、排せつ、食事の介護、日常生活上の援助を行う |
| 訓練系・就労系 | 訓練等給付 | 自立訓練（機能訓練） | 者 | 自立した日常生活または社会生活ができるよう、一定期間、身体機能の維持、向上のために必要な訓練を行う |
| | | 自立訓練（生活訓練） | 者 | 自立した日常生活または社会生活ができるよう、一定期間、生活能力の維持、向上のために必要な支援、訓練を行う |
| | | 就労移行支援 | 者 | 一般企業等への就労を希望する人に、一定期間、就労に必要な知識および能力の向上のために必要な訓練を行う |
| | | 就労継続支援（A型） | 者 | 一般企業等での就労が困難な人に、雇用して就労の機会を提供するとともに、能力等の向上のために必要な訓練を行う |
| | | 就労継続支援（B型） | 者 | 一般企業等での就労が困難な人に、就労する機会を提供するとともに、能力等の向上のために必要な訓練を行う |
| | | 平30～ 就労定着支援 | 者 | 一般就労に移行した人に、就労に伴う生活面の課題に対応するための支援を行う |

（注）表中の「者」は「障害者」、「児」は「障害児」であり、利用できるサービスにマークを付している。

出典：厚生労働省「障害福祉サービスの概要」（https://www.mhlw.go.jp/stf/seisakunitsuite/bunya/hukushi_kaigo/shougaishahukushi/service/naiyou.html）を一部改変

　態の別により一元化されました。

　「自立支援医療費」は、更生医療、育成医療、精神通院医療の医療費の自己負担額を軽減するものです。

　「補装具」は、義肢、装具、車椅子等、身体の欠損または損なわれた身体機能を補完・代替する用具としての補装具等の作成費用や、修理調整費用の給付を行うものです。

3節　在宅生活の維持とケアサービス

第1章　暮らしやすい生活環境をめざして

第2章　健康と自立をめざして

第3章　バリアフリーとユニバーサルデザイン

第4章　安全・安心・快適な住まい

第5章　安心できる住生活とまちづくり

事例集　地域で取り組む福祉のまちづくり実践事例

## 表5　「障害者総合支援法」における主なサービス等の体系（その2）

| 障害福祉サービス等の体系（障害児支援、相談支援に係る給付） | | | |
|---|---|---|---|
| 障害児通所系 | 障害児支援に係る給付 | 児童発達支援 （児） | 日常生活における基本的な動作の指導、知識技能の付与、集団生活への適応訓練などの支援を行う |
| | | 医療型児童発達支援 （児） | 日常生活における基本的な動作の指導、知識技能の付与、集団生活への適応訓練などの支援および治療を行う |
| | | 放課後等デイサービス （児） | 授業の終了後または休校日に、児童発達支援センター等の施設に通わせ、生活能力向上のための必要な訓練、社会との交流促進などの支援を行う |
| 障害児訪問系 | | 平30〜 居宅訪問型児童発達支援 （児） | 重度の障害等により外出が著しく困難な障害児の居宅を訪問して発達支援を行う |
| | | 保育所等訪問支援 （児） | 保育所、乳児院・児童養護施設等を訪問し、障害児に対して、障害児以外の児童との集団生活への適応のための専門的な支援などを行う |
| 障害児入所系 | | 福祉型障害児入所施設 （児） | 施設に入所している障害児に対して、保護、日常生活の指導および知識技能の付与を行う |
| | | 医療型障害児入所施設 （児） | 施設に入所または指定医療機関に入院している障害児に対して、保護、日常生活の指導および知識技能の付与並びに治療を行う |
| 相談支援系 | 相談支援に係る給付 | 計画相談支援 （者）（児） | 【サービス利用支援】<br>・サービス申請に係る支給決定前にサービス等利用計画案を作成<br>・支給決定後、事業者等と連絡調整を行い、サービス等利用計画を作成<br>【継続利用支援】<br>・サービス等の利用状況等の検証（モニタリング）<br>・事業所等と連絡調整、必要に応じて新たな支給決定等に係る申請の勧奨 |
| | | 障害児相談支援 （児） | 【障害児支援利用援助】<br>・障害児通所支援の申請に係る給付決定の前に利用計画案を作成<br>・給付決定後、事業者等と連絡調整等を行うとともに利用計画を作成<br>【継続障害児支援利用援助】 |
| | | 地域相談支援 （者） | 【地域移行支援】<br>住居の確保等、地域での生活に移行するための活動に関する相談、各障害福祉サービス事業所への同行支援等を行う<br>【地域定着支援】<br>常時、連絡体制を確保し障害の特性に起因して生じた緊急事態等における相談、障害福祉サービス事業所等と連絡調整など、緊急時の各種支援を行う |

※障害児支援は、個別に利用の要否を判断（支援区分を認定する仕組みとなっていない）
※相談支援は、支援区分によらず利用の要否を判断（支援区分を利用要件としていない）

(注)表中の「者」は「障害者」、「児」は「障害児」であり、利用できるサービスにマークを付している。

出典：厚生労働省社会・援護局障害保健福祉部「障害保健福祉施策の動向等」（社会保障審議会障害者部会第106回令和3年3月19日) https://www.mhlw.go.jp/content/12601000/000763127.pdf　資料1−1を一部改変

　「地域生活支援事業」は、障害者・障害児が基本的人権を享有する個人としての尊厳にふさわしい日常生活や社会生活を営めるように、都道府県および市町村が地域の実情に応じて実施するものです。地域の特性や利用者の状況に応じて、柔軟な形態の支援が計画的に実施されています。

　すべての市町村で行われている事業としては、障害者の理解促進研修・啓発、相談支援、成年後見制度利用支援、意思疎通（手話通訳、点訳、代筆等）の支援、移動支援、地域活動支援センター（障害のある人の創作活動や生産活動、社会交流への参加の機会を提供している）の機能強化、自発的活動（ピアサポート、災害対策、孤立支援、ボランティア活動等）

支援、日常生活用具給付等があります。これ以外にも、地域ごとにさまざまな事業が提供されています。

##  3 障害者総合支援法の近年の動向と今後の課題

### 【1】近年の障害者の状況

　2020（令和2）年現在、障害者の総数は964.7万人で、わが国の総人口の約7.6％を占めています。このうち、身体障害者（障害児）は436.0万人、知的障害者（障害児）は109.4万人、精神障害者は419.3万人です（内閣府「令和元年版障害者白書」）。障害者数全体は増加傾向にあり、障害福祉サービス関係予算額は、一貫して右肩上がりに増加しています。2020（令和2）年度は、「障害者総合支援法」の前身である「障害者自立支援法」施行当時であった13年前の約3倍にも達しました。

　近年の傾向としては、障害者の高齢化（全体の48％が65歳以上）と重度化（医療技術の進歩等を背景に、人工呼吸器等の使用や、痰の吸引などの医療的ケアを常時必要とする障害者（障害児）の利用が伸びました）が挙げられます。また、新規利用者数の推移（2019（令和元）年11月からの1年間）からは、精神障害者（障害児）の伸び率が7％台と高い傾向にあり、引き続きニーズが高いことがうかがわれます。ただし、直近では新型コロナの影響から、地域相談支援の近年の伸びに反して、施設入所者が微増する等の影響も出ています。

### 【2】制度の動向と今後の課題

　「障害者総合支援法」は2013（平成25）年の施行以来、定期的な見直しが行われています。2016（平成28）年の改正では、地域生活に移行する障害者の増加等を受けて、自立生活援助および就労定着支援、また居宅訪問型児童発達支援が創設され（2018（平成30）年4月施行）、障害者の自立支援の充実が図られました。また、障害福祉サービスの需要の伸びに対応すべく、持続可能性の確保に向けた報酬（サービス費用の公定価格）改定も繰り返し行われています。2018年には、「共生型サービス」創設（高齢障害者による介護保険サービスの円滑な利用促進）や、医療的ケア児への対応等（障害児支援のニーズの多様化に対するきめ細かい支援拡充）、「地域共生社会」の実現に向けて、利用者目線に立った弾力的な運用やサービスの隙間を埋める改定が進みました。

　直近の2021（令和3）年には、第6期障害者福祉計画・第2期障害児福祉計画策定のための基本指針が見直され、福祉施設の入所者の地域生活への移行（地域移行支援・自立生活援助・地域定着支援を組み合わせた相談支援の充実の推進）、精神障害にも対応した地域包括ケアシステム

の推進(夜間や緊急対応、早期からの地域移行を可能とする医療福祉の連携など)、地域生活支援拠点等が有する機能の充実、福祉施設から一般就労への移行等、障害児支援の提供体制の整備(児童発達支援センターの設置および保育所等訪問支援の充実、重症心身障害児を支援する児童発達支援事業所および放課後等デイサービス事業所の確保)、相談支援体制の充実・強化(基幹相談支援センター設置等)、障害福祉サービス等の質の向上と体制の構築などの方針が打ち出されています。

　ほかにも、事業所における感染症や災害への対応力の強化、また、持続可能で適正なサービス提供に向けた対応として、ICTの活用、虐待防止・身体拘束の適正化推進、さらに福祉・介護職の処遇改善などが、今後の課題として指摘されています。

## COLUMN

# ノーマライゼーションとは？

　第二次世界大戦後、デンマークの社会省で障害者問題に取り組んでいたバンク-ミケルセン(N.E.Bank-Mikkelsen)は、知的障害者の入所施設における非人間的な扱いや一般社会から隔絶された環境での生活を問題視しました。そこで、障害をもっても一般市民と同様の生活と権利が保障されなければならないとするノーマライゼーション(Normalization)の考え方を提唱し、その考え方を初めて盛り込んだデンマークの法律「1959年法」の制定に貢献しました。

### ノーマライゼーションと人権思想の発展

　国際連合は「世界人権宣言」(1948(昭和23)年)を皮切りに、人権に関するさまざまな提唱を行ってきました。ノーマライゼーションの理念は、1960年代以降、カナダ、アメリカ等にも拡がり、国際連合による1971(昭和46)年の「知的障害者の権利宣言」、1975(昭和50)年の「障害者の権利宣言」などに影響を与えました。

### 日本におけるノーマライゼーションの定着

　わが国では、「完全参加と平等」をテーマとした1981(昭和56)年の国際障害者年(国際連合が宣言)などを契機とし、障害者政策にノーマライゼーションの考え方が明確に反映されるようになりました。

　1993(平成5)年には障害者施策に関する基本的理念などを定めた「障害者基本法」が制定され、1995(平成7)年の、ノーマライゼーションやリハビリテーションを基本理念とする「障害者プラン～ノーマライゼーション7か年戦略～」の策定を経て、2002(平成14)年の「障害者基本計画」と「重点施策実施5か年計画」へとつながっていきます。

　ノーマライゼーションの考え方は、1980～90年代の障害者問題、介護問題への関心の高まりと同時に拡がりをみせ、高齢者福祉の理念としても定着していきました。現在では、社会福祉の基本的理念として、すべての人が基本的人権を尊重されながら、社会で自己選択や自己決定に基づいて生活できること、と幅広く解釈されるようになっています。

### 世界人権宣言

　1948年の国連総会で採択された宣言。人間の自由権、平等権、無差別平等な社会権、健康を維持し、社会保障を受ける権利などを明らかにした。

### 知的障害者の権利宣言

　1971年の国連総会で決議された宣言。知的障害者が適切な医療や教育、リハビリテーション訓練を受ける権利や、施設入所に際しては、搾

取・虐待・悪質な処遇から守られる権利、適切な法的援助を受ける権利などが宣言された。

## 障害者の権利宣言

1975年、国連総会において決議された宣言。障害者を「先天的か否かにかかわらず、社会生活に必要なことを自分自身で、完全にまたは部分的にできない人」と定義している。

## 「障害者プラン～ノーマライゼーション7か年戦略～」

1995年に策定された障害者施策の実施に関する国の計画。障害のある人々が地域でともに生活できるよう、バリアフリー化を促進し、自由な社会参画や機会の平等などを保障・実現するため、あらゆる障壁の除去をめざす。

## 障害者権利条約

2014（平成26）年、日本は「障害者の権利に関する条約（障害者権利条約）」を締結した。この条約は、障害者の人権や基本的自由の享有を確保し、障害者の固有の尊厳の尊重を促進することを目的に、障害者の権利を実現するための措置等を定めたもので、障害に基づくあらゆる差別（合理的配慮*の否定を含む）の禁止、障害者が社会に参加し包容されることの促進と、条約の実施を監視する枠組みの設置等を規定している。この条約締結に先立ち、2011（平成23）年には「障害者基本法」が改正され、2012（平成24）年には「障害者総合支援法」が成立、さらに2013（平成25）年には「障害を理由とする差別の解消の推進に関する法律（障害者差別解消法）」**が成立した。またこの間に、「障害者虐待の防止、障害者の養護者に対する支援等に関する法律（障害者虐待防止法）」が成立し（2011年）、「障害者の雇用の促進等に関する法律（障害者雇用促進法）」の改正が行われた（2013年）。

現在推進中の「障害者基本計画（第4次計画）」は、すべての国民が、障害の有無にかかわらず、等しく基本的人権を享有するかけがえのない個人として尊重されるという、「障害者基本法」に基づく理念にのっとり、すべての国民が、障害の有無によって分け隔てられることなく、相互に人格と個性を尊重し合いながら共生する社会の実現をめざし、2018（平成30）年度から2022（令和4）年度までのおおむね5年間に政府が講ずる障害者の自立および社会参加の支援等のための施策の基本的計画として策定された。

*合理的配慮／配慮を求める障害者の意思表示に対し、国や社会等が社会的障壁を取り除くために必要な配慮を行うこと
**障害者差別解消法／障害を理由とする差別の解消を推進することにより、すべての国民が障害の有無によって分け隔てられることなく、相互に人格と個性を尊重し合いながら共生する社会の実現をめざす法律（2013年6月公布、2016（平成28）年4月施行）

## 高齢者虐待防止法

「高齢者虐待の防止、高齢者の養護者に対する支援等に関する法律（高齢者虐待防止法）」は、介護保険制度の普及・活用が進む中、一方では高齢者に対する身体的・心理的虐待、介護や世話の放棄・放任等が、家庭や介護施設などで表面化し、社会的な問題となった2006（平成18）年に施行された。高齢者虐待には①養護者によるものと②養介護施設従事者等によるものがあり、主な種類として、(1)身体的虐待（高齢者の身体に外傷が生じまたは生じるおそれのある暴力を加えること）、(2)介護・世話の放棄・放任（高齢者を衰弱させるような著しい減食、長時間の放置、養護者以外の同居人による虐待行為の放置など、養護を著しく怠ること）、(3)心理的虐待（高齢者に対する著しい暴言または著しく拒絶的な対応その他の高齢者に著しい心理的外傷を与える言動を行うこと）、(4)性的虐待（高齢者にわいせつな行為をすることまたは高齢者をしてわいせつな行為をさせること）、(5)経済的虐待（養護者または高齢者の親族が当該高齢者の財産を不当に処分することその他当該高齢者から不当に財産上の利益を得ること）が含まれると規定した。そのうえで、住民に最も身近な市町村・都道府県を具体的な対策の担い手として明確に位置づけ、高齢者虐待の早期発見・早期対応を図るとともに、養護者を支援するとしている。

3節　在宅生活の維持とケアサービス

第1章　暮らしやすい生活環境をめざして

第2章　健康と自立をめざして

第3章　バリアフリーとユニバーサルデザイン

第4章　安全・安心・快適な住まい

第5章　安心できる住生活とまちづくり

事例集　地域で取り組む福祉のまちづくり実践事例

## COLUMN

# 基幹相談支援センター

高齢化が急激に進み世帯構成が大きく変わりつつある昨今、高齢者や障害者の単独世帯や高齢者のみ世帯、障害者の子と高齢の親等の世帯がますます増えています。このような人々が医療・介護・福祉等生活の基本となるサービスを適切に利用できるよう、地域で支えることが必要になってきています。

また、虐待や消費者被害等の権利侵害、支援の拒否（セルフネグレクト）や見守り不十分の中での行方不明や孤立死など、判断力の不十分なこともあり自ら声をあげてSOSを発し権利や生活を守ることのできない人たちの潜在的なニーズは顕在化しにくいため、自治体内での連携が成年後見制度の利用に結び付けられないまま、地域で埋もれてしまう懸念があります。

基幹相談支援センターは、障害者に対する地域の相談支援の拠点として総合的な相談業務（身体障害・知的障害・精神障害）および成年後見制度利用支援事業を実施し、地域の実情に応じて、相談業務や地域移行・定着の支援、地域の相談支援体制強化などの業務を行っています。全国に778市町村まで増加しています（2020（令和2）年4月）。

＊**障害者虐待防止法とは**——障害者に対する虐待が障害者の尊厳を害するものであり、障害者の自立および社会参加にとって障害者に対する虐待を防止することが極めて重要であるとの認識から法制化された（2011（平成23）年成立）。市町村と都道府県が協力して対応している。

＊**成年後見制度とは**——成年後見制度は、判断能力が不十分で権利擁護の必要な人々を、成年後見人等を選任することによって、一人の人間としてその意思や尊厳を尊重し、本人の権利行使や権利を守り実現することを支援する制度である。

### 基幹相談支援センターの役割のイメージ

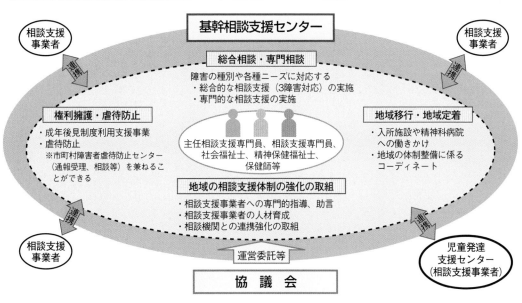

出典：厚生労働省ホームページ、「基幹相談支援センターの役割」https://www.mhlw.go.jp/file/06-Seisakujouhou-12600000-Seisakutoukatsukan/0000100547.pdfを一部改変

# 健康と自立を
# めざして

# 高齢者の健康と自立

**1 節**

**ねらい** 高齢者にとって、健康を維持することと自立した生活ができることは同義です。年齢によって変わるからだと心の変化を理解し、高齢者が元気で快適な自立生活をおくるためには何が必要かを学びます。

## A 健康な一生をおくるために役立つ老化のとらえ方

**老化**
成人期以降起こってくる心身の変化。

**老年学**
加齢にともなう心身の変化や高齢社会を研究する学問。

　年をとるにしたがって、足腰が弱くなる、記憶力が衰える、免疫力が低下するといったようなからだの生理的変化、心理的変化が起こってきます。これを**老化**といいます。一般的に老化といえば、年とともに心身が衰えていき、その先には寝たきりや認知症など、障害のある生活が待っているといったように、悲観的なイメージでとらえられがちですが、これは**老年学**の研究が最初、健康を害して病院で暮らす高齢者を対象にしていたことが一因になって広まったイメージと考えられます。

　確かに高齢になれば、若いときのような動きをするのは困難になり、慢性の病気にはかかりやすくなります。しかし、実際には自立生活をおくり、元気で長生きをしている高齢者が大多数です。高齢者のウェル・ビーイング（よりよい人生をおくって天寿を全うすること）を考えるには、何をどうすれば元気に長生きができるか、元気な高齢者に学ぶ視点をもつことが必要とされます。

###  元気な高齢者の知力や体力は死の直前まで維持されることが多い

　今日の老年学では、病院で暮らす高齢者ばかりでなく、元気な高齢者を対象にした研究が進んできました。長寿者の多い地域の食生活や生活習慣の研究をする、あるいは百寿者といわれる100歳以上の健康な高齢者の生活やからだの状態を調べるなど、高齢者がどういう生活をおくれば健康な一生を全うできるかといった研究が、さまざまな方面からなされています。そして、これらの研究結果から、老化は必ずしもマイナス面ばかりではないこと、環境整備や生活、健康管理のしかたによっては、心身の若々しさを維持し、生涯の終わりまで自立した生活がおくれる可

能性があることがわかってきています。

　具体的な例として挙げられるのは、加齢による老化度の調査結果です。「中年を過ぎて高齢期に入れば、知力も体力も人格も転げるように低下していく」、こうした老化のイメージに立てば、長生きをすることはよいこととは思えなくなるでしょう。しかし、心理学や寿命学における老化の研究によれば、元気な日常生活をおくる高齢者が保っているさまざまな能力は、加齢とともに必ずしも直線的に下降するとは限らず、健康はかなりよい状態で保たれ続けて、死の比較的直前に直角型に低下することが知られています。

## 2 低下しない能力を生かしていく視点が必要

　心理学の分類では、人の知能は大きく「動作性能力」と「言語性能力」に分けてとらえています。「動作性能力」とは、車を運転していて機敏にブレーキを踏めるか、パソコンのキーを1分間にどれくらいたたけるか、といった動作に現れる能力のことで、単純な暗記力なども含まれます。一方の「言語性能力」とは、物事を判断したり、概念を操作したりする能力のことで、「動作性能力」のように目では見えません。

　この分類に従って、日本で実際に元気な高齢者を対象にして行われた追跡調査によれば、「動作性能力」は加齢とともに下降しました。しかし、「言語性能力」は、70代から80代と高齢になっても低下することはなく、むしろ上昇し、両者を総合した知能テストでは、加齢による下降はみられないという結果が出ています（図1）。

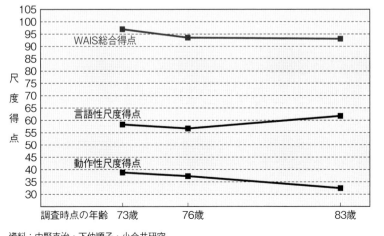

**図1　WAIS尺度得点10年間の変化**

WAIS総合得点
言語性尺度得点
動作性尺度得点

尺度得点

調査時点の年齢　73歳　　76歳　　　　　83歳

資料：中野克治・下仲順子・小金井研究
出典：柴田博『元気に長生き元気に死のう』保健同人社、1994より

**WAIS尺度得点**
WAIS＝Wechsler Adult Intelligence Scaleの略で、大人用の知能テストのこと。

第1章　暮らしやすい生活環境をめざして

第2章　健康と自立をめざして

第3章　バリアフリーとユニバーサルデザイン

第4章　安全・安心・快適な住まい

第5章　安心できる住生活とまちづくり

事例集　地域で取り組む福祉のまちづくり実践事例

年配者には、経験に裏づけられた「知恵」があります。若い人にはまねができない「知恵」は、社会にとっても貴重なものであり、それを積極的に生かしていくことは、高齢者の自信につながり、心理的、経済的な自立を支える一端になるものと考えられます。

---

## 知能の発達や知力の維持は、何歳まで可能なのか？

### 終末低下と直角型の老化

　かつて心理学では、知能の発達は20歳をピークに下降していくと考えられていました。しかし、今日では健康な高齢者は死の直前まで知力を維持することができ、死の直前に急激に低下するという考えに立っています。これを心理学では「終末低下」といいます（右図）。また、人口学では同じ現象を縦軸に生存率、横軸に年齢をとったグラフにすると直角を描くので「直角型の老化」と呼びます。

　いわゆる「ピンピンコロリモデル」も、この終末低下モデルと同じものといえるでしょう。

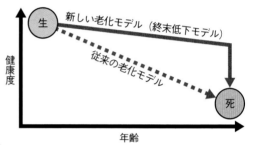

**新しい老化モデルと従来の老化モデル**

出典：柴田博『中高年健康常識を疑う』講談社、2003より

### 生涯発達理論の登場

　直角型の老化の考え方より少し遅れて、人間の人格や能力は生涯発達し続けるという考え方も登場してきました。これを「生涯発達理論」といいます。老化と生涯発達は必ずしも矛盾しません。たとえば、味覚についていえば、苦みに対して鈍くなることが食物を味わう能力を高めるといった逆説も存在します。

---

# B　高齢期の健康度は、自立して暮らせるかどうかが基準

　今日では最後まで満足のいく人生をおくることを「ウェル・ビーイング」といいます。これには①天寿を全うする、②生活の質（QOL＝Quality of Life）が維持される、③社会貢献ができる、の３つの要素が必要とされますが、天寿の全うはもちろん、QOLの維持も社会貢献もよい健康状態があってこそ可能になります。では、高齢期の健康はいかに維持していけばよいのでしょうか。

## 中年期と高齢期では
異なる健康基準

　高齢期の健康度に対する指針としては、1984（昭和59）年に**世界保健機関（WHO）**から出された提言があります。WHOでは健康指標として3つの指標（①死亡率、②罹病率、③生活機能）を挙げていますが（表1）、提言では高齢者の健康にとって最も大切なのは「死亡率」や「罹病率」ではなく「生活機能」にあるとしています。

　つまり、中年期ではがんや心臓病など生活習慣病にかかる危険が高くなります。そのため、病気の予防や初期の兆候を探し出すことが健康維持にとって重要な課題となりますが、高齢期では、中年期にかかった病気の後遺症を抱えていたり、生活に支障のない程度の持病をもっていたりすることも多く、単純な病気の有無では健康度の基準にはなりません。したがって、高齢者は「一病息災」でよしとして、病気にかかっているかどうかよりも、自立して生活ができるかどうかが健康の基準になるのです。

### 世界保健機関（WHO）
1948（昭和23）年に設立された、各加盟国（2020（令和2）年3月現在194か国・地域）代表で構成される保健に関する国連の専門機関。感染症対策、衛生統計、規準づくり、技術協力、研究開発など保健分野の広範な活動を行っている。

### 平均寿命
0歳の人が、その後生きるであろうと期待される平均年数のこと。0歳の人の平均余命。平均余命とは、ある年齢の人が、その後生きるであろうと期待される平均年数のことをいう。この平均余命は、男女別に見た年齢別死亡率が今後も変わらないと仮定して算出されている。

### 表1　WHOが示した健康指標

| 死亡率 | 寿命の基準になる。総死亡率が下がると**平均寿命**が延びる |
|---|---|
| 罹病率 | 有病率と罹患率がある。病気にかかっている人が一定の人口あたりどれくらいいるかが有病率。一定期間でどれくらいの割合で病気になるかが罹患率 |
| 生活機能 | 最も意識されるのが日常生活動作（ADL）。これは食事、排泄、着脱衣、入浴、洗面など日常生活で基本となる生活機能のこと。より高度な生活機能もある |

 ## 自立して暮らせるかどうかの
判定基準になるのは

　高齢者は多少の病気を抱えていても、日常生活で自立して暮らせる能力（＝生活機能）が備わっていれば健康であると判断されます。一般的に高齢者の自立の程度を判断するための基準に用いられているのは、**日常生活動作（ADL**＝Activities of Daily Living**）**です。朝起きてから寝るまでの日常生活に必要な動作を一人でどれくらいできるかがADLの基準で、よく用いられているのは日常生活での移動動作を指標にした方法です。

　移動動作を指標にすれば、一方にバスや電車に乗って自由に外出できる自立高齢者が位置し、反対の端には一日中、ベッドから出られない要介護高齢者が位置します。その間をいくつの段階に分けるかについては、いろいろな方法がありますが、老年学者のロートンの分類でいえば、一般に自立できるかどうかの境になるのは「身体的自立」です。「身体的自立」とは食事、排泄、着脱衣、入浴、洗面など、日常生活動作（ADL）を支障なくできるレベルです（図2）。

### 日常生活動作（ADL）
自立して生活するための基本的な身体的動作で、毎日繰り返される一連の動作群をいう。一般的なものとしては、食事、排泄、着替え、入浴、簡単な移動があり、高齢者や障害者の生活自立度を測るための指標ともなる。なお、手段的日常生活動作（IADL）は表2の1～5の能力である。

「身体的自立」よりも一段高い自立レベルとしては、食事は食べるだけでなく、自分で作ることができて、金銭管理をしたり買い物などにも出かけられる「手段的自立」、知的好奇心を失わない「知的能動性」、社会的な貢献ができる「社会的役割」の段階があります（表2）。

　かつて高齢者の多くが大家族の中で生活していたときには、「身体的自立」があれば支障なく暮らすことができました。しかし、夫婦2人や一人暮らしの世帯が多い現代では、自立して暮らすためには「手段的自立」が必要とされます。したがって、「手段的自立」以上のレベルを満たさない場合は、虚弱（要支援）高齢者と判断されています。

**図2　ロートンの「生活機能の7段階の階層モデル」（簡略版）**

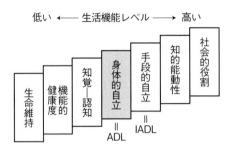

出典：生活・福祉環境づくり21／日本応用老年学会編著『ジェロントロジー入門』社会保険出版社、2013より

**表2　老研式活動能力指標と自立のレベル**

| | | |
|---|---|---|
| 1 | バスや電車を使って一人で外出できる | 手段的自立<br>一人暮らしが可能な能力がある |
| 2 | 日用品の買い物ができる | |
| 3 | 自分で食事の用意ができる | |
| 4 | 請求書の支払いができる | |
| 5 | 銀行預金・郵便貯金の出し入れができる | |
| 6 | 年金などの書類が書ける | 知的能動性<br>知的好奇心が強い |
| 7 | 新聞を読んでいる | |
| 8 | 本や雑誌を読んでいる | |
| 9 | 健康についての記事や番組に関心がある | |
| 10 | 友達の家を訪ねることがある | 社会的役割<br>社会貢献できる能力 |
| 11 | 家族や友達の相談に乗ることがある | |
| 12 | 病人を見舞うことができる | |
| 13 | 若い人に自分から話しかけることがある | |

※この指標は「はい」1点、「いいえ」0点とし、13点満点として用いる。5点以下では一人で生活することがかなり難しい。
出典：古谷野亘、柴田博他『日本公衆衛生雑誌』34巻109頁、1987を一部改変

**健康寿命の考え方と尺度**

　今世紀に入ってから、WHOのレポートに登場した「健康寿命」という用語がよく用いられるようになりました。しかし、この用語は本節で紹介してきた老化に対する認識をゆがめてしまうリスクをはらんでいます。その一例が、マスコミが喧伝している"日本人の健康寿命は、平均寿命より男で9年くらい、女で12年くらい短い"というコピーです。本節で紹介してきた終末低下とも生涯発達理論とも相対する考え方が広まっているのです。

　実は、その原因は健康寿命の表3に示した尺度にあります。この尺度は、「国民生活基礎調査」で用いられているもので、最も普及しているものです。

　この質問票の1～5のいずれかに該当すると、健康寿命は失われたことになってしまうのです。この尺度は、WHO憲章の前文にうたわれているパーフェクトな人しか健康寿命が保たれていることにならないようにできています。ちなみに、この質問票の1のみひっかかる（ADL障害）人を該当者とした場合、平均寿命と健康寿命の差は1～3年に過ぎません。終末低下（≒直角型の老化）あるいはピンピンコロリモデルと矛盾しません。

　高齢者の健康概念は、1984（昭和59）年にWHOによりコペルニクス的転換をみました。今では、他者の力を一部借りることあるいは機械や道具を用いることと自立とは矛盾しません。世の中に広まっている概念や尺度が、老年学の研究成果を踏まえているか、いつも点検することが求められます。

**表3　健康寿命に関する質問票**

| あなたは現在、健康上の問題で日常生活で何か問題がありますか？ |
| --- |
| 　１　　ある　　　　　　２　　ない |

それはどのようなことに影響がありますか、あてはまるすべての番号に○をつけてください。

　　1　日常生活動作（起床、衣服着脱、食事、入浴など）
　　2　外出（時間や作業量などが制限される）
　　3　仕事・家事・学業（時間や作業量などが制限される）
　　4　運動（スポーツを含む）
　　5　その他

　　　　　　　　　　　　　※3年に1度28万世帯を対象に「国民生活基礎調査」の一環で調査

筆者注：1～5の答えのいずれかに○があれば、健康寿命が失われたとされる。

第1章　暮らしやすい生活環境をめざして

第2章　健康と自立をめざして

第3章　バリアフリーとユニバーサルデザイン

第4章　安全・安心・快適な住まい

第5章　安心できる住生活とまちづくり

事例集　地域で取り組む福祉のまちづくり実践事例

## 自立して暮らす高齢者に 求められる役割

　では、どれくらいの高齢者が実際に自立して暮らしているのでしょうか。自立をどういう基準でとらえるかによっても変わりますが、少なくとも買い物ができて食事の用意ができるレベル以上の自立をしている高齢者は、全高齢者の8割を占めます（図3）。

　一方では、介護や支援を必要とする高齢者の数が増えていて対策が講じられている現状があります。矛盾するようにみえますが、これは高齢者の人口そのものが増えているためで、増えるのは障害のある高齢者ばかりではなく、同時に元気な高齢者も増えているのです。

　ところで、こうした元気な高齢者に今後求められるのは、有償労働、奉仕やボランティア活動、家事などの社会貢献ができることです。高齢になっても、加齢による不利を補いながら、自分に適した仕事ができるのは、社会的にも有意義なことです。また、いずれのタイプであれ、社会貢献活動をしている高齢者は、寝たきりの状態や認知症になりづらく長生きすることがわかってきました。

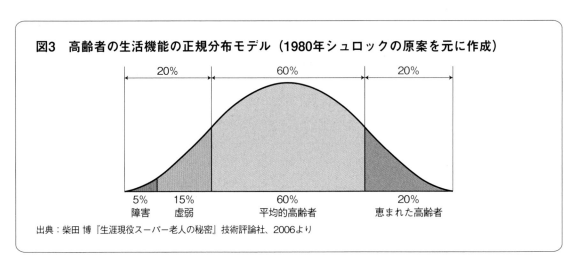

**図3　高齢者の生活機能の正規分布モデル（1980年シュロックの原案を元に作成）**

出典：柴田 博『生涯現役スーパー老人の秘密』技術評論社、2006より

　図3に示した「障害」は「要介護」とも呼ばれます。また、「虚弱」は「要支援」とも呼ばれます。この虚弱（＝要支援）は、表2の「手段的自立」が十分でないため部分的なサポートを必要とする高齢者のことです。図3の分布で明らかなように、障害（＝要介護）より虚弱（＝要支援）のほうが多数を占めています。これが、老年学から見た分布です。

　一方、介護保険がかかわるか否かは別として、行政のいう「要支援」のサービスを受けている人は、「要介護」のサービスを受けている人より少ないのが実態です。要支援のサービスをどのくらいの人が受けるかは、スクリーニング方法、施策、財源、受け手の意識で大きく異なってきます（たとえば、行政施策で用いられる用語である介護保険制度の要

介護・要支援認定では、老年学でいう「要介護」「要支援」とは分類が異なるため、要支援認定者のほうが少なくなっています）。

このように、同じ「要支援」という用語が使われていても、老年学と行政施策では意味合いが違うので注意が肝要です。

---

**COLUMN**

## フレイルをめぐる問題

フレイルという用語は、本節の図2に示すようにADLは自立しているが、IADLでサポートを必要とする状態を示します。本節における表2の1〜5の項目がこれにあたります。要介護に対して要支援という用語がありますが、フレイルと同じ状態を意味します。

フレイルという用語は、生活機能のある段階を意味する用語として使用されてきましたが、1990年代の中頃から1つの病気のように扱われることも多くなりました。身体的フレイル、精神的フレイル、社会的フレイルなどというネーミングも出現しました。

現在、フレイルをこのように取り扱うことへの批判も出されており、これから議論に目を離せません。

---

# C　元気な高齢者をめざすために 必要な食事の改善

高齢者の自立を支えるのは健康であり、健康を維持するために欠かせないのは食事の充実です。食事には、単に栄養素を補えばよいという以外の、さまざまな役割が含まれています。

たとえば、食事をするときにはおいしいと感じることも大切なことです。おいしい食事をすることは、食欲を増すのみでなく、脳の生理活性物質も増加させ幸福感を増し、認知能力も向上させます。また、食事をすることは、いろいろな人とのコミュニケーションの場としての役割もあります。高齢者にとって、よりよい食事のしかた、栄養のとり方をすることは、多方面から自立生活を支えることになるのです。

## 高齢者の健康によい 栄養のとり方

高齢者の低栄養は余命を短くします。低栄養の原因には、うつ状態や口腔機能の低下による摂食・嚥下障害もあります。そのなかでも歯の劣化が最も大きく影響するので、義歯の整備などが大切です。

第1章 暮らしやすい生活環境をめざして

第2章 健康と自立をめざして

第3章 バリアフリーとユニバーサルデザイン

第4章 安全・安心・快適な住まい

第5章 安心できる住生活とまちづくり

事例集 地域で取り組む福祉のまちづくり実践事例

自立高齢者では、消化能力や摂食能力が極端に低下しているための低栄養はそれほど多くありません。食生活に対する考え違い、たとえば、年をとったら生臭いものや油っこいものはいけないといった思い込みがリスクとなります。食に対する教育（食育）が大切ですが、その指針は後ほど示します。

## 【1】 質のよいたんぱく質の摂取が大切

　高齢者のエネルギー必要量は、一般的にからだが小さく、活動量も少ないなどの理由により、その分若い人より低くなっていますが、ビタミン・ミネラルやたんぱく質は若いときと変わらない量が必要です。栄養バランスを崩さないよう肉、魚、牛乳、卵などからの動物性たんぱく質は、米、めん類、パン、大豆製品などからの植物性たんぱく質よりも、やや多目にとることが必要です。

　動物性食品の摂取量は、体格がよく、活動量が多いほど必要となりますが、1日に少なくても肉と魚をそれぞれ60〜100ｇ、卵1個、牛乳200ccくらいをとるようにするのが目安となります。牛乳は、たんぱく質に加えて、丈夫な骨の元になるカルシウムの不足も補います。

## 【2】 野菜は緑・黄・白を組み合わせて

　緑のブロッコリーや黄色のニンジンなどの緑黄色野菜と、白の白菜といったような淡色野菜を組み合わせて、1日350ｇが目標です。野菜は、ビタミン・ミネラルの補給源となるだけでなく、食物線維もとれます。食物線維はよい腸内細菌を増やします。

　高齢になると、胃に食べ物が入ったときに便意をもよおす「胃・大腸反射」が鈍くなり、便秘になりがちです。便秘の解消には、軟らかく煮た野菜をよくかんで食べると効率よく食物線維をとれ、有効です。

## 【3】 減塩のやり過ぎに注意

　高齢者の食事量は若い人より少ないことが多いので、極端な食塩の制限は必要ありません。食欲を低下させるような食塩の制限は好ましくありません。減塩の必要がある場合には香草やスパイスなどを上手に使い、食事を味気なくしないような配慮が大切です。

## 【4】 油脂のとり方

　かつての日本人は油脂のとり方がきわめて少なかったので、そのころの食習慣を引きずっている高齢者は油脂の摂取量が不足しています。筆者たちの地域高齢者の追跡調査では、油脂の摂取が多い高齢者のほうが長生きでもあるという結果が得られています。

## ❷ よくかんで、楽しく食べる健康効果

### 【1】 よくかんで食べる効用

　咀嚼力(そしゃく)が低下すると、消化が悪くなり、必要な栄養素をとれなくなって体力が低下するといわれています。また、よくかむことは脳の血流を増やし、記憶力が後退しにくいという研究データもあります。

　さらに、よくかむと唾液がたくさん出ますが、唾液には老化防止に役立つホルモンなどが含まれていますし、殺菌作用や口腔内の浄化作用もあるので歯周病の予防にも役立ちます。高齢になると、食物残渣(ざんさ)や口腔内から侵入した細菌が気管などに入って誤嚥(ごえん)性肺炎を起こすことが多くなります。よくかむ習慣をつけておくことは、誤嚥性肺炎の予防にもなります。

### 【2】 交流の場としての食事

　食事は一人で食べるより、だれかと一緒に食べるほうが食欲がわき、おいしく食べられます。一人暮らしの高齢者が、宅配の給食サービスを受けている場合にも、地域の人々との共食の機会を増やすことが大切です。食事作りに参加する、料理教室に通うなどの方法により、交流の機会を増やすことができます。

# D　高齢者の運動の目的と方法

　高齢者が運動やスポーツを行う第一の目的は、生活機能(日常生活で自立して暮らせる能力)の維持と向上にあります。筋肉、骨、関節、バランス力などの機能低下を予防するのみでなく、認知症やうつを予防することにも役立ちます。からだは常に動かして刺激を受けていなければ機能の低下が早くなっていきます。これを防ぐためには、ウオーキング、ダンス、水泳などの有酸素運動に加えて、適度な筋力トレーニングも勧められます。適度な運動をすることで、筋肉が鍛えられて足腰が丈夫になり、肺活量が維持され、肥満を防ぎ、血圧を整えて、動脈硬化を防ぐ効果もあるといわれています。元気に自立した生活を続けるには、運動の習慣を身につけることが大切です。高齢者の運動・スポーツのポイントを挙げてみましょう。

第1章 暮らしやすい生活環境をめざして

第2章 健康と自立をめざして

第3章 バリアフリーとユニバーサルデザイン

第4章 安全・安心・快適な住まい

第5章 安心できる住生活とまちづくり

事例集 地域で取り組む福祉のまちづくり実践事例

## まず歩く能力を維持する
ことが大事

　日常生活で最も必要とされる動作は、歩くことです。高齢者は2～3日かぜで寝込んだだけで、足の力が低下してふらつくといったことがあります。自立して暮らすには、歩行能力を少しでも長く維持することが健康を支えることにつながるといってよいでしょう。

　ではどれくらい歩けばいいかといえば、自立高齢者では、1日の最低歩行数の目安は5,000歩くらいです。これをこなすには家の中だけの生活をしているのでは間に合いませんから、戸外への散歩や地域の活動などを行って、行動範囲を広げることが必要です。

　散歩などで戸外に出かければ、おのずと人と交流するきっかけが生まれやすくなります。地域の活動などを行うといっそう活動の範囲が広くなり、自然に歩行数も増えていきます。また、ウオーキングは、「いつでも、どこでも、だれでもできる運動」であり、心肺機能が高まり、基礎体力が向上するなど、健康を維持するために適した運動として広く推奨されています。しかし、長い間、運動をしなかった人がいきなり速足で始めると足などを痛めやすいので注意が必要です。

　歩くことに加え、筋力の低下を防ぐための運動（筋肉トレーニング）にも工夫が必要です。

 ## 高齢者が
運動をするときの注意点

　ウオーキングをはじめ、高齢者が運動を行うときには、次のようなことに注意が必要です。

⑴高齢者は、静止の状態から急に運動を始めると、休内の機能が急激な変化に耐えられなくなることがあります。若い人以上に準備運動を入念に行うことが大事です。

⑵環境の変化に対する適応力が低下している（表4）ので、極端に寒い日、暑い日の運動は避けるようにします。

⑶食後は、胃腸や肝臓の血流量が増します。このとき運動すると消化・吸収によくありません。食後2時間以内は運動を避けるようにします。

⑷病歴、運動歴、職歴によって体力や身体機能の差が大きいので、マイペースで行うようにします。

⑸疲労の回復が遅いので、休養を十分にとります。

⑹定期健診を受け、問題がないとされても、自分を過信せず、その日の体調に気を配るようにします。

⑺大量に汗が出る、動悸が激しくなる、といった異常を感じたら、すぐ

に休むか、中止します。

(8)高齢者は汗をかくと脱水を起こしやすいので、水分の補給を忘れない
　ようにします。

(9)血圧の高い人、糖尿病などの持病がある人は必ず医師に相談し、指導
　を受けることが必要です。

**表4　年をとると変わっていくからだの機能(老化)一覧**

| 1. 予備力が低下する | いざというときに発揮されるのが予備力。頑張りが利かなくなります |
| --- | --- |
| 2. 防衛力が低下する | 病気に対する抵抗力が低下し、インフルエンザにかかると肺炎などを併発しやすく、死亡につながることがあります |
| 3. 適応力が低下する | 暑さ、寒さに対する体温の調節力が低下してきます。また、住み慣れた場所を離れて新しい所に移るときに、適応力が劣ることもあります |
| 4. 回復力が低下する | 疲労がとれにくくなり、けがや病気からの回復なども遅くなります |

## 日ごろから心がけたい 転倒への注意

　一般に高齢になると、筋力が低下したり、平衡感覚を保ちにくくなる
など、運動の機能が低下するために、ちょっとした段差などでもつまず
いて転びやすくなります。転んで腰や大腿骨などを骨折すると、回復ま
でに時間がかかり、その間に足腰がなえて寝たきりになることも少なく
ありません。転倒を恐れ外出しないで閉じこもる人もいます。しかし、
転倒は外出時より在宅時にはるかに多いことに注意すべきです。

　転倒を予防するためには、住まいをバリアフリーにするなど、環境の
整備をすることも必要ですが、日ごろから運動をしておくと転倒しにく
くなります。転倒予防に役立つのは、図4のような体操やスクワットな
どの足腰の筋肉を鍛え、またバランス感覚を養う運動です。椅子からゆ
っくり立ち上がる、腰をゆっくり落とすなど、毎日の生活に下半身を鍛
える運動を取り入れると効果があります。また、毎日、歩く習慣をつけ
ておくことも、転倒予防になります。

**図4　簡単にできる転倒予防体操の例**

足 の筋力アップ

①両脚をそろえて、膝を伸ばして座る
②両手を後ろにして上体を支える
③背中を伸ばす
④両足首を手前に十分に曲げ、5秒間止める
⑤両足首をしっかり伸ばす

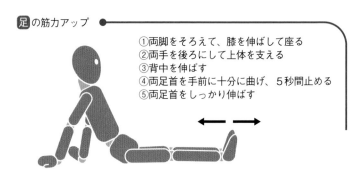

腰 の筋力アップ

①手膝這いの姿勢から片脚の膝を伸ばしながら持ち上げる
②上げた状態で3～5秒間止め、ゆっくり元に戻す
③反対の脚も同様に

（いずれも5～10回反復します）

出典：東京都老人総合研究所で行われている転倒予防体操より

# E　高齢者の健康に欠かせない　ヘルスプロモーションの概念

　WHOがヘルスプロモーション（Health Promotion；健康増進の概念）を提示したのは、1986（昭和61）年のオタワ憲章です。オタワ憲章では、ヘルスプロモーションを「人々がみずからの健康をコントロールし、改善することができるようにするプロセスである」と定義しています。すなわち、ヘルスプロモーションとは、まず、みずからが何らかの力を獲得することで、少しでも健康状態をよくするプロセスといえます。したがって、障害高齢者は虚弱高齢者のレベルに、虚弱高齢者は自立高齢者のレベルに、自立高齢者はより自立性の高い高齢者をめざす、というように、どんな状況にあっても共通の目標をもつことができます。今後の高齢者の健康を考えるうえで、ヘルスプロモーションは欠かせない考え方です。

# F　自立のレベルごとにみる　ヘルスプロモーションの実践法

　健康増進あるいは要介護状態の予防のためのポイントとして、①食生活と栄養、②生涯体育、③生涯学習、④口腔機能の改善、⑤**生活環境**、の5点が挙げられます。

　これらは、生活機能のレベルにより、その内容が異なってきます。ここでは、自立のレベルごとに実践法をみてみましょう。

## 1　自立高齢者にとっての　ヘルスプロモーション

### 【1】食生活と栄養

　自立高齢者の多くは、自分自身で食生活の管理を行っています。したがって最も必要とされるのは、食生活と栄養に関する知識と、食材の保存や調理のスキルを向上させるための手だてです。

　高齢者の栄養では、しばしば低栄養が問題になります。低栄養の予防の指針としては、有料老人ホームや地域の自立高齢者の食生活の改善に成功した指針が有効で、有料老人ホームの入居者や地域高齢者などに提言していくことが必要です（表5）。

### 【2】生涯体育

　自立高齢者に対する生涯体育のプログラムは多様なものが可能です。最近では生活機能の自立を目標にするだけでなく、社会貢献の能力も視野に入れた運動プログラムが求められています。そのためには、**赤筋**（遅筋線維）のみでなく、加齢によって衰えやすい**白筋**（速筋線維）をも鍛え

**生活環境**
人的・社会的環境と物的環境がある。物的環境には、まちづくり、家づくり、乗り物などのほか、生活の道具や福祉用具なども含まれる。広い意味での住環境ということになる。

**赤筋と白筋**
赤筋は主にウオーキングや水泳などの有酸素運動で鍛えられる筋肉で、持久力を発揮する。一方、白筋はダンベルを持ち上げるといった無酸素運動で鍛えられる筋肉で、スピードやパワーを発揮する。生活機能の維持には主に赤筋を使うが、パワーを発揮する白筋も必要になる。

**表5　低栄養予防のための食生活指針14か条**

①3食のバランスをよくとる
②動物性たんぱく質を十分にとる
③魚と肉の摂取は1対1の割合に
④さまざまな種類の肉を食べる
⑤油脂類を十分に摂取する
⑥牛乳を毎日飲む
⑦緑黄色野菜や根菜など多種の野菜を食べる。火を通し、量を確保。果物を適量とる
⑧食欲がないときは、おかずを先に食べ、ごはんを残す
⑨調理法や保存法に習熟する
⑩酢、香辛料、香味野菜を十分に取り入れる
⑪和風、中華、洋風とさまざまな料理を取り入れる
⑫共食の機会を豊富につくる
⑬かむ力を維持するため、義歯は定期的に検査を受ける
⑭健康情報を積極的に取り入れる

出典：柴田博『なにをどれだけ食べたらよいか。』ゴルフダイジェスト社、2014より

第1章　暮らしやすい生活環境をめざして

第2章　健康と自立をめざして

第3章　バリアフリーとユニバーサルデザイン

第4章　安全・安心・快適な住まい

第5章　安心できる住生活とまちづくり

事例集　地域で取り組む福祉のまちづくり実践事例

るようなプログラムが必要です（表6）。また、生涯体育はやる気を鼓舞するだけでは長続きしません。運動することで幸福感を感じさせるようなプログラムの工夫が必要です。

### 【3】 生涯学習・社会参加・社会貢献

生涯学習は、生きがいづくりや認知症予防の視点から重視されています。特に社会貢献などの地域活動は、寝たきりや認知症の予防に役立つと考えられています。有償労働、家事労働、奉仕・ボランティア活動などを行うことの効果は大きいといえます。

### 【4】 口腔機能の改善

口腔機能の改善は体力の増強、食生活の改善が期待できます。

### 【5】 生活環境

環境面では、健康増進の場などがきわめて不足しています。地域の高齢者が集まって太極拳をやろうとしても、そのための空き地を見つけることは都市部ではきわめて難しいのが現状です。自立高齢者にとっては、虚弱や障害に陥ることを予防するための環境整備が望まれます。

**表6 筋肉の老化**

|  | 運動の種類 | 生活の場面 | 老化 |
|---|---|---|---|
| 赤筋<br>（遅筋線維） | 持続的運動<br>（有酸素的） | 生活機能に関係 | 少ない |
| 白筋<br>（速筋線維） | 瞬発的運動<br>（無酸素的） | 労働やパワースポーツ | 多い |

出典：柴田博『8割以上の老人は自立している』ビジネス社、2002より

 **2** ## 要介護状態等となるおそれの高い高齢者にとってのヘルスプロモーション

介護予防における段階的区分として、一次予防・二次予防・三次予防の考え方があります。一次予防では生活機能の維持を、二次予防では生活機能の低下の早期発見・早期対応を、三次予防では要介護状態等の改善・重症化の予防を主な目的としています。

「高齢者の健康と自立」を扱う本章では、主として二次予防の対象となっている要介護状態等になるおそれの高い高齢者に対する手立ての枠組みと、その留意点について述べたいと思います。

### 【1】 食生活と栄養

自分で調理をしている自立高齢者には、表5を用いた徹底した食育が

第1章　暮らしやすい生活環境をめざして

第2章　健康と自立をめざして

第3章　バリアフリーとユニバーサルデザイン

第4章　安全・安心・快適な住まい

第5章　安心できる住生活とまちづくり

事例集　地域で取り組む福祉のまちづくり実践事例

有用です。しかし、特に手段的自立能力が不十分な高齢者にはニーズに応じたショッピングサポート、場合によっては在宅給食サービスが必要となることもあります。要介護状態等となるおそれの高い高齢者においても同様であり、対象者のニーズを見極め、自立支援の目的に適したサポートが大切です。

## 【2】生涯体育

　自立高齢者に対する生涯体育はグループ活動のような形のものが適しています。しかし、要介護状態等となるおそれの高い高齢者においては個々に抱えている問題が異なるので、ある程度個別対応が必要となります。大切なことは、生活の中で運動の意義を知ってもらうことです。したがって通所により3か月くらいマシンを用いるエクササイズを教え、家庭に帰ったら何をやってよいかわからなくさせてしまうといった状態では、その目的は果たせません。

　このようなやり方をしている自治体が決して少なくないので注意が必要です。

## 【3】口腔機能の改善

　口腔機能を改善し、咀嚼力を高めることにより食生活が豊かになり、栄養状態もよくなります。必然的に体力もつきます。また容貌も若返って滑舌もよくなり、歌唱力やコミュニケーション能力も高まります。

## 【4】生涯学習

　要介護状態等となるおそれの高い高齢者に対する手だてとして必須のものとはなっていません。必要とされるケースでも、自立高齢者に対するプログラムと同一でよいとは限りません。対象者のニーズに合わせたプログラム提供が必要です。

## 【5】生活環境の整備

　生活環境には人的・社会的なものと、まちづくり、乗り物、住居、生活・福祉の道具などの物的なものがあります。これらの整備にはフォーマルなもののみでは不十分で、インフォーマルなサポートも大切となります。

　またバリアフリーやユニバーサルデザインの考え方に則した環境の整備も、検討するべきです。

# ③ 認知症予防の考え方

　いったん獲得した知的精神的能力が失われて進行していく状態を認知障害といいます。日常生活を普通に営めなくなると認知症ということになります。

　認知症の原因はさまざまですが、脳血管性とアルツハイマー型がその代表です。

　脳血管性は脳血管の動脈硬化や脳血管疾患に伴うもので、かつてわが国ではこれが中心でした。一方、アルツハイマー型は脳細胞の老化に伴う脳の萎縮によるものですが、欧米ではこのタイプが圧倒的に多いのです。わが国でも、最近の調査ではアルツハイマー型のほうが脳血管性より多くなっています。最近はレビー小体型認知症も脳血管性認知症に次ぐくらいあります。

　認知症の予防法に関して、脳血管性のものはかなり確立しているといってよいでしょう。脳血管疾患の予防がそのまま脳血管性認知症の予防につながります。高血圧などの予防・治療、栄養状態の適正化などが有効です。しかし、アルツハイマー型認知症に関しては、その原因が十分に明らかになっていないため、予防法はまだ確立していません。

　認知症は、高齢者に多く発生することから、加齢が発症要因の一つと考えられます。逆にいえば、人間が長寿になったために、認知症が増えたといえます。したがって、認知症予防は、老化自体を遅らせることによって達成されます。それには、食事、身体活動、知的活動が大切です。特定の食品や栄養素が老化を遅らせるという確実なエビデンスはまだ出ていません。栄養バランスのとれた食事が基本です。また、脳の血流を増やすような頭の使い方がよいという説がありますが、それによる認知症予防もまだはっきりとは確認されていません。比較的エビデンスが示されている認知症の予防法は、身体活動と社会貢献活動です。じっと座っていて難しい本を読んだり、計算ドリルをやるような知的活動のみでは予防には至れないようです。

　もっと心身を総合的に、かつ柔軟に頭脳を使うような活動が、老化予防ひいては認知症の予防にもつながることを認識しておくことが大切です。同時に、高齢者がこのような活動を行うことができるしくみをつくっていくことが喫緊の課題です。

　また、最近、認知症ではなくうつ病のために認知症の症状が現れるうつ病性仮性認知症が注目されています。これは本当の認知症と治療法が違うので注意が肝要です。

# 障害者が生活の不自由を克服する道

**ねらい**　障害をもっていても、本人の意欲や考え方、公的・私的な支援の有無、環境の整備の差などによって、生活機能は大きく違ってきます。
事例を通して、障害者が自立していく過程と要因を考えます。

## ■ A　障害の種類によって変わってくる自立の方策

　暮らしのなかのさまざまなバリアの影響を最も受けやすいのが障害者です。障害者は、「障害者基本法」では、「身体障害、知的障害、精神障害（発達障害を含む。）その他の心身の機能の障害（以下「障害」と総称する。）がある者であって、障害及び**社会的障壁**により継続的に日常生活又は社会生活に相当な制限を受ける状態にあるもの」と定義されています。障害を受ける時期によって、先天性障害と中途障害に分けられますが、中途障害とは、人生の中途で病気や事故など何らかの原因がもとで、心身のある部位に完全には治癒することのない後遺症を残す状態をいいます。障害を受ける部位などによって、(1)身体障害、①運動機能障害（肢体不自由）、②視覚障害、③聴覚言語障害、④内部障害、(2)知的障害、(3)精神障害（発達障害を含む）、(4)難病があります。

### (1) 身体障害者

#### ① 肢体不自由者

　手足（四肢）やからだに運動機能障害がある人を「肢体不自由者（子どもの場合は肢体不自由児）」といいます。運動機能障害とは、運動に関係する器官（神経系や筋肉・骨・関節系など）の働きが悪くなったり、動かなくなったりした結果、運動するのに不自由が生じることです。具体的には、外傷や疾患などで脊髄（せきずい）が傷付いて起こる「**四肢麻痺**（ましひ）」や「**対麻痺**（ついましひ）」、脳血管障害などによる「**片麻痺**（へんましひ）」、外傷や疾患などのために四肢の一部あるいは全部を切断・欠損した状態、あるいは、胎生期から新生児期に起こる脳性麻痺が原因で起こる四肢の一部あるいは全部が麻痺した状態などを指します。

　医学的リハビリテーションを受けて可能な限り機能改善をしながら、車椅子やつえ、義足や義手などの福祉用具や補装具を使えるように訓練したり、住宅改修などで環境の整備を図ることによって、生活機能の一

**社会的障壁**
障害者基本法において「障害がある者にとって日常生活又は社会生活を営む上で障壁となるような社会における事物、制度、慣行、観念その他一切のもの」と定義。

**四肢麻痺・対麻痺・片麻痺**
四肢（両上肢と両下肢）、体幹が麻痺するのが四肢麻痺で、両上肢あるいは両下肢の麻痺を対麻痺、身体の片方（右半身か左半身）の上肢・下肢が麻痺するのが片麻痺。

部、あるいはすべてにおいて自立している人がたくさんいます。

② 視覚障害者

　視力、あるいは視野に障害がある人をいいます。視覚障害がもたらす不自由は、歩行、コミュニケーション、食事、入浴、化粧、爪切り、家事など、日常生活の大半に及んでいます。

　生活の自立のための訓練を行ったり、矯正眼鏡や弱視のための眼鏡などの補装具や音声パソコンなどの用具、あるいは**ガイドヘルパー**などを活用したり、環境を整備するなどして、生活機能の一部、あるいはすべてを自立している人がたくさんいます。

③ 聴覚言語障害者

　外耳、中耳、内耳、神経、脳までの音が伝わる器官のどこかに障害が生じて、「聞こえ」に支障が出るのが「聴覚障害」で、言葉を理解したり表現したりすることに支障（**失語症**など）が出たり、うまく発声できなくなることを「言語障害」といいます。聴覚言語障害者は、これらの障害によってコミュニケーションと情報の入手が制限される人をいいます。

　**言語聴覚士**による支援のもと、言語訓練や、補聴器、**意思伝達装置**などを使ったコミュニケーション訓練を行ったり、手話通訳者やテレビなどの視覚による情報提供などを活用しながら環境を整備し、生活機能の一部、あるいはすべてを自立している人がたくさんいます。

④ 内部障害者

　心臓機能に障害があってペースメーカーをつけている人、呼吸機能に障害があって酸素吸入装置を使っている人、腎臓機能に障害があって人工透析が必要な人、小腸・直腸・膀胱機能に障害があって人工肛門・人工膀胱をつけている人などがこれに当たります。

　重要な働きをしている内臓に障害があるために、健常な人より体力が低下しがちであることと、機能を補助したり代替する医療器具などの維持管理が難しく、生活するうえで支障になることが少なくありません。

## (2) 知的障害者

　知的障害者は、知能検査によって確かめられる知的機能の障害があり、かつ日常生活に明らかな適応機能の障害があり、おおむね18歳までの発達期に生じる人のことをいいます。知的機能は知能指数70未満が知的低下とされますが、生活上の適応機能を総合的に評価し、重症度により軽度、中度、重度、最重度に区分することがあります。

　知的障害は中枢神経系疾患等が原因になることが多いので、正しい診断を受けて、早期から適切な治療・療育・教育を行う必要があり、家族への支援も欠かせません。

　適応機能とは、その人の発達段階の各期で期待される機能のことで、食事の準備・対人関係・お金の管理などを含むもので、年長になれば学校生活や就労生活などの社会生活を営むために重要な要素となるもので

**ガイドヘルパー**
障害者の外出時に付き添い、手助けをする人。外出介護員ともいう。

**失語症**
脳の特定部位の損傷により、聴取、読字、書字、発語など言語の理解や表現機能が障害されたものをいう。

**言語聴覚士(ST)**
言葉や聞こえ、飲み込みに障害のある人に対し、その機能の維持向上を図るため、言語訓練その他の訓練とそれに必要な検査と助言、指導や援助を行う言語聴覚療法を専門的に行う国家資格をもつ人。

**意思伝達装置**
言語を通しての意思の伝達が困難な人が、残存する身体機能を代わりに利用して意思を伝えるための装置。

第1章　暮らしやすい生活環境をめざして

第2章　健康と自立をめざして

第3章　バリアフリーとユニバーサルデザイン

第4章　安全・安心・快適な住まい

第5章　安心できる住生活とまちづくり

事例集　地域で取り組む福祉のまちづくり実践事例

す。ほとんどの知的障害において、基礎にある障害そのものを改善させることは難しい状況ですが、日常生活、社会生活等に不可欠な適応機能の育成・向上は、適切な療育・教育・就労プログラム等により十分期待されます。本人、家族、各種専門職等の連携協働による長期的取り組みが欠かせないと考えられます。

　ちなみに、日常生活に必要な適応機能には、①記憶、言語、読字、書字、数学的思考、実用的な知識の習得、問題解決、新規場面における判断能力といった概念的な領域、②他者の思考・感情・体験を認識すること、共感、対人的コミュニケーション能力、友情関係を築く能力といった社会的な領域、③セルフケア、仕事の責任、金銭管理、娯楽、行動の自己管理、学校と仕事の課題のバランスをとるといった実用的な領域があり、その人の発達段階に応じてこうした適応機能の障害や可能性を総合的に評価したうえで発達支援プログラムを判断・作成していく必要があります。

　知的障害児・者が福祉サービスなどを受けるための制度として、療育手帳(愛の手帳、愛護手帳などと呼称する都道府県もある)があります。知的障害児・者に対して、一貫した指導・相談等が行われ、各種の援助措置を受けやすくすることを目的に、都道府県・指定都市が交付しているもので、窓口は市町村、管轄の児童相談所、障害者センター等となり重症度が判定されます。

## (3) 精神障害者(発達障害者を含む)

　精神障害の原因は広範にわたり、精神障害者の定義も使われる目的等によりさまざまです。たとえば、「精神保健及び精神障害者福祉に関する法律」(通称、精神保健福祉法)では、「この法律で「精神障害者」とは、統合失調症、精神作用物質による急性中毒又はその依存症、知的障害、精神病質その他の精神疾患を有する者をいう」とあります。

　何らかの精神障害があり、長期にわたって日常生活または社会生活への制約があり、支援が必要な人は、精神障害者保健福祉手帳を所持することで、自立と社会参加促進のためのさまざまな支援を受けることが可能になります。

　精神障害の原因としては、次のような疾患・障害が代表的なものです。
　・統合失調症
　・気分障害
　・てんかん
　・依存症
　・高次脳機能障害
　・発達障害

### ①統合失調症

　発症の原因はよくわかっていませんが、100人に1人弱がかかる比較

的一般的な病気です。「幻覚」や「妄想」が特徴的な症状ですが、そのほかにもさまざまな生活のしづらさが障害として現れることが知られています。

②気分障害

気分の波が主な症状として表れる病気で、うつ状態のみを認める場合（うつ病）と、うつ状態と躁状態を繰り返す場合（双極性障害（躁うつ病））があります。

③てんかん

何らかの原因で、一時的に脳の一部が過剰に興奮することにより発作が起きる病気です。発作には、けいれんを伴うもの、突然意識を失うもの、意識はあるが認知の変化を伴うものなどさまざまなタイプのものがあります。

④依存症

適度な依存を逸脱し、その行為を繰り返さないと満足できない状態となり、自らの力では止めることができなくなった結果、心身に障害が生じたり家庭生活や社会生活に悪影響が及ぶに至る病気です。代表的な依存の対象として、アルコール、薬物およびギャンブル等があります。

⑤高次脳機能障害

交通事故や脳血管障害などの病気により、脳にダメージを受けることで生じる認知や行動に起きる障害です。身体的には障害が残らないことも多く、外見ではわかりにくいため「見えない障害」とも言われています。多くの場合、高次脳機能障害専門のリハビリテーション機関による診断、治療訓練が必要とされます。

⑥発達障害

発達障害者支援法において、「自閉症、アスペルガー症候群その他の広汎性発達障害、学習障害、注意欠陥多動性障害その他これに類する脳機能の障害であってその症状が通常低年齢において発現するもの」と定義されています。これらのタイプのうちどれにあたるのか、障害の種類を明確に診断するのは大変難しいとされています。障害が重なり合っていることもあり、また年齢や環境により目立つ症状が違ってきたりします。その人ができること、苦手なこと、魅力ある部分等、一人ひとりに目を向け、その人に合った支援が不可欠です。

**(4) 難病患者**

治療が難しく、慢性の経過をたどる疾病もいまだ存在し、このような疾病を難病と呼んでいます。ただし、完治はしないものの、適切な治療や自己管理を続ければ、普通に生活ができる状態になっている疾病が多くなっています。そのため、現在、「病気をもちながら働く（働き続ける）」ことが大きな課題になっているのです。難病の種類は多種多様ですが、このうち、「障害者の日常生活及び社会生活を総合的に支援するための

2節　障害者が生活の不自由を克服する道

第1章　暮らしやすい生活環境をめざして

第2章　健康と自立をめざして

第3章　バリアフリーとユニバーサルデザイン

第4章　安全・安心・快適な住まい

第5章　安心できる住生活とまちづくり

事例集　地域で取り組む福祉のまちづくり実践事例

## 「障害」ということば

普段なにげなく使用している「障害者」ということばは、漢字のイメージや辞書によると、「妨げになるもの」「身体上の故障」などとなり、それらを総合すると「差し障りや害のある人間」となります。1929（昭和4）年に制定された救護法では、「障碍者」ということばが使われていましたが、この「碍」は「妨げ」「外を出るのを防ぐ石」といった意味があります。

つまり「障碍者」とは、外に出ようとしているけれども、それが何かによって塞がれている人という意味に理解されていました。ところが「碍」という字が当用漢字になかったため、便宜的に「害」という字をあてはめたのが「障害」のはじめと言われています。

1949（昭和24）年の身体障害者福祉法の制定以降一般的になったのが、法律用語としての「障害」です。

最近では、「害」を使わず「障がい」「しょうがい」「障碍」と表記することが多くなってきています。とりわけ行政機関では「障がい」が多用されています。

また、わが国においては「障害」の呼び方を機能別に呼んでいます。

・わが国の社会福祉の法律は、18歳を一つの区切りとしています。18歳以上は「障害者」、18歳未満は「障害児」や「心身障害児」。
・二つ以上の障害がある場合「重複障害」。
・重度の障害がある場合「重度障害」。
・心身に重度の障害が重複している場合を「重症心身障害」。
・単一の障害は「身体障害」「知的障害」「精神障害」「発達障害」などと呼ばれています。

法律（障害者総合支援法）」では、一定の難病により障害のある人を「障害者」の対象としています（p.35参照）。

# B　障害に影響を及ぼす種々の要因と自立を阻むもの

私たちは、かぜを引いたり、下痢をしたり、足を骨折したりしても、ほとんどの場合まもなく治癒してまた元の生活に戻ることができます。しかし、脳梗塞や脳出血などの脳血管障害（脳卒中）や、交通事故や落下事故などで脊髄損傷などを起こした場合は、多くの場合後遺症として、心身の働きに何らかの障害がもたらされます。

たとえば、寝たきりになる原因の第一位を占める脳血管障害には、脳の損傷原因によって脳内の血管が破れる「脳出血」、脳の表面の血管が切れる「クモ膜下出血」、脳の血管が詰まる「脳梗塞」がありますが、これら損傷原因のいずれによっても脳の損傷部位によって右半身あるいは左半身の麻痺（片麻痺）が起こる場合があり、また、言語障害、感覚障

害、知的機能の障害などが起こることがあります。脊髄損傷では下半身が麻痺するケースもあれば、より重度の四肢麻痺がみられるケースもあります。

こうしたさまざまな原因によって運動・言語・感覚・知的機能などに障害が起こると、歩行が困難になったり、食事や排泄、入浴などの身の回りの動作(日常生活動作)が不自由になるといった「活動制限」が出てきます。この活動制限は時間が経過しても完全に回復することはなく、以前とまったく同じ生活に戻ることができなくなる場合が少なくありません。そのため、「機能障害や活動制限が出れば当然、社会への参加活動も制限される」と多くの人が考えがちですが、この考え自体が、ある意味で内なる「バリア」をつくっていることになるのです。

機能障害、活動制限をもっていても、ライフスタイルは充実していて、本人はもとより介護や支援をしている家族ともに自由な時間をもって社会的な交流活動を十分行うことができるケースはたくさんあります。なかには重度の機能障害をもちながら、活動制限を克服し、社会参加を果たすケースもあるのです。

## 1 交通事故で脊髄損傷になりながら、さまざまな支援を受けて職場復帰を果たした例

### 【事例1】

Aさん(30歳・男性)は独身で両親と同居。コンピュータを扱う事務職に従事し、通勤には自家用車を使用。半年前に交通事故にあい、**T₇の胸髄損傷**と診断された。損傷のレベルは以下のようだった。①上肢と体幹の機能は問題ない。下肢の機能は一部残り、訓練によって松葉づえ歩行は可能になるだろうが、外出などは車椅子による自力移動になる。下半身の感覚が麻痺するので、排便・排尿・性機能に支障が出てくる。②ADLは訓練によって自立できる。③社会復帰するまでには一定期間の集中的なリハビリテーションが必要である。

### 【1】 Aさんのリハビリテーション・プログラム

Aさんのリハビリテーション・プログラムは、入院したリハビリテーションセンターの主治医、看護師、**理学療法士**、**作業療法士**などの専門家たちがチームを組んで行いました。プログラムの長期目標は「職場復帰」でしたが、当面の目標は、「車椅子を使って自宅で自立して生活できるようにすること=車椅子生活自立者としての在宅復帰」でした。そのために看護師による排尿・排便訓練、理学療法士による基本動作訓練、そして作業療法士によるADL訓練が行われました。

まず排尿・排便訓練ですが、排尿は、**収尿器**を自力で身につけたあと

**T₇の胸髄損傷**
脊髄は頸髄、胸髄、腰髄、仙髄、尾髄から成るが、12ある胸髄の7番目までは機能が残っている状態をいう。Tは胸髄の略語である。

**理学療法士(PT)**
身体障害のある人に対して、主に基本的動作能力の回復を図るために、物理的な手段を加えたり体操などを行う理学療法を専門的に行う国家資格をもつ人。

**作業療法士(OT)**
身体、または精神に障害がある人に対して、主に応用的動作能力または社会的適応能力の回復を図るため、手芸や工作など、各種生活動作訓練、福祉用具支援などの作業を行う作業療法を専門的に行う国家資格をもつ人。

**収尿器**
本人または介助者が受尿器を陰部に当てると、チューブを通って尿が受尿容器にたまるようになっている物。排尿をセンサーが感知して自動的にポンプで尿を吸引できる物もある。

常時装着し、２時間おきにトイレへ行って自力で尿を捨てるという作業をできるようにし、「排尿の自立」に至りました。排便は、この障害の性質上便秘になりやすいので、２日おきに朝、座薬を使った後、便器に移って自然排便を促す方法を指導され、何とか自力排便が可能になりました。

　理学療法で基本動作がある程度自立し、作業療法でひととおりのADLが自立した後、後半のプログラムに移行しました。理学療法では、**長下肢装具**を用いての松葉づえ室内歩行訓練、上肢を中心とした筋力トレーニングと体力の獲得をめざした訓練を行い、作業療法では、職場での８時間就労に耐えられるような座位作業での耐久力獲得が目標でした。特に下半身に感覚障害があるＡさんが座位で長時間仕事を続けるためには、定期的な**プッシュアップ**動作で臀部にかかる圧を減らし、臀部の褥瘡を予防する習慣を身につけることが不可欠でした。また日常生活では、車椅子からベッドなどへの移乗動作のとき、感覚が麻痺した臀部をぶつけて傷をつくることがないように、自己管理能力をつける訓練が中心になりました。

　このようにＡさんのリハビリテーション・プログラムは順調に進んでいきましたが、その過程で人知れずＡさんの障害に対する心の葛藤は続きました。それでもＡさんが「いつまでもうじうじ考えるのではなく、これから自分ができることを冷静に判断して目標に達するよう努力していくべきだ」と考えを変えることができたのは、専門家チームだけでなく、両親・婚約者のＢさん・同じ病室のＣさんなど、彼を支援する人たちが周りにたくさんいたからです。

　自立への意欲を取り戻したＡさんのリハビリテーション・プログラムは軌道に乗り、体力向上とレクリエーションを兼ねて、専門の運動指導員による車椅子バスケットなどのスポーツ訓練も導入されました。さらに職場復帰した場合に備え「車椅子使用者用の自動車による模擬自動車訓練」も加えられました。幸いＡさんは運転免許証を所持していたので、自家用車を障害者用に改造することを前提にした運転技術の再教育だけですみました。

## 【2】リハビリテーションの最終段階での課題

　退院を間近に控え、Ａさんには整理しておかなければならない課題がいくつかありました。
① 住宅の改造　Ａさんの自宅は木造２階建て。寝室は２階にあり、１階には寝室として使用できる部屋がなく、トイレと浴室は１階にある。この自宅を車椅子使用者向けに改造する必要がある。
② 職場環境の整備と職場関係者との相談　職場復帰に備えてあらかじめ職場の関係者と相談し、職場環境を車椅子が使用可能なように準備し

**長下肢装具**
下肢を固定し、立位を保持し、体重を支え、歩行機能を改善する目的で装着する補助具。膝までを固定し大腿部まで装着する。

**プッシュアップ**
座位の姿勢で床などに両手をつき、腕の力で上体を持ち上げること。

ておく必要がある。

③ **婚約者との今後**　$T_7$の胸髄損傷では性生活に何らかの支障が出たり、子どもに恵まれない可能性があるなど、この障害特有の問題が生じてくる。これについて婚約者のBさんとしっかり話し合い、今後も交際を続けていくかどうかの結論を出す必要がある。

　以上の諸問題の解決にあたっては、医師や看護師、理学療法士、作業療法士などの医療従事者だけでなく、住宅改造や職場環境整備の専門家など、いろいろな分野の専門家・関係者の協力が不可欠でした。しかし、リハビリテーション中のAさんや、Aさんの両親、婚約者では、どこに相談すればよいか、どの機関とどの機関の連携が必要かなどがわかりません。そこで、リハビリテーションセンターの**ソーシャルワーカー**に加わってもらい、リハビリテーションチームとしてのカンファレンスで検討を重ねて、Aさんの希望や意見も聞きながらチームとして一つひとつの課題の解決を図りました。

　その結果、Aさんが抱えていた課題は以下のように対処されることになりました。

① **福祉住環境コーディネーターに相談**　リハビリテーションチームがAさんの障害の種類・程度について説明し、チームのメンバーと一緒にAさんの自宅を訪問してもらって住宅改造計画を立て、退院前に自宅の改修を行うことにしました。

② **職場関係者に相談**　ソーシャルワーカーがAさんの了解を得たうえで、職場関係者のもとに出向いてAさんの状況を説明しました。Aさんが車椅子での復職に積極的で、会社側も車椅子での就労を約束していたことから、スムーズに話が進みました。また理学療法士・作業療法士も職場に出向いて、職場にAさん専用の駐車スペースを確保し、オフィス内のデスクの配置を変更し、2時間ごとに尿を捨てる必要があることなど各種の事情の確認作業を行いました。

③ **主治医とAさんから説明**　脊髄損傷の特性についての率直な説明を聞いた婚約者のBさんは、この障害特有の問題についてすぐ理解したうえで、それでも「結婚する」という決意を変えませんでした。

## 【3】Aさんが社会復帰に成功した要因

　このような経緯を経てAさんは改造した自宅へ戻り、障害者用に改造した自家用車で元気に通勤しています。Aさんの社会復帰が成功した要因はいくつか考えられます(図1)。

① 適切なリハビリテーションが適切な時期ごとに提供された：救急医療、手術、看護、理学療法、作業療法、スポーツ訓練、自動車運転模擬訓練、住宅改造、職場環境の整備など

② 適切な支援者に恵まれた：家族、婚約者、病棟の同室者、主治医、看

**ソーシャルワーカー(SW)**
社会福祉、行政、医療の分野で、利用者とその家族などへの相談援助や情報提供を行うとともに、関係機関との連携や調整を行う人。特に病院などにおいて療養中の心理的・社会的問題の解決や退院援助、受診・受療援助などを行うソーシャルワーカーを医療ソーシャルワーカー(MSW)と呼ぶ。

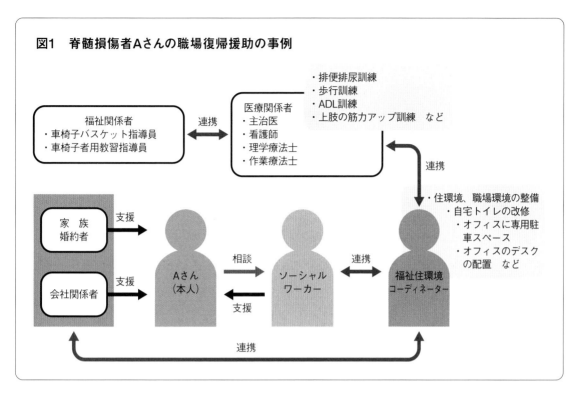

図1　脊髄損傷者Aさんの職場復帰援助の事例

第1章　暮らしやすい生活環境をめざして

第2章　健康と自立を　めざして

第3章　バリアフリーとユニバーサルデザイン

第4章　安全・安心・快適な住まい

第5章　安心できる住生活と　まちづくり

事例集　地域で取り組む福祉のまちづくり実践事例

護師、理学療法士、作業療法士、運動指導員、教習指導員、ソーシャルワーカー、福祉住環境コーディネーター、職場関係者など
③Aさんのリハビリテーションへの意欲と前向きな姿勢
④家庭、経済、職場環境に恵まれたこと

## 2 公的サービスを活用して充実した在宅生活を楽しむことが可能になった脳血管障害者の例

### 【事例2】

Mさん(70歳・女性)は、息子夫婦と孫2人の5人暮らしで、住宅は一戸建の持ち家。1年前に脳梗塞を起こし、後遺症として右片麻痺が残った。リハビリテーション病院へ入院して3か月にわたりリハビリテーションを受けた。その結果、立ち上がり動作や立位保持は手すりなどがあればでき、屋内移動は伝い歩きや片手片足駆動による車椅子操作で自立できるようになった。排泄は自立している。

退院に際し、介護保険の認定を受け、介護支援専門員が作成した介護サービス計画(ケアプラン)(p.26参照)に基づき、週2回の通所介護(デイサービス)を受けることになった。

### 【1】退院後のMさんの問題点

自宅へ戻ったMさんは、寝室は伝い歩きで、廊下やトイレへは車椅子

で移動。排泄は、日中はトイレで行っていますが、夜間は寝室でポータブルトイレを使っています。入浴は一人ではできず、家族の介護が必要なので遠慮して回数を減らしています。また、からだのバランスを崩しやすく、転倒の危険性があります。

　本人は積極的に外出したいと思っていますが、玄関が車椅子に対応できるようになっていないため、一人で外へ出かけることができません。外出は週2回の通所介護と、月1回の通院に限られています。通所介護では、料理、書道、機能訓練等に取り組み、生きがい活動となっています。送迎の際は玄関から送迎の人に抱えてもらって、そのまま送迎車に乗り込んでいます。通院は息子の妻が車を運転し、付き添っています。

　Mさんの要望は以下のとおりです。
①一人で入浴したいので、浴室を改修したい。
②できるだけ自力で外出したいので、玄関周りを改修したい。
③家族から介護を受けるだけでなく、自分も何らかの役に立ちたい(＝もっと生きがいをもちたい)。

　そこで退院9か月後に介護支援専門員にもう一度介護サービス計画を見直してもらい、住宅の改修について相談しました。介護支援専門員は知り合いの福祉住環境コーディネーターとともに、住宅改修プランを検討するためにMさん宅を訪問しました。

## 【2】Mさんの新しい介護サービス計画と住宅改修

　福祉住環境コーディネーターが提出した浴室改修プランは以下のようなものでした(図2)。
①出入り口段差を解消し、浴槽へ立位で出入りする縦手すりを設置する。
②和式浴槽は縁が高くてまたぎ越しが困難なので、和洋折衷式浴槽へ変更。
③浴槽出入りを容易にするための足台を設置する。
④立ち座りのためのL型手すりを設置する。
⑤入浴用椅子を設置する。
⑥移乗台を設置する。
⑦移乗台までの移動用の手すりを設置する。

　また、玄関は車椅子が出入りできるスペースがあったので、玄関ドアと外部との段差、上がりがまちの段差は、2か所ともアルミ製段差解消スロープを設置して解決しました。

　これらの改修によって、Mさんは車椅子に乗って、近所の知り合いを訪ねておしゃべりをしたり、ちょっとした買い物に出かけることができるようになりました。入浴も一人で洗体、シャワーが可能になったので、家族の介護の負担が大幅に軽減しました。

　さらに、新しい介護サービス計画で週1回の訪問介護(ホームヘルプ

## 図2　浴室の改修

※介護保険制度対象外の工事も含まれる。

**改修前**

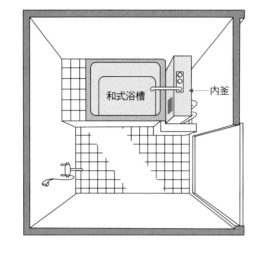

和式浴槽

内釜

**改修後**

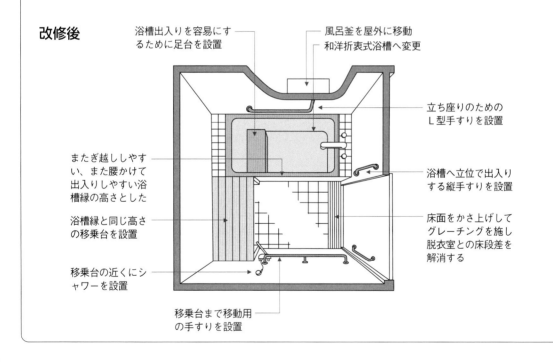

浴槽出入りを容易にするために足台を設置

風呂釜を屋外に移動
和洋折衷式浴槽へ変更

立ち座りのための
L型手すりを設置

またぎ越ししやすい、また腰かけて出入りしやすい浴槽縁の高さとした

浴槽縁と同じ高さの移乗台を設置

浴槽へ立位で出入りする縦手すりを設置

床面をかさ上げしてグレーチングを施し脱衣室との床段差を解消する

移乗台の近くにシャワーを設置

移乗台まで移動用の手すりを設置

第1章　暮らしやすい生活環境をめざして

第2章　健康と自立をめざして

第3章　バリアフリーとユニバーサルデザイン

第4章　安全・安心・快適な住まい

第5章　安心できる住生活とまちづくり

事例集　地域で取り組む福祉のまちづくり実践事例

サービス）を受けられるようになったので、入浴時の出入り介助や外出時の見守りも頼めるようになり、入浴や外出の回数が大幅に増えました。また、通院時に送迎ボランティアを活用したり、ときにはショートステイを利用することにしたので、家族の負担が軽くなり、家族の社会参加活動の機会が大幅に増えました。このようにして自立と活動の場が広がったために、Mさんは通所介護では以前から得意としてきた料理作りに

熱中して取り組めるようになり、できた料理を自宅に持ち帰り家族にも供し、家族の喜ぶ姿を見て自分が生きている意義を感じるようにもなってきています。

### 【3】Mさんの現在

　ここでMさんが「充実した在宅生活を楽しむ」ことができるようになった要因を整理してみましょう。

①適切な医療機関でリハビリテーション治療を受けることができた。

②家族環境に恵まれた。

③介護保険制度による適切なケアマネジメントが受けられた。

④適切な福祉用具と住宅改修の導入により、移動、入浴、外出動作の改善が図られた。

⑤通所介護を利用することで、料理作りなど生きがいを見出し、社会との交流をより広くし、社会参加を果たしていくことができた。

# C 障害をもつ人が充実した在宅生活と社会参加を可能にする要因

　この2つの事例は脊髄損傷、脳血管障害が原因となる肢体不自由者ですが、聴覚言語障害者、視覚障害者など他の障害により生活上不自由になった人々にも共通の要因と過程があてはまるでしょう。すなわち、「障害をもった人が充実した在宅生活をし、社会復帰・社会参加を可能にする」要因と過程からは、以下のようなことがわかります。

①本人の意欲や家族、周囲の人々のありようが大きく影響する。

②適切な医療やリハビリテーションが必要である。

③適切な介護サービスが必要である。

④デイサービスやデイケアなどによる社会参加の機会を通して、「生きがいの発見・創出」をしていくことが必要である。

⑤成人の場合は就労のために職業リハビリテーションが必要なケースがある。

⑥福祉用具や住環境整備は、「障害をもった人が充実した在宅生活をし、社会復帰・社会参加を果たしていく」ための有効な手段となる。

⑦地域社会や職場の中で取り組んでいかなくては解決しない問題も少なくない。バリアフリーのまちづくり、地域支援のためのネットワークづくり、職場での障害者への理解のための啓蒙活動など、今後解決を必要とされている課題がたくさんある。

# 第3章

# バリアフリーと
# ユニバーサルデザイン

# 1 節

# バリアフリーと
# ユニバーサルデザインを考える

**ねらい** バリアフリー、ユニバーサルデザインの考え方が生まれた経緯と社会的背景を踏まえ、住環境整備をはじめとするさまざまな支援の基本となる考え方を学びます。

## A バリアフリーとユニバーサルデザインの考え方

### 1 バリアフリーの誕生と考え方

**国際連合**
国際平和と安全の維持、国際協力の達成のために設立された国際機構。第二次世界大戦後の1945（昭和20）年発足。本部はニューヨーク。ユネスコ（国連教育科学文化機関）など15の専門機関をもつ。日本は1956（昭和31）年に加盟。

バリアフリーを世界的に広めるきっかけとなったのは、1974（昭和49）年に**国際連合**が出した国際連合障害者生活環境専門家会議報告書「Barrier Free Design」であるといわれています。

一般に建築物などを整備する際には、統計上の標準的な体格の人間の寸法や運動能力をもとにした「ミスター・アベレージ」（平均的な人体寸法の男性）という想定上の人物に合わせてきました。それに対して同報告書は、実際には存在しない人を想定してつくってきたために、障害があるといった理由で想定から外れた人が使えないような環境がつくられていると指摘しました。

また、この報告書では、障害のある人の社会参加を妨げる要因として交通機関や建築物などの物理的な障壁と、障害に対する人々の意識などの社会的な障壁を挙げ、身体的、精神的な障害のある人の生活にさまざまな制約を生んでいるのは、こういった、人間がつくり出した要因による障壁だと述べています。そして、障害のある人が公共施設を利用することや、働くこと、教育を受けること、文化に接すること、スポーツ等を楽しむこと、公共交通機関を利用すること、住宅を選ぶことは権利であり、それを実現するための環境整備の必要性を説いたのです。

**障害者白書**
障害者基本法に基づき、1994（平成6）年から毎年政府が国会に提出している年次報告書。障害者のために講じた施策の概況について明らかにしている。

このように、障害のある人の活動を妨げる要因が社会環境にあるとして、それを取り除くのは社会の責務だとする考え方を「障害の社会モデル」といいます。わが国でも、1995（平成7）年版**障害者白書**（副題：「バリアフリー社会をめざして」）で、物理的、制度的、文化・情報面、意識上の4点の障壁を指摘し、バリアのない社会環境の必要性を示していま

す。

　すでに、**バリアフリー**という言葉は広く知られるようになりましたが、すべてのバリアを解消することは容易ではありません。目の前にある問題の背後にさらにさまざまな問題が横たわっており、その解決には単に建築や土木といった物的な取り組みだけでは不十分です。国連の報告書などでも、平等な社会参加は万人の共通の権利であり、その権利を実現するために、バリアによって特定の人が社会資源を利用できず参加できないような状況は改善されるべきだと強調されています。バリアフリーはそのような問題を解決する手段の一つなのです。したがって、バリアフリーとは、平等な社会参加を実現するというゴールをめざすことを意味していると認識しなければなりません。

> **バリアフリー**
> わが国ではバリアフリーという言葉になじみがあるが、現在、海外ではあまり使われていない。国際的にはアクセシビリティ（accessibility）やその形容詞であるアクセシブル（accessible）が広く使われている。

## 2　ユニバーサルデザインの誕生

　アメリカの建築家で製品デザイナーであったロナルド・メイス（Mace, R.L.）は1970年代後半に、バリアフリー住宅に関する疑問に気づきました。当時のアメリカでは、車椅子で使えるように設計された住宅の数は少なく、共同住宅に少数の特別な住戸が設けられている例が散見される程度でした。しかし、なかには立地が悪い、価格が高い、そのような住宅があるということが伝わらないなどの原因から、入居者が決まらないものもありました。オーナーは障害のある人以外にも貸し出そうとしましたが、流し台の下のキャビネットが車椅子使用者の膝が入るように取り払われているために収納が少ない、浴室の手すりが邪魔、キッチンの作業面を低くしたためにキッチンカウンターが不連続になって美しくないなど、さまざまな理由で不人気でした。この様子を知ったメイスは、不人気の理由から、一つの結論にたどり着きました。「これは車椅子専用にしたのが問題のもとではなかったのか……」。

　共同住宅に住む人は、体型も年齢も能力も、すべて違います。そこで、こうした多様な人のニーズに応えられる住宅を造るべきだと考えた彼は、それをユニバーサルデザインと名づけ、1985（昭和60）年にはじめて雑誌に発表したのです。この中で彼はユニバーサルデザインを、建物や施設を追加の費用なく、あるいは最低の費用で、すべての人にとって機能的で魅力的にデザインする方法であると説明しています。

　ユニバーサルデザインの7原則（表1）は、ユニバーサルデザインが備えているべき性能を表しており、つくり手にとってはどのようなものをめざすべきなのかの方向性を決める際に有用なものです。しかし一方で、具体的な数値等が示されているわけではないので、客観的な基準にはなりえません。

**表1　ユニバーサルデザインの7原則(7 Principles)**

| |
|---|
| 原則1：だれにでも使用でき、入手できること |
| 原則2：柔軟に使えること |
| 原則3：使い方が容易にわかること |
| 原則4：使い手に必要な情報が容易にわかること |
| 原則5：間違えても重大な結果にならないこと |
| 原則6：少ない労力で効率的に、楽に使えること |
| 原則7：アプローチし、使用するのに適切な広さがあること |

注：「7原則」は、以下の10名によってつくられた。
　　Connell,B.R., Jones,M., Mace,R.L., Mueller,J., Mullick,A., Ostroff,E.,
　　Sanford,J., Steinfeld,E., Story,M., Vanderheiden,G.
　　「7原則」の最初のものは1995(平成7)年につくられたが、その後改訂され、上の表は1997(平成9)年版のものである。

　メイスは7原則を満たし、かつ居住者の経年変化に対応できるように、アダプタブルの考え方を積極的に取り入れています。アダプタブルとは、わずかな手間で調整できたり、何かを付け加えたり、取り除くことができ、居住者のニーズに対応できる性質です。たとえば、ハンガー掛けやカウンターの高さを上下できるようにしておくことで身長の違いに対応したり、流し台下のキャビネットを容易に取り外せるようにしておくことで、車椅子など座位による作業に対応できるというようなことです。

　バリアフリーがバリアのある環境を何とか使えるようにしようとして、障害のある人といった特定の利用者に対して特別扱いや選択肢が限られることがあったのに対して、ユニバーサルデザインの考え方は、バリアがあることを前提として考えるのではなく、元からバリアが生じないように考えようという提案であり、能力の違いに関係なく、特別扱いなく、差別感を感じないですむような社会環境をつくり出そうという提案でした。

 **ユニバーサルデザインの考え方**

　ユニバーサルデザインは、以下のような定義で表されています。
　「すべての人々に対し、その年齢や能力の違いにかかわらず、(大きな)改造をすることなく、また特殊なものでもなく、可能な限り最大限に使いやすい製品や環境のデザイン」(出典：川内美彦『ユニバーサル・デザインの仕組みをつくる』学芸出版社、2001より)。
　この定義には二つのポイントがあります。「すべての人々」と「可能な限り最大限に」です。
　「すべての人々」が使いやすい製品や環境というのは、必ずしも一つのやり方でかなうわけではありません。だれにでもいいというのは往々にして、だれに対してもほどほどで、だれの満足も生まないということ

になりがちです。ユニバーサルデザインについて「対象を特定しない」と説明されているのを見かけますが、「すべての人をめざす」ことと対象を特定しないことは根本的に異なる考え方です。

ユニバーサルデザインをめざすためには、むしろ一人ひとりのニーズにきちんと正対する必要があります。それらのニーズにしっかり応えながら、その集約として製品や環境をつくり出していくことが重要なのです。

多様なニーズに一つの製品や一つのやり方で応えるのは、無理があります。利用者にとっては、自分に合ったものを選べるといった選択肢があると助かります。たとえば、ボールペンはだれにでもどんな場合にでも使いやすい究極の1本があるのではなく、文具店にずらりと並んだ製品の中から、自分の用途や使用状況に合わせて利用者が選ぶほうが好ましいといえます。どこにどのようなものがあるかという情報があり、それぞれの製品や環境が一般用と特殊用の区別なく利用者に提示され、適切な選択を後押しする形が望ましいと考えられます。

それでも必ず使いにくいという人は残されているはずで、実質的には「すべての人々」は実現不可能だと考えられています。そこでメイスは、たとえ実現不可能であってもよりよいものをめざす姿勢が重要であるということを強調するために、少しずつ前進していくという意味合いを込めて「可能な限り最大限に」という表現を入れたのです。

ノーマライゼーション（p.43参照）とユニバーサルデザインのめざす方向は同じだと考えられますが、ユニバーサルデザインが物的環境づくりを前面に押し出して平等で差別感のない社会参加を実現しようとするのに対して、ノーマライゼーションは物的側面だけではなく生活全般にわたる考え方であると説明される場合もあります。しかし、多様な人々が暮らしやすい社会を作るという目標のためには、物的環境の整備だけでなく、サービスや制度など、社会全般がユニバーサルデザインの価値観を共有する必要があります。そう考えればノーマライゼーションとユニバーサルデザインに本質的な違いはないといえます。

# ❹ わが国での取り組み

わが国でのバリアフリーへの取り組みは、1970年代初頭から始まっています。1969（昭和44）年に仙台で、車椅子使用者のまちへ出たいという声を受けて「福祉のまちづくり」への動きが始まりました。1971（昭和46）年には「福祉のまちづくり市民の集い」が開かれ、「福祉のまちづくり」の活動が全国に拡がる先駆けとなりました。

1973（昭和48）年には、建設省（現・国土交通省）から「歩道および立体

**国際障害者年**
国際連合は、1976（昭和51）年に障害者の「完全参加と平等」をスローガンに1981（昭和56）年を国際障害者年とした。続いて、障害の予防とリハビリテーションの充実、社会参加の機会均等などを推進する行動計画を1979（昭和54）年に策定した。1983（昭和58）～1992（平成4）年を「国連・障害者の十年」とした。

横断施設の構造について」という通達が出され、歩道と車道との境界の
段差の切り下げなどについて触れています。ここで注目すべきは、この
通達の目的として「老人、身体障害者、自転車、乳母車等の通行の安全
と利便を図るため」としている点です。この時点では、まだまだ利用者
の多様さに十分な目配りがあるとはいえませんが、それでも当時から高
齢者や障害のある人や乳母車等が対象に含まれていました。このように、
わが国でのバリアフリーの取り組みは世界的に見て遅かったわけではあ
りませんが、その後は大きな変化が生まれないままに停滞の時期に入っ
ていきます。

　1981(昭和56)年の「**国際障害者年**」、1983(昭和58)～1992(平成4)年
の「**国連・障害者の十年**」は、そうした停滞感の漂っていたわが国に、
海外のさまざまな取り組みを紹介する契機となりました。

　そして1990(平成2)年に「**ADA(障害をもつアメリカ人法)**」が成立
したことも刺激となって、高齢社会の形が徐々に明らかになりつつある
なかで対策を模索していた地方自治体が一気に「福祉のまちづくり条例」
の策定を始めました。国では、1994(平成6)年に「**高齢者、身体障害者
等が円滑に利用できる特定建築物の建築の促進に関する法律(ハートビ
ル法)**」が、2000(平成12)年には「**高齢者、身体障害者等の公共交通機
関を利用した移動の円滑化の促進に関する法律(交通バリアフリー法)**」
が制定され、物的な環境整備の推進力となりました。

　また、2004(平成16)年に参議院本会議で「ユニバーサル社会の形成促
進に関する決議」が可決されました。2005(平成17)年には国土交通省が
「ユニバーサルデザイン政策大綱」を発表しました。2006(平成18)年6
月には「**高齢者、障害者等の移動等の円滑化の促進に関する法律(バリ
アフリー法)**」が制定され、同年12月20日より施行されました(まちづく
りに関する法律については、第5章3節を参照)。

## B　ユニバーサルデザインとこれからの社会

### 　ユニバーサルデザインの成長

　ユニバーサルデザインは、前述したように、これまで「ミスター・ア
ベレージ」に対する視点のみを重んじてきたために、平均的ではないニ
ーズを切り捨ててきたことへの反省の上に立っています。

　「規準を見て人を見ない」姿勢から、人の現実に目を向けることを主
張しています。そこには人間は多様であるという前提があります。した

がって、関係者が集まってニーズを出し合い、合意を形成していく作業は必須であり、それには参加というよりはもっと根源的な参画(計画に加わること)という表現がふさわしいと考えられます。

　実際の作業としては、すでに利用されているものを評価し、そこで得られたことを次の施策に反映させていくという手順が現実的かつ有効です。これまでの経験をもとに、さらによりよいものをつくり出すといった、段階的・継続的な発展を図っていくことが重要となります。このような一連の流れは「スパイラルアップ」と呼ばれており、ユニバーサルデザインの実現のための具体策として重視されています。

　ユニバーサルデザインにはインクルーシブデザイン(Inclusive Design)、デザインフォーオール(Design for All)、アクセシブルデザイン(Accessible Design)といった類似の言葉が多くあります。それぞれが異なる経緯で広く使われるようになっていますが、利用者のニーズを重要視し、それを実現するために力を尽くすという点で共通です。それぞれの違いよりも、本質的にめざすことを理解することが大切です。

## 2　政策のユニバーサルデザイン化

### ユニバーサルデザインの定着

　バリアフリーに関しては、すでにすべての都道府県がいわゆる「福祉のまちづくり条例」の策定を経験しており、その意味では広く浸透してきているといえます。これらの条例では、主として対象となる施設の用途と規模を定め、整備基準に適合させるように求めています。またバリアフリー法を根拠にし、同法の規定をさらに強化・拡大させる条例を定めた自治体も多くあります。

　ユニバーサルデザインでも、要綱、指針などの作成から、条例の制定まで行っている自治体が増えています。静岡県浜松市では、2003(平成15)年4月に全国初の「浜松市ユニバーサルデザイン条例」を施行しました。2005(平成17)年4月には京都市が「京都市みやこユニバーサルデザイン推進条例」を施行、国土交通省が同年7月に「ユニバーサルデザイン政策大綱」を発表してユニバーサルデザインを政策の大きな柱とするなど、ユニバーサルデザインを掲げた社会づくりに向けて数々の取り組みが行われています。

　浜松市の条例では、市長がユニバーサルデザインによるまちづくりの施策を進めるための計画を策定するとしており、策定にあたっては市民や審議会の意見を聞き、反映させ、公共施設等の新築等の際には「利用者等の意見を聴く」ことが求められています。また、公共交通事業者、施設の設置・管理者、商品の製造者、サービス提供者は、ユニバーサル

第1章　暮らしやすい生活環境をめざして

第2章　健康と自立をめざして

第3章　バリアフリーとユニバーサルデザイン

第4章　安全・安心・快適な住まい

第5章　安心できる住生活とまちづくり

事例集　地域で取り組む福祉のまちづくり実践事例

デザインに基づく整備に努めることとされています。

　計画段階からの利用者の参画やスパイラルアップは社会のしくみとして継続的に行われなければなりません。そのためには政策の中できちんと位置付けられ、法律や条例で社会的に定着される必要があります。

　これまで注目されてきたのは、法律や条例によって何がつくり出されるかでしたが、本来の目的は、それによって生まれる効果としての、人々の人権や尊厳を大切にした平等な社会参加であったはずです。一つひとつの法律や条例の所管部署が異なっているとしても、それらを組み合わせて何をめざすのかは明確にされなければなりません。それこそが政策としてユニバーサルデザインを展開していく目的であり、意味であると考えられます。

## 生活するうえで存在するバリアとは？

　バリアフリーとは、高齢者や障害のある人が社会生活をしていくうえで障壁（バリア）となるものを取り除くことを意味します。もともとは建築物など物的環境に対する考え方として登場しましたが、最近では社会制度や文化、情報を対象とする広い意味で用いられるようになっています。1995（平成7）年の『障害者白書』（総理府：現・内閣府）では、生活環境のなかに存在するバリアを①物理的バリア、②制度的バリア、③文化・情報のバリア、④意識のバリアとして定義しています。

### 物理的バリア

　物理的バリアとは建造物、都市環境、製品などの物の形態にかかわる障壁のことです。まちなかの段差、急なスロープ、狭い通路など、建築物や道路などの段差や設備の不備は、高齢者や障害のある人が施設を利用する際の障壁となります。物理的なバリアはいたるところに存在しています。

### 制度のバリア

　障害のある人に対して、「障害」を理由としてさまざまな条件や基準が設けられ、能力以前の段階で就学や就職、資格の取得や社会参加に関して制限を受けることです。

### 文化・情報のバリア

　文化・情報のバリアは、情報そのものの提供手段が、受け手のニーズにうまく合っていない場合に起こります。点字や手話通訳などがないことにより、文化や情報に親しむ機会が制約されることです。

### 意識のバリア

　高齢者や障害のある人に対する無関心や無知による偏見や差別など意識上のバリアのことです。障害に対する正しい知識や理解を持ち合わせていないことが、偏見や差別につながります。この意識のバリアを解消しない限りバリアフリーの必要性への理解は広がらず、本当のバリアフリーは実現しないといえます。

第1章　暮らしやすい生活環境をめざして

第2章　健康と自立をめざして

第3章　バリアフリーとユニバーサルデザイン

第4章　安全・安心・快適な住まい

第5章　安心できる住生活とまちづくり

事例集　地域で取り組む福祉のまちづくり実践事例

## 2節 生活を支えるさまざまな用具

**ねらい**　用具の上手な活用は、高齢者や障害者の動作の自立を促し、介護負担を軽減するだけでなく、QOLの向上や社会参加を促進します。
ここでは、だれもが使いやすい共用品の必要性や福祉用具の使い方について学びます。

## ■ A　生活のなかの問題点と用具の活用

　高齢社会、超高齢社会では、年齢や能力、体格、障害の有無にかかわらず、すべての人が暮らしやすい社会の実現が強く求められています。

　そのためには、加齢により身体機能が低下した人や障害のある人などが、日常生活で感じている不便さを明らかにし、日常生活を制限するバリアを解消することが重要な鍵となります。用具の活用は、そうした不便さやバリアを解決する一つの有効な手段といえます。

　以前のシャンプーの容器はリンスの容器と形状が同じで、触っただけでは区別が困難でした。そこで、メーカー各社はシャンプー容器の側面にギザギザを付けることによって、触っただけでリンス容器との区別ができるように工夫しました。これは、視覚に障害のある人だけでなく、多くの人に使いやすい配慮として受け入れられています。また、スマートフォンで文字が大きく表示される機種は、当初、高齢者向けに開発されましたが、高齢者以外にも広く普及するようになりました。このように、特定の人にだけではなく、より多くの人が使いやすい用具を「**共用品**（英語ではアクセシブルデザイン）」といいます。

　共用品の分野は、日用品や衣料品、玩具、家電製品、IT機器、自動車、住宅設備、エレベーターといった製品や設備機器などのほかに、小売店や外食、レジャーなどのサービス産業へと広がりをみせています。

　これに対して「福祉用具」は、高齢者や障害者に合わせて作られた用具で、身体機能の低下や障害を補い、自立を促すために重要な役割をもっています。たとえば、自立歩行が難しい障害者でも、レバー一つの簡単な操作で動かすことができる電動車椅子等を利用すれば、外出や積極的な社会参加も可能となります。

　こうした共用品や福祉用具を上手に活用することは、身体機能の低下や障害を補うことができると同時に、生活の豊かさの向上につながりま

**共用品**
2001（平成13）年に日本の提案により国際標準化機構(ISO)で制定され2014（平成26）年に改訂されたISO/IECガイド71において、「アクセシブルデザイン」と訳されている。なお、このガイドの中で、アクセシブルデザインはユニバーサルデザイン（→p.80）と同じ意味で使用される場合があるとしている。

す。また、動作の自立を促すことによって、尊厳の回復や介護負担の軽減も期待できます。このような用具がもたらす効果を最大限に活用するには、使う人の気持ちや意欲を向上させるとともに、何をどのように使うのか、目的と方法を明確にすることが重要となります。

# B 共用品

**（公財）共用品推進機構**
障害のある人や高齢者をはじめ、生活に不便さがある人にも利用しやすいように配慮された共用品・共用サービスの開発と普及によるバリアフリー（共生）社会の実現を活動目的として1999（平成11）年4月に設立された公益財団法人。

 **共用品の定義**

共用品とは、**（公財）共用品推進機構**により「身体的な特性や障害にかかわりなく、より多くの人々が共に利用しやすい製品・施設・サービス」と定義されています。共用品には、大きく分けて、福祉用具をもとにしてつくられたものと、一般製品をもとにしてつくられたものがありますが、いずれも次の5つの原則を満たしています（表1）（図1）。

## 表1　共用品の5つの原則

・多様な人々の身体・知覚特性に対応しやすい
・視覚・聴覚・触覚など複数の方法により、わかりやすくコミュニケーションできる
・直感的でわかりやすく、心理負担が少なく操作・利用ができる
・弱い力で扱える、移動・接近が楽など、身体的負担が少なく、利用しやすい
・素材・構造・機能・手順・環境などが配慮され、安全に利用できる

出典：公益財団法人共用品推進機構ホームページより一部改変

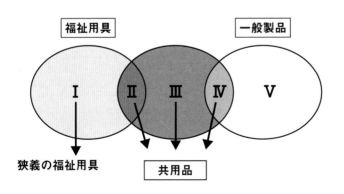

図1　共用品の範囲

Ⅰ…専用福祉用具
Ⅱ…一般化した福祉目的の設計製品
Ⅲ…共用設計製品
Ⅳ…バリア解消設計製品
Ⅴ…一般製品

＊広義の福祉用具…Ⅰ＋Ⅱ＋Ⅲ＋Ⅳの範囲

出典：公益財団法人共用品推進機構ホームページより一部改変

**2　共用品の具体例**

　共用品は、図1で示すように、大きく3種類に分けることができます。

　Ⅱの一般化した福祉目的の設計製品は、はじめは障害のある人たちのために作られたものが、のちに障害のない人にも広く使われるようになったものです。

　具体的には、温水洗浄便座、電動歯ブラシなどがその例です。

　両方とも、最初は肢体不自由の人のために作られたものです。

**温水洗浄便座**

**電動歯ブラシ**

　Ⅲは、最初から共用品として作られたものです。

　そして圧倒的に多いのが、Ⅳのバリア解消型の共用品です。

　では、次に共用品の4つの配慮別に、具体的なものを紹介していきます。

### 【1】わかりやすさへの配慮
#### （1）複数の手段で情報提供

　文字や音声、振動、光、凹凸および点字など、複数の手段で情報を提供し、視覚に障害のある人や聴覚に障害のある人だけでなく、高齢者を含む見えにくい人、聞こえづらい人に対して、情報をわかりやすく伝えます。

**シャンプー・リンス・ボディソープ容器**
似たような容器で触って識別できない→シャンプー容器の側面にはギザギザがあり、リンス容器と識別ができる。ボディソープ容器には、上部および側面に1本の凸線があって他の容器と識別できるものがある

### 牛乳パック

似たような容器で触って識別できない→加工乳でない牛乳の紙パックの上部には、半円の切り欠きがあり、他の紙パック飲料と触って識別できるようになっている

### プリペイドカード

カードの形状が同じため区別できない→切り欠きの形状の違いで区別できる（JIS X 6310：1996プリペイドカード）

### トランプの表示

多くの人が遊んだ経験のあるトランプも、4隅に数字とスートが書かれていると、右利き、左利き両者とも使いやすい。さらに、点字表示があると点字が読める視覚障害者も一緒に遊ぶことができる

### 音・光・振動タイマー

タイマーは、音の発信に加えて、振動や光の情報を加えることで、耳の不自由な人にも時間を知らせることができる

## （2）視覚・聴覚情報を強化

　大きな文字やコントラスト、聞こえやすい音量・周波数によって、見えづらさ、聞こえづらさを補い、見過ごし・聞き逃しを防ぎます。危険などの注意を促すときにも有効です。

### 大活字本

小さい文字で見えづらい→大きく太い文字で見やすい

### 耳にやさしいラジオ

早口で聞き取れない→ゆっくりとした速度に設定でき、聞き取りやすい

## 【2】アプローチのしやすさへの配慮

### （1）アプローチのための情報提供

　触知案内図、案内表示、音声案内などで、さまざまな人のアプローチをスムーズにします。

**触知案内図**
地図の細かい文字や図が見えない・見えにくい→凹凸のある線・面、触知記号、点字などによって触ってわかる

（JIS T 0922：2007　触知案内図の情報内容及び形状並びにその表示方法）

おなかが痛い

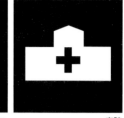

病院

**案内表示**
言葉による人とのコミュニケーションが困難→絵記号を利用することで、自分の意思や要求を伝えやすい

（JIS T 0103：2005　コミュニケーション支援用絵記号デザイン原則）

### （2）移動のしやすさ

　エレベーターやスロープ、自動ドア、手すりなどが、移動しやすいように配慮されています。

**エレベーター**
階段での移動が困難→車椅子使用者や高齢者にとって移動しやすい。鏡があるので車椅子使用者が後ろ向きで出るとき後方を確認できる

**ノンステップバス**
車椅子に座ったままでバスに乗れない→床が低くスロープが出てくるので、車椅子のまま乗れる

### （3）使いやすい位置・配置

　使う人の姿勢や身長に合わせて高さを調節できるものや、操作しやすい高さに設定されているものがあります。

**高さ調節機能付きの机**
車椅子の高さに合わない→ぴったりの高さに調節できる

**バリアフリー自販機**
からだをかがめるのがつらい→楽な姿勢で品物やおつりが取れる（JIS S 0041：2010　自動販売機の操作性）

## 【3】扱いやすさへの配慮

### （1）容易な操作

　握力の弱い人や左利きの人、また片手でも、簡単に操作しやすいよう配慮されています。

第1章　暮らしやすい生活環境をめざして

第2章　健康と自立をめざして

第3章　バリアフリーとユニバーサルデザイン

第4章　安全・安心・快適な住まい

第5章　安心できる住生活とまちづくり

事例集　地域で取り組む福祉のまちづくり実践事例

**持ちやすい牛乳びん・ペットボトル**

手が滑ってしまい危険→くびれがあるため滑りにくく持ちやすい

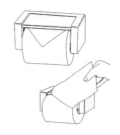

**片手で使用できる紙巻器**

片手でカッター部分を押さえないとトイレットペーパーをちぎれない→片手でちぎれ、交換もできる

## (2) 操作のフィードバック

操作の間違いを防ぐなど、操作性を向上させるために、わかりやすい操作感や報知音、表示などで操作状況を確認できます。

**家電製品・玩具など**

スイッチのどちらがONかわからない→家電製品、玩具などの日常生活用製品では、スイッチON側に小さな凸がある。また、日常生活用製品で、音により、はじまり・終了などを知らせる場合は、周波数を2,000ヘルツ以下にすることで、高齢者にも聞こえるようになってきた

## (3) 自動化されている

複雑な操作を自動化したり、簡略化したりすることで、使いやすくなっています。

**全自動洗濯機**

すすぎや脱水などの設定が大変→自動的にすべての作業が行われる

## 【4】その他の配慮
## (1) 新しい配慮

新しく開発された製品やサービスが、結果的に多くの人に対して配慮を示したものとなり、新しい価値を提供しています。

呼び出しボタン
洗浄ボタン
紙巻器

(JIS S 0026：2007
公共トイレにおける便房内操作部の形状、色、配置及び器具の配置)

**トイレの操作部等の配置・形状**

トイレごとに紙巻器や洗浄ボタンなどの形や配置が異なるためわかりにくい→便器洗浄ボタンは丸形、呼び出しボタンは四角形など形を変えるほか、統一されたボタンの配置で識別しやすい

## (2) 多様な人への安全配慮、利便性配慮

　多様な人に対して、より的確に、すばやく危険を知らせるなど、安全性を図れるようにしています。

**IHクッキングヒーターの安全装置**
加熱のしすぎなど危険な状態→
加熱が自動的に停止する

**駅のホームドア**
線路に転落するなどの危険がある→転落や電車との接触防止が図られる

## (3) 入手・利用しやすさへの配慮

　多様な人を考慮した販売方法や利用システムを用意しています。

**音声によるカタログ**
カタログを読むのが困難
→音声で商品の情報を得られる

**片足ずつサイズが異なる靴の販売**
左右の足のサイズが異なる人へ、サイズ違いを組み合わせて販売

# 3 開発から普及までのプロセス

　より多くの人にとっての使いやすさを追求した共用品の開発は、より多くの人が感じている生活上の不便さを認識することからスタートします。最近は多くのメーカーが、障害のある人や高齢者、妊産婦等が生活で感じている「不便さ」をもとに、製品を研究・開発し始めています。

　開発へのアプローチは、もともと障害のある人のために開発されたものもあれば、はじめからより多くの人を対象にしてデザイン・設計されたものもあるなど、さまざまです。

　しかし、せっかく開発された共用品も、業界全体および業界横断で配慮点が共通していなければ、普及しにくくなります。シャンプーの容器側面のギザギザは、1社が行った配慮が、他社に広がったよい例ですが、共用品の普及のためには、多くの企業や関係機関がより多くの人たちのニーズを受け入れ、配慮部分をいかに標準化するかが重要な課題といえます。

第1章　暮らしやすい生活環境をめざして

第2章　健康と自立をめざして

第3章　バリアフリーとユニバーサルデザイン

第4章　安全・安心・快適な住まい

第5章　安心できる住生活とまちづくり

事例集　地域で取り組む福祉のまちづくり実践事例

## 4 普及・標準化に向けて

共用品が広く認知され、使われるようになるためには、配慮点の標準化も重要な鍵となります。配慮点の不統一は、利用者の混乱を招くなど、共用品本来の趣旨を満たせないことにもつながりかねません。

共用品の標準化が求められるなかで、高齢者・障害者配慮設計指針として、はじめて**日本産業規格（JIS）**（当初は日本工業規格）に制定されたのは、1996（平成8）年のプリペイドカードの切り欠きです。

その後も、スイッチ部への凸表示、包装容器における触覚識別・開封性等の規格がつくられていきました。

## 5 国際社会への普及

日本の産業規格を統括する日本産業標準調査会（JISC）では、共用品の配慮の標準化を国内にとどめるのでなく、国際的に拡げることでその効果が上がると考えました。そこで、JISCは、**国際標準化機構（ISO）**の消費者政策委員会（COPOLCO）に、規格を作る際、高齢者および障害のある人への配慮を行うための参考書（ガイド）の作成を提案しました。その提案は、COPOLCO総会で審議され、満場一致で承認されました。同ガイドは、提案国の日本が議長国となり、2001（平成13）年11月にISO/IECガイド71として制定されました。

提案国の日本では、2003（平成15）年にJIS Z 8071「高齢者及び障害のある人々のニーズに対応した規格作成配慮指針」としてJISとなりました。その後、日本では同ガイドをもとに2021（令和3）年6月までに42種類の高齢者・障害者配慮設計指針の規格ができています（表2）。

そのうちの4つはISO内にある人間工学の技術委員会（TC159）に、1つは包装容器の技術委員会（TC122）に提案し、すでに5つとも2011（平成23）年度に国際規格となっています。

なお、ISO/IECガイド71は、2014（平成26）年12月に改訂版が発行されました。

また、2010（平成22）年3月、日本の提案で福祉用具の委員会（TC173）内に新たな作業グループ（SC）が、SC7として設立されました。このSCでは、すでにJISとして定められた点字表示、アクセシブルミーティングのテーマを国際規格にする作業を行いました。

アクセシブルミーティングとは、会議に障害のある人たちが参加する場合、会議主催者がどのような配慮をすればよいかを記載してある規格です。JISでは、会議前、会議中、会議後に場面を分け、その場面ごと

**日本産業規格（JIS）**

JISは Japanese Industrial Standards の略。わが国の工業分野における標準化の促進を目的とする工業標準化法（1949（昭和24）年）に基づいて制定される国家規格（当初は「日本工業規格」）。鉱工業品等の品質・性能などの基準を定めている。JIS規格に適合している製品にはJISマークが標示される。なお、2019（令和元）年7月から標準化の対象にデータ、サービス、経営管理等が追加され、名称は「日本産業規格（JIS）」に、法律名は「産業標準化法」に改められた。

**国際標準化機構（ISO）**

製品やサービスの国際流通を促し、知的、科学的、技術的、経済的活動分野の国際間協力の発展を目的として、1947（昭和22）年に発足した電気分野を除く工業分野の国際的な標準規格を策定する国際機関。

**国際電気標準会議（IEC）**

1906（明治39）年に設立された、電気および電子技術分野の規格の標準化を目的とする国際機関。1947（昭和22）年以降はISOの電気・電子部門を担当。

の配慮点が会議参加者の身体、感覚、認知等の特性別に書かれています。

　規格を作成する際には、関係する障害のある当事者の参加が必要ですが、多くの場合どのようなことに配慮してよいかがわからない状況でした。この規格はまさにアクセシブルミーティングを実践しながらつくられたのです。

　日本は、高齢社会の経験を生かし、国際社会のなかでリードしながら、より多くの国への普及を図ることが大きな課題といえます。

**表2　高齢者・障害者配慮JIS　一覧表**

| | | | | | |
|---|---|---|---|---|---|
| 1 | JIS Z 8071 | 規格におけるアクセシビリティ配慮のための指針 | 22 | JIS S 0022-3 | 包装・容器－触覚識別表示 |
| 2 | JIS S 0012 | アクセシブルデザイン－消費生活用製品のアクセシビリティ一般要求事項 | 23 | JIS S 0022-4 | 包装・容器－使用性評価方法 |
| 3 | JIS S 0020 | アクセシブルデザイン－消費生活用製品のアクセシビリティ評価方法 | 24 | JIS S 0025 | 包装・容器－危険の凸警告表示－要求事項 |
| 4 | JIS S 0031 | 視覚表示物－色光の年代別輝度コントラストの求め方 | 25 | JIS S 0023 | 衣料品 |
| 5 | JIS S 0032 | 視覚表示物－日本語文字の最小可読文字サイズ推定方法 | 26 | JIS S 0023-2 | 衣料品－ボタンの形状及び使用法 |
| 6 | JIS S 0033 | 視覚表示物－年齢を考慮した基本色領域に基づく色の組合せ方法 | 27 | JIS A 2191 | 住宅設計におけるドア及び窓の選定 |
| 7 | JIS S 0043 | アクセシブルデザイン－視覚に障害のある人々が利用する取扱説明書の作成における配慮事項 | 28 | JIS S 0024 | 住宅設備機器 |
| 8 | JIS S 0013 | 消費生活製品の報知音 | 29 | JIS S 0026 | 公共トイレにおける便房内操作部の形状、色、配置及び器具の配置 |
| 9 | JIS S 0014 | 消費生活用製品の報知音－妨害音及び聴覚の加齢変化を考慮した音圧レベル | 30 | JIS S 0041 | 自動販売機の操作性 |
| 10 | JIS S 0015 | アクセシブルデザイン－消費生活用製品の音声案内 | 31 | JIS T 0901 | 移動支援のための電子的情報提供機器の情報提供方法 |
| 11 | JIS S 0011 | 消費生活用製品における凸点及び凸バー | 32 | JIS T 0902 | 公共空間に設置する移動支援用音案内 |
| 12 | JIS S 0052 | 触覚情報－触知図形の基本設計方法 | 33 | JIS T 9251 | 視覚障害者誘導用ブロック等の突起の形状・寸法及びその配列 |
| 13 | JIS T 0921 | アクセシブルデザイン－標識、設備及び機器への点字の適用方法 | 34 | JIS X 8341-1 | 情報通信における機器、ソフトウェア及びサービス－第1部：共通指針 |
| 14 | JIS T 0922 | 触知案内図の情報内容及び形状並びにその表示方法 | 35 | JIS X 8341-2 | 情報通信における機器、ソフトウェア及びサービス－第2部：パーソナルコンピュータ |
| 15 | JIS T 9253 | 紫外線硬化樹脂インキ点字－品質及び試験方法 | 36 | JIS X 8341-3 | 情報通信における機器、ソフトウェア及びサービス－第3部：ウェブコンテンツ |
| 16 | JIS X 6302-9 | 識別カード記録技術－第9部：触ってカードを区別するための凸記号 | 37 | JIS X 8341-4 | 情報通信における機器、ソフトウェア及びサービス－第4部：電気通信機器 |
| 17 | JIS X 6310 | プリペイドカード－一般通則 | 38 | JIS X 8341-5 | 情報通信における機器、ソフトウェア及びサービス－第5部：事務機器 |
| 18 | JIS S 0021-1 | 包装－アクセシブルデザイン－第1部：一般要求事項 | 39 | JIS X 8341-6 | 情報通信における機器、ソフトウェア及びサービス－第6部：対話ソフトウェア |
| 19 | JIS S 0021-2 | 包装－アクセシブルデザイン－開封性 | 40 | JIS X 8341-7 | 情報通信における機器、ソフトウェア及びサービス－第7部：アクセシビリティ設定 |
| 20 | JIS S 0021-3 | 包装－アクセシブルデザイン－情報及び表示 | 41 | JIS S 0042 | アクセシブルミーティング |
| 21 | JIS S 0021-4 | 包装－アクセシブルデザイン－第4部：取扱い及び操作性 | 42 | JIS T 0103 | コミュニケーション支援用絵記号デザイン原則 |

なお、上記JIS規格は、右記ホームページで閲覧することができる。https://www.jisc.go.jp
また、下記には関連する規格が掲載されている。
JISハンドブック2018-38　高齢者・障害者等　－アクセシブルデザイン－日本規格協会

第1章　暮らしやすい生活環境をめざして

第2章　健康と自立をめざして

第3章　バリアフリーとユニバーサルデザイン

第4章　安全・安心・快適な住まい

第5章　安心できる住生活とまちづくり

事例集　地域で取り組む福祉のまちづくり実践事例

# 国際的な基本規格である
# ISO/IECガイド71とは？

　ISO/IECガイド71（高齢者及び障害のある人々のニーズに対応した規格作成配慮指針）とは、日本が国際標準化機構（ISO）に提案し、2001（平成13）年に発行されたもので、規格を作成する際、高齢者・障害者に配慮するためのガイドです。見る、聞く、触るなどの「感覚能力」、歩く、話す、握るなどの「身体能力」、判断する、記憶するなどの「認知能力」のレベル、食べ物などの「アレルギー」の有無などは人によってさまざまです。こうした多様な人々に対して考慮すべき事項を示しているのがこのガイドです。

　このガイドでは、国際的な基準として「アクセシブルデザイン」という概念が登場します。これは、「何らかの機能に制限がある人に焦点を合わせ、これまでのデザインをそのような人々のニーズに合わせて拡張することによって、製品や建物やサービスをそのまま利用できる潜在顧客数を最大限まで増やそうとするデザイン」と定義されています。つまり、はじめから「すべての人のために」使いやすさを追求するのではなく、「何らかの機能に制限がある人」が使いやすいものを開発することで、結果的により多くの人が使いやすくなるという意味があります。

　その実現方法として、①修正・改造することなくほとんどの人が利用できるように、製品、サービスおよび環境を設計する、②製品またはサービスをユーザーに合わせて改造できるように設計する（操作部の改造等）、③規格の採用により、障害のある人々向けの特殊製品との互換性をもたせ、相互接続を可能にする、の３項目を挙げています。

　このISO/IECガイド71は、2014（平成26）年12月に改訂され、タイトルが「高齢者及び障害のある人々のニーズに対応した規格作成配慮指針」から「規格におけるアクセシビリティ配慮のためのガイド」に変わり、対象が高齢者および障害者だけでなく、日常生活に何らかの不便さを感じている多くの人に広がりました。

　また、新たに「アクセシビリティ目標」という理論的な章を設け、従来の配慮点からのアプローチに加え、「アクセシビリティ目標」からのアプローチを追加するなどの変更を行いました。

　この改訂版においても「アクセシブルデザイン」の定義はそのまま残り、「ユニバーサルデザイン」と同様な意味で使用される場合がある、としています。

　なお、このガイドはヨーロッパの規格作成機関であるCEN/CENELECにもガイド6として2002（平成14）年1月に採用され、改訂版も継続して採用されています。また、欧州各国、韓国、中国でも国家ガイドとして採用されています。

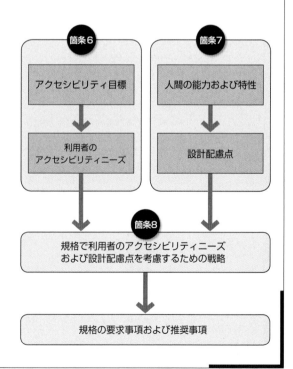

# COLUMN

# 不便さ調査と
# 良かったこと調査

## 不便さ調査

　共用品のなかには、「不便さ調査」から開発・普及したものもあります。「不便さ調査」とは、障害のある人や高齢者、妊産婦等を対象に、日常生活ではどんな不便さを感じるのかを調べたもので、公益財団法人共用品推進機構より報告書としてまとめられています。

　たとえば、「車いす使用者の日常生活の不便さに関する調査報告書」((財)共用品推進機構、1998(平成10)年)では、「冷蔵庫などの、高い所にある物が、取れない、しまえない」「高さが合わないテーブルなどがある」「高い段差があると進めない」などの不便さを、家の内外で感じていることが示されました。

　また、特に障害のない高齢者でも、「家電製品、包装容器等の表示が見づらい」「包装容器が硬くて開けづらい」「高い物が取りづらい、しまいづらい」「家事を行うのがひと苦労」などという不便さが、「高齢者の家庭内での不便さ調査報告書」((財)共用品推進機構1999(平成11)年)で報告されています。

　こうした不便さの現状を知ることは、共用品の開発や普及にとって重要となります。

## 良かったこと調査

　前述のとおり、共用品推進機構は、前身の市民団体、財団法人の時代を含め、約20年間、障害のある人および高齢者等の日常生活における不便さ調査を実施し、報告書としてまとめてきました。

　「不便さ調査」は文字どおり、今まで不便だった製品やサービスを明らかにすることで、マイナスだったところをゼロに戻す役割でした。また、これまでの調査はさまざまな対象(障害等)ごとに行っていたため、相反する意見は出てきませんでした。そのため、製品やサービスを企画・開発・製造・販売および実施する側は、異なる対象(障害者等)から出される異なるニーズを、次年度以降に聞くことになり、広い視野に立った工夫が出てこない状況でした。

　そこで、「良かったこと調査」を実施し、上記の課題を解決するために、①「不便さ調査」から、「良かったこと調査」へ、②「一障害」から「複数の障害」へ、そして「高齢者」への2つの意図で行い、恒常的に効率よく、より多くの人たちが使える製品・サービスが創出できるよう報告書としてまとめました。

## 不便さ調査報告書

| | | | |
|---|---|---|---|
| 1993/10 | 視覚障害者が朝起きてから夜寝るまでの不便さ調査報告書 | 2000/2 | 弱視者不便さ調査報告書 |
| 1995/4 | 飲み物容器に関する不便さ調査報告書 | 2000/3 | 障害者・高齢者の不便さリスト |
| 1995/9 | 耳の不自由な人が感じている朝起きてから夜寝るまでの不便さ調査報告書 | 2001/3 | 子どもの不便さ調査報告書 |
| 1995/10 | 妊産婦の日常生活・職場における不便さ調査研究報告書 | 2001/3 | 知的障害者の不便さ調査報告書 |
| 1997/4 | 高齢者の交通機関とその周辺での不便さ調査報告書 | 2002/3 | 聴覚障害者が必要としている音情報 |
| 1998/7 | 車いす使用者の日常生活の不便さに関する調査報告書 | 2002/12 | 高齢者の余暇生活の実態とニーズ調査報告書 |
| 1999/6 | 高齢者の家庭内での不便さ調査報告書 | 2011/8 | 視覚障害者不便さ調査成果報告書 |

## 良かったこと調査報告書

| | | | |
|---|---|---|---|
| 2014/5 | 旅行に関する良かったこと調査 | 2018/3 | パッケージに関する良かったこと調査 |
| 2015/4 | コンビニエンスストアに関する良かったこと調査 | 2019/3 | 東京・杉並区の良かったこと調査 |
| 2016/3 | 医療機関に関する良かったこと調査 | 2020/3 | 公共トイレにに関する良かったこと調査 |
| 2017/6 | 家電製品、家事の道具等に関する良かったこと調査 | 2021/3 | 沖縄県、岡山市の良かったこと調査報告書 |

# C　福祉用具

 **福祉用具の定義と役割**

　共用品が使用者を限定しない用具であるのに対して、「福祉用具」とは、障害のある人や高齢者を対象に特別な配慮をした用具をいいます。

　福祉用具は、「福祉用具の研究開発及び普及の促進に関する法律(福祉用具法)」(1993(平成 5 )年)によれば、「心身の機能が低下し日常生活を営むのに支障のある老人又は心身障害者の日常生活上の便宜を図るための用具及びこれらの者の機能訓練のための用具並びに補装具をいう」と定義されています。

　一方、国際標準化機構(ISO)による国際福祉用具分類では、「障害者のための用具、器具、機具、機器、ソフトウェアであって、特製品、汎用製品を問わず、以下のいずれかを目的とするもの。○社会参加。○心身機能／身体構造と活動の保護・支援・訓練・測定・代替。○機能障害・活動制限あるいは参加制約の防止。」とし、生活機能の改善に有用な用具であれば、共用品はもとより一般の汎用製品も含む広い解釈をしています。

　従来、福祉用具は、高齢者や障害者が低下した身体機能や障害を補うための道具として発達してきました。しかし現在、福祉用具の役割は、単に身体機能の補完にとどまることなく、QOLの向上や、自立と社会参加の推進、人間としての尊厳の回復をめざすものとして期待されるようになりました。

　実際、パソコンの急速な進歩、普及によって、コミュニケーション機器の開発が進み、障害者の社会参加はいっそう促進されました。用具も機能面のみにとどまらず、意匠面への配慮もなされ、使う人の心理的なハードルを下げるような工夫も進んでいます。

　このような変化のなかで、福祉用具は期待される役割像へと近づきつつありますが、より有用な活用のためには、使用する本人ならびに介護する家族の心身の状況や家族関係、生活環境などを総合的に判断し、アドバイスする専門職のかかわりが必要となっています。

 **福祉用具の分類**

　福祉用具は、使う目的や用具の機能などによって、いくつかのカテゴ

リーに分類されます（表3）。

　たとえば、同じ車椅子でも、日常生活の介護を容易にする機器（介護機器）と、日常生活を自分で行うのに便利または容易にする機器（自立機器）では、用具がまったく異なります。介護機器に分類される車椅子は、主に介助式の車椅子で、介助者が押すことを目的に作られていますが、自立機器では自走式の車椅子で、障害者が自分で操作することが前提となります。

　したがって、使う人の自立度や介護度によって、福祉用具の選択や使い方が異なってくるのはいうまでもありません。

**表3　福祉用具の分類例**

| 福祉用具 | 介護機器（日常生活の介護を容易にする機器） | 日常生活用品（食事、整容、更衣、トイレ、入浴、意思伝達、睡眠、移動、体位保持）<br>外出用品（車椅子、自動車など）<br>趣味用品（テレビ、ラジオなど） |
|---|---|---|
| | 自立機器（日常生活を自分で行うのに便利または容易にする機器） | 日常生活用品（食事、整容、更衣、トイレ、入浴、意思伝達、睡眠、移動、体位保持）<br>家事、ホームメンテナンス用品<br>外出用品（ワゴン、自動車など）<br>趣味用品（カメラ、テレビ、トランプ、木工、手芸など）<br>健康管理増進機器（血圧計、体温計、エルゴメーター） |
| | 治療機器（心身機能を治療する機器） | 生命維持機器（人工呼吸器など）<br>物理療法機器、運動療法機器、装具、評価測定機器 |
| | 機能補填機器（喪失した機能を代替する機器） | 眼鏡、補聴器、義肢、義眼、義歯、装具、酸素補給器 |
| | 訓練機器（生活能力を訓練する機器） | 日常生活訓練機器、作業能力訓練機器 |
| | 職業能力開発機器（職業能力の開発を行う機器） | 評価測定機器、作業訓練機器 |

出典：日本作業療法士協会「高齢者機器に関する調査研究」、1991より一部改変

## ３　福祉用具導入の留意点

　福祉用具導入の際には、本人の心身の状況と家族の介護力、用具を使用する生活環境などを把握し、それに合った福祉用具を選択する必要があります。それには、福祉用具の基本的な機能や性能、コストなども十分に知っておくことが前提となります。

　導入の際、留意すべき点をまとめると、次のようになります。

① **目的に合った用具を選択する**

　介護機器か自立機器かといった用途の違い、素材や構造、性能の違いを理解し、利用者の心身の状況や家族の介護能力、生活環境に適した用具を選択することが重要となります。

② **導入の時期を見極める**

　利用者の心身の状況は変化するため、そのつど、ふさわしい福祉用具も異なってきます。特に進行性疾患の場合は症状に合わせて、どの福祉

第1章　暮らしやすい生活環境をめざして

第2章　健康と自立をめざして

第3章　バリアフリーとユニバーサルデザイン

第4章　安全・安心・快適な住まい

第5章　安心できる住生活とまちづくり

事例集　地域で取り組む福祉のまちづくり実践事例

用具を導入するのか、タイミングを見極めなければなりません。

### ③ 活用の目的を明確にする

福祉用具を何のために用いるのか、利用者にとっての目的を明確にします。たとえば、車椅子を単に移動するためのものと考えるのではなく、「仕事のために」「買い物のために」「趣味のサークルに参加するために」など具体的な目的を明らかにすることで、利用者のモチベーションを高め、用具のより有用な活用につながります。

### ④ 適切な使い方を指導する

福祉用具は、頼りすぎると**廃用症候群（生活不活発病）**につながる可能性があります。また、使用方法を間違えると事故が発生し、けがをする場合もあり、認知症高齢者などへの導入は特に安全面への配慮が必要となります。そのため福祉用具の使い方、つきあい方については、専門職のアドバイスに基づいて使用するようにします。

### ⑤ 福祉用具は福祉住環境整備の一つ

福祉用具は、福祉住環境整備の一つの選択肢といえます。住宅改修や介護サービスなどと同じように、コストを踏まえながら、用具の有効な活用方法を考えることが重要です。また、福祉用具ですべての生活上の障害を解決することは難しいといえます。家具の配置や介護の役割分担など生活のあり方全体を考慮することが必要です。

## 4 福祉用具の活用のために

高齢者や障害者の日常生活を支援する福祉用具は、生活のあらゆる場面で使用されます。その有効活用のためには、利用する福祉用具の目的が利用者の心身機能の状態に適合し、それを使用する環境条件や操作方法も適合、調整する必要があります。

そのための第一歩として、福祉用具の目的や適応、機能、使い方など基本的な知識を得ておくことが必要となります。

### 【1】移動・移乗のための福祉用具
### （1）つえ
#### 目的・適応

つえは、歩行を補助する福祉用具として最も一般的なものです。下肢の機能低下や、片麻痺などで歩行能力が低下した人などが使用するのに適しています。

#### 機能と使い方

つえの基本構造は、握り、支柱、つえ先から成っており、つえ先には通常、滑り止めのゴムキャップが付いています。軽量化を図るため、ア

---

**廃用症候群（生活不活発病）**
心身の不使用による機能低下のこと。高齢者などが病気や障害などをきっかけに、安静、寝たきりの状態になることによって引き起こされる。局所的には皮膚・筋の萎縮、関節の拘縮など、全身的には心肺、消化器の機能低下がみられる。

ルミニウム合金製のものが多く、種類によって、握りやつえ先の形状が
異なります。

## ① C字型(彎曲型)つえ(ステッキ)

握りがC字になっているつえです。体重をかけたときに安定性に欠け
るため、加齢により下肢の機能がやや低下した高齢者が軽い支えとして
使用するのに適しています(図2)。

## ② T字型つえ

脳血管障害などにより下肢の機能低下や片麻痺などの障害をもつ人が
用いるのが一般的です。ステッキよりも体重をかけやすいのが特徴です
(図3)。

## ③ 多脚つえ(多点つえ)

さらに歩行時の安定性が低下している場合に使用します。つえ先が3
～5脚に分かれています。支持面積が広いので、つえに体重を十分に負
荷でき、安定して足を運ぶことができます(図4)。

## ④ ロフストランド・クラッチ(前腕固定型つえ、エルボークラッチ)

上部に前腕を支持するための**カフ**があるのが特徴で、前腕と握りの二
点で支持できるため、握力の弱さを補うことができます。下肢の骨折や
片足切断、対麻痺、股関節症、膝関節症などによる障害があるときなど
に用いられます(図5)。

### 使用上の留意点

つえの高さは、手首の高さあるいは足の付け根(大腿骨大転子)の高さ
が適当となります。つえの多くは、プッシュボタン式により身長や身体
機能に合わせて、長さが調節できるようになっています。歩行障害の場
合は、疾患によって適応が異なるので、専門機関での指導を受ける必要
があります。

また、多脚つえは接地面が平らでなければ安定しないので、屋内か屋
外か、平らな場所かどうかなど、使用する場所を考慮して選ぶ必要があ
ります。

**カフ**
握り上部の前腕を支える
輪。カフにはオープンカ
フとクローズドカフがあ
るが、クローズドカフは
事故時に手が抜けないリ
スクがある。

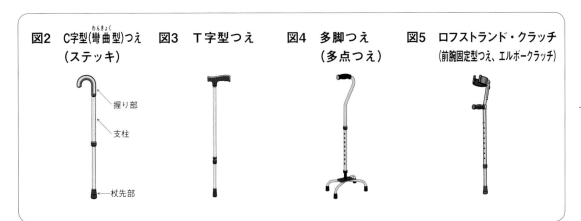

図2　C字型(彎曲型)つえ（ステッキ）　握り部　支柱　杖先部

図3　T字型つえ

図4　多脚つえ（多点つえ）

図5　ロフストランド・クラッチ（前腕固定型つえ、エルボークラッチ）

## （2）歩行器・歩行車・シルバーカー

### 目的・適応

　歩行支援のための用具で、つえを使用する場合よりも歩行の耐久性やバランスが悪いときに用いられます。歩行器は、つえよりも安定して自立できるので、回復期においてつえ歩行へと改善する前の段階で用いられることも多くなっています。

### 機能と使い方

　歩行器は、握り部分とフレーム、脚部に分かれ、脚部には滑り止めのゴムが付いているものもあります。

### ① 交互型歩行器

　フレーム本体が斜めに変形し、左右交互に前方に押し出しながら進むことができます。フレームを持ち上げる必要はありませんが、片麻痺で半身の身体機能が低下している場合には適しません（図6）。

### ② 固定型歩行器

　フレームが変形することはなく、持ち上げて前方に下ろすことで進みます。下肢の支持性はあるものの、歩行の耐久性が低い場合に多く用いられます。軽量化が図られているとはいえ、握力の低下や、肩、肘の支持や動きが十分でない場合は適応が難しくなります（図7）。

### ③ 歩行車

　二輪以上の車輪を備え、両手で操作するものが歩行車で、三輪、四輪、それ以上の車輪を有するもの、シート付きのものもあります。移動中にも体重を支えることができ、押し出しによる歩行が可能となります。回復期のつえ歩行への前段階として用いられる場合のほか、転倒のおそれの大きい場合に有効です（図8、図9）。ブレーキが装備されているものは、ブレーキ操作が必要となります。

### ④ シルバーカー

　三輪、四輪のものなどがあり、主に屋外で使用されます。支持面積が広く、手もとにブレーキが付いています。前にカゴが付いている機種では、高齢者の買い物用などに用いられています（図10）。体重をかけると前輪が浮き上がり転倒するおそれがあります。体重保持機能が必要な場合は歩行車を選択します。

### 使用上の留意点

　歩行器・歩行車・シルバーカーはつえと同様に、高さを調節して使用します。また、使用する場所は、ある程度の広さがあり、また段差がないことが必要で、そうでない場所では移動が困難になります。

## （3）車椅子

### 目的・適応

　車椅子は、疾患や障害により歩行が困難となった場合に、移動のための歩行を代替する機器です（図11）。駆動方式の違いにより、手動と電動

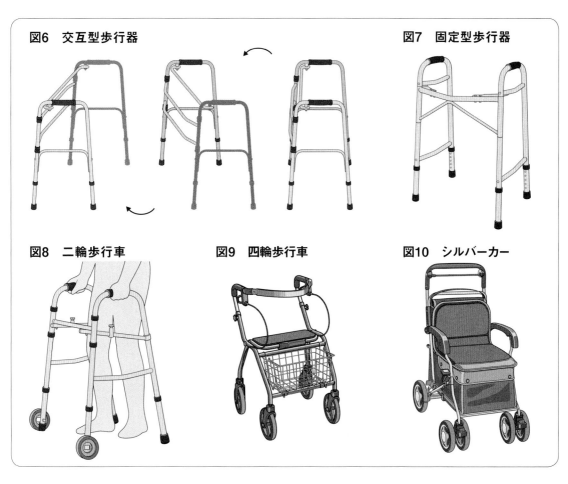

図6　交互型歩行器

図7　固定型歩行器

図8　二輪歩行車

図9　四輪歩行車

図10　シルバーカー

に大きく分けられます。車椅子は単に移動の補助だけではなく、歩けなくなった人が座位をとって活動的な生活を送るためのものでもあります。そのため、移動のための駆動方式を選定するほか、適切な姿勢の維持、容易に移乗できる要件等に配慮する必要があります。上肢の機能や使用する目的、場所、介助者の能力などによって、使用するタイプが異なります。

**機能と使い方**

**① 自走用（自操用）標準形車椅子**

　施設、在宅ともに最も多く使用されており、駆動輪をハンドリムで操作することにより、自走することを前提としていますが、手押しハンドルやティッピングレバーを使って、介助者が操作することもできます（図12）。

**② 介助用標準形車椅子**

　介助者が押して走行するもので、駆動輪にはハンドリムが付いておらず、車輪も小さくなっています。取り出しや収納、持ち運びが簡便となるよう、寸法は比較的小さくできています。住宅内の狭い場所での使用や、車のトランクに収納して持ち運ぶことができます。ただし、フレー

第1章　暮らしやすい生活環境をめざして

第2章　健康と自立をめざして

第3章　バリアフリーとユニバーサルデザイン

第4章　安全・安心・快適な住まい

第5章　安心できる生活とまちづくり

事例集　地域で取り組む福祉のまちづくり実践事例

**図11　車椅子の基本構造**

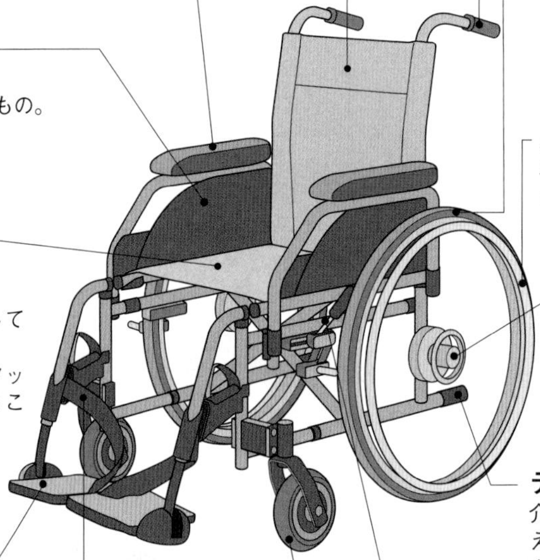

**バックサポート(背もたれ)**
安楽な姿勢のための背もたれで、
姿勢保持の役目をもつ。

**手押しハンドル(グリップ)**
介助用の操作グリップ。
立った姿勢で手首の位置くらいが
適当な高さになる。

**アームサポート(肘当て)**
安楽な姿勢のための肘乗せで、
移乗や立ち上がりのための支えとなる。
着脱式は移乗が容易になる。

**駆動輪**
自走用(自操用)は22、24イン
チが一般的。介助用では小径
となる。

**サイドガード**
衣服などがタイヤに
巻き込まれないようにするもの。

**ハンドリム**
手で握って駆動輪を操る部分。
さまざまな材質と形がある。

**シート(座面)**
座位姿勢や立ち上がり
の動作に影響する。
たわみが少なくしっかりして
いるものを選ぶ。
「車椅子の座面の高さ」はクッ
ションを含めた高さとなるこ
とに注意する。

**車軸**
腕の長さ、座高、駆動姿勢、
座位バランスなどで位置が
決まる。

**ティッピングレバー**
介助者が走行中の段差などを越
える場合に足で踏んでキャスタ
を上げる。ティッピングバーと
もいう。

**フットサポート(足台)**
足乗せ台。開閉式、取り外し
式は移乗しやすくなる。

**ブレーキ**
安全のために停止・移乗時に
必ず使用する。

**レッグサポート**
足が後ろに落ちるのを防ぐ。
立ち上がりができる場合は
着脱できるものを選ぶ。

**キャスタ**
走行の安定性を保ち、
方向転換をしやすくする。

**●手動車椅子に用いられる主な素材**
素材は、スチール製が一般的に普及しているが、耐久性を考慮したステンレス製や軽量化を図
ったアルミニウム合金製やチタン合金製などもある。重量は、スチール製で18〜20kg前後で、
アルミニウム合金製は10kg前後となっている。

ムの構造上強固さに欠け、屋外の整地されていない場所での使用には適
していません(図13)。

③ **座位変換形車椅子**

　昇降式の座席または姿勢変換機能を有するものをいいます。リクライ
ニング式車椅子(ティルト式車椅子)(図14)や座席昇降式車椅子(図15)な
どがあります。シートの位置を調節できる昇降機構がある機種なら、机
や洗面台、低い位置での作業などそれぞれの高さに合わせた作業がしや
すくなります。また、床や畳に下りることができるタイプもあります。

図12　自走用（自操用）標準形車椅子

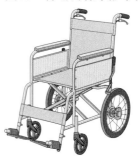

図13　介助用標準形車椅子

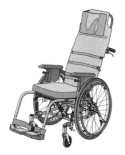

図14　リクライニング式車椅子

図15　座席昇降式車椅子

図16　標準形電動車椅子

図17　ハンドル形電動車椅子

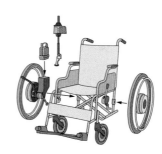

図18　簡易形電動車椅子

シート・バックサポートの角度を変えずにシート全体の角度を変えるティルト機構、バックサポートを倒すリクライニング機構は、座位の持続性が低い人や起立性のめまいを起こす人に対して、徐々にバックサポートを起こして、耐久性を高める目的で使用できます。

④ 電動車椅子

　上肢の機能障害により車椅子の駆動操作が困難であったり、障害が重度の場合に用いられます。駆動にはモーターが使用され、充電式のバッテリーを搭載しています。駆動方式には後輪駆動や四輪独立駆動などがあります。操作はコントロールボックスのジョイスティックレバーで行う標準形（図16）とハンドルで行うハンドル形とがあります（図17）。一般

に標準形は座位保持のための適合が必要で、脊髄損傷など重度の障害者で、若くて活動的な人に用いられます。ジョイスティックの操作が不可能な重度の障害がある場合は、顎の動きで操作するなど、障害に応じた工夫が必要になります。

　ハンドル形は両手でハンドルを操作できる高齢者が買い物や外出のために、屋外用にスクーター代わりに用います。屋内でも使いたい場合は、手動車椅子（自走用（自操用）標準形車椅子）に電動駆動装置とジョイスティック制御装置を取り付けた簡易形電動車椅子（図18）が用いられます。

### 使用上の留意点

　車椅子利用者のニーズはさまざまであるため、個別ニーズへの対応が必要となります。導入の際に適切な調整がなされていないと、滑り座りや斜め座りといわれる高齢者特有の座り方になりやすく、ずり落ちなどの事故の原因となります。また、車椅子の基本的な操作方法を本人や介助者に十分に習得してもらうことが事故を防ぐためにも重要なポイントとなります。特に、ハンドル形電動車椅子は踏切や道路を横断中の死亡事故が多数報告されており、十分な練習が必要です。

## (4) スロープ

### 目的・適応

　スロープは、段差を緩やかな勾配に変えるための用具で、あまり高低差のない段差の解消に最も簡便に利用されています。車椅子移動の際には特に必要な用具で、屋内と屋外のアプローチや玄関の上がりがまちなど、段差のあるさまざまな場所で用いられます。段差の解消にはコンクリートの敷設など工事を伴う方法（p.123参照）もありますが、福祉用具である可搬型のスロープによれば工事を伴わない解消も可能となります。障害者の立位での移動の際にも利用されますが、下肢装具を装着して足関節を固定している場合は、逆に移動しにくい場合があります。

**くさび型**
V字形をしたくさび（一端が厚く、他端に至るに従って薄くなるように作った刃形のもの。形状の例としては、p.124ミニスロープを参照）に似た形。敷居の段差の解消などに用いる。

### 機能と使い方

　スロープの形状は、平面や**くさび型**、車椅子の車輪部分だけを乗せるレール状などがあります。常時設置しておくタイプと、使用するときに設置する折り畳み式や伸縮式のタイプがあります。材質は、木製や金属製、特殊樹脂製などさまざまなものがあり、使われる場所によって異なります。

### 使用上の留意点

　スロープを導入する際には、利用者の能力だけでなく、介助者の車椅子の操作能力や設置するときの労力なども考慮します。

　車椅子の使用に適しているスロープは、緩やかな勾配でなければなりません。高低差が大きい場合は、スロープを長くとらなければならないので、スペース等に問題がある場合は、段差解消機などほかの方法で解決します。

## (5) 段差解消機

### 目的・適応

　屋外と屋内や、道路と敷地などの比較的大きな段差を解消し、歩行が困難な人や車椅子使用者の自立移動を可能にするための垂直移動装置です。

　比較的狭い敷地でも設置が可能で、スロープを長くとれない場合や、階段の上り下りが困難な場合などにも用いられます。

### 機能と使い方

　主に車椅子、あるいは車椅子と介助者がテーブル面に乗り、垂直に昇降します。駆動方式は、介助者がハンドルまたは足踏みペダルを操作する手動式と、本人にも操作可能な電動式に分けられます。電動式には、台の下にパンタグラフ式の昇降機構をもつもの(図19)と、台の側面の支柱に沿って昇降するフォークリフト式(図20)があります。

　機種によって、乗り込む方向が進行方向に限られるもの、テーブル面が回転して方向を変えられるもの、防湿型・防水型で屋外での設置に適しているものなどがありますので、使用者の身体状況や設置場所などを考えて選択します。

### 使用上の留意点

　すぐに身体能力の低下が予想される場合や車椅子操作能力の低下、介助者の負担軽減などを考えると、スロープよりも有効な場合が多いです。

　安全に利用するために、利用者、介助者の訓練も欠かせません。設置後のメンテナンスにも気を配り、転落防止や子どもなどによる誤操作などにも十分配慮して管理する必要があります。

## (6) 階段昇降機(階段昇降装置)

### 目的・適応

　自力での階段昇降が困難な場合に、階段の昇降を支援する目的で用いられます。介助者の負担の軽減に有用ですが、安定した座位をとれるこ

**図19　段差解消機(パンタグラフ式)**

**図20　段差解消機(フォークリフト式)**

第1章　暮らしやすい生活環境をめざして

第2章　健康と自立をめざして

第3章　バリアフリーとユニバーサルデザイン

第4章　安全・安心・快適な住まい

第5章　安心できる住生活とまちづくり

事例集　地域で取り組む福祉のまちづくり実践事例

とが必要です。

**機能と使い方**

**① 固定型階段昇降機（階段昇降機）**

　階段に固定したレールに取り付けた椅子を、レールに沿って走行させることによって階段を昇降させます。椅子の座面や肘かけなどに取り付けたスイッチを本人が操作するほかに、階段の上下に設置したスイッチを介助者が操作することもできます（図21）。

**使用上の留意点**

　固定型階段昇降機では、本人の心身状況から安定して座位をとれることの確認を要するほか、車椅子からの移乗に際しての転落防止への配慮や安全ベルトの着用などの配慮が必要です。

**② 可搬型（自走式）階段昇降機**

　車椅子や人を乗せて階段を昇降する機器で、ゴムのキャタピラーによって駆動するクローラ方式（図22）と、一段ずつ昇降する機構を組み込んだリフトアップ方式があります。エレベーターのない共同住宅の階段などでの外出に用いられます。

**使用上の留意点**

　可搬型（自走式）階段昇降機については骨折などの事故が報告されており、安全性への配慮が必要です。また、介護者の訓練が欠かせません。このため、介護保険では貸与のための条件として、機種が使用環境に適していること、介護者が安全指導員による指導を受け、操作習熟度が適正であることを確認するなどが必要とされています。

**(7) 移動用リフト**

**目的・適応**

　移動用リフトは、自力で移動・移乗できず、人的な介助だけでは困難な場合に用いる福祉用具です。吊り具でからだを懸吊して、上下・平行移動し、ベッドから車椅子への移乗あるいは浴室、トイレ、食堂などへ

**図21　固定型階段昇降機（階段昇降機）**

**図22　可搬型（自走式）階段昇降機**

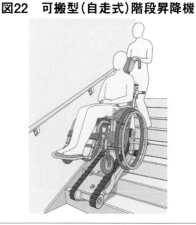

の移動の手段として使用されます。

### 機能と使い方

　移動用リフトは、移動式（床走行式リフトなど）、設置式（浴室などで使用する固定式（設置式）リフトなど）、レール走行式（据置式リフトや天井走行式リフト）に分けられます。

### ① 床走行式リフト

　吊り具をからだの下に敷き込み、それをハンガー部分に引っかけてアームを上げることで、からだを持ち上げ、その状態で床の上を移動する「床走行式リフト」があります。アームの駆動方式は、電動式や油圧式があり、電動式にはコードがあるものと、充電式があります。リフトそのものの移動は、支柱部分のバーを握って操作します（図23）。

### ② 固定式（設置式）リフト

　床面や壁面に設置する「住宅設置式リフト」とベッドや浴槽に設置する「機器設置式リフト」があります。可動範囲は垂直の昇降と、支柱を中心にした回転の範囲になり、ベッドから車椅子への移乗や、浴槽への出入りの際に使われます。アームの上げ下げは電動によるものが多く、アームの旋回の操作は主に介助者によって行われます（図24）。

### ③ レール走行式リフト

　「据置式リフト」（図25）と「天井走行式リフト」（図26）があります。「据置式リフト」は、懸吊装置が架台の上に組み立てられたレールに沿って走行するもので、レールの設置工事は必要ありません。「天井走行式リフト」は、レールの設置工事が必要であり、レールの形状は直線や曲線

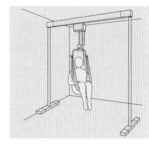

**図25　据置式リフト**

**図23　床走行式リフト**

**図24　固定式（設置式）リフト**

**図26　天井走行式リフト**

第1章　暮らしやすい生活環境をめざして

第2章　健康と自立をめざして

第3章　バリアフリーとユニバーサルデザイン

第4章　安全・安心・快適な住まい

第5章　安心できる住生活とまちづくり

事例集　地域で取り組む福祉のまちづくり実践事例

など用途や目的によって異なります。

### 使用上の留意点

　移動用リフトは、結果的に使いにくいものになってしまうことがないように住宅内の物理的な条件や空間を十分に検討します。特に床走行式リフトは、住宅内の段差や移動スペースに十分な配慮が必要となります。介助者が高齢であったり、上肢の力が弱い場合は操作が困難となるので、機器導入にあたっては専門機関に相談するようにします。

　また、吊り下げられることによる利用者の不安を和らげるために、声かけや介助を行うことが必要です。

## 【2】 起居・就寝

### (1) 特殊寝台(介護用ベッド)

#### 目的・適応

　特殊寝台(介護用ベッド)(図27)には、背上げ、膝上げ、高さ調節などの機能があり、高齢者や障害者の寝返り、起き上がり、立ち上がりなどの動作を容易にする福祉用具です。また、介助者にとっても寝返りさせやすい、起こしやすいなど介護負担の軽減が可能となります。

#### 機能と使い方

　駆動方式は手動式と電動式がありますが、在宅用はほとんど電動式になっています。背上げ、膝上げなどの機能を使うことにより、座位姿勢を保持することができ、寝たきり予防につながります。また、ベッドの端に脚を下ろして座ることができれば、ベッドから車椅子への移乗も容易にできるようになり、本人の自立を促すことが可能になります。

　高さ調節の機能は、本人がベッドから立ち上がりやすい高さや、介助者が介助しやすい高さなど、両者にとって適した高さに設定できます。

#### 使用上の留意点

　特殊寝台(介護用ベッド)は、ベッド上で生活するための用具ではありません。急性期を除き、ベッド上で生活することは、寝たきりのリスクを著しく増大させます。したがって、特殊寝台(介護用ベッド)の利用は、脚を投げ出して座る長座位から、ベッドの端に腰かける端座位を経て、寝たきりから解放されることを目標として利用することが望ましいといえます。

　認知症高齢者の場合など、予測できない行動をとることがある場合は、**サイドレール**とヘッドボードなどの間に頸や手首、足首、胸を挟んだりする事故や、転落事故などにも十分注意します。

### (2) スライディングボード、スライディングマット、スライディングシーツ

#### 目的・適応

　体重をかけた状態で滑らせることを利用して、車椅子とベッドや便器などの間の移乗や、ベッド上でからだを移動させたり、体位を変換した

**サイドレール**
布団や本人がベッドから転落しないように取り付ける柵。

第1章　暮らしやすい生活環境をめざして

第2章　健康と自立をめざして

第3章　バリアフリーとユニバーサルデザイン

第4章　安全・安心・快適な住まい

第5章　安心できる生活と事例集

まちづくり　地域で取り組む福祉のまちづくり実践事例

**図27　特殊寝台（介護用ベッド）**

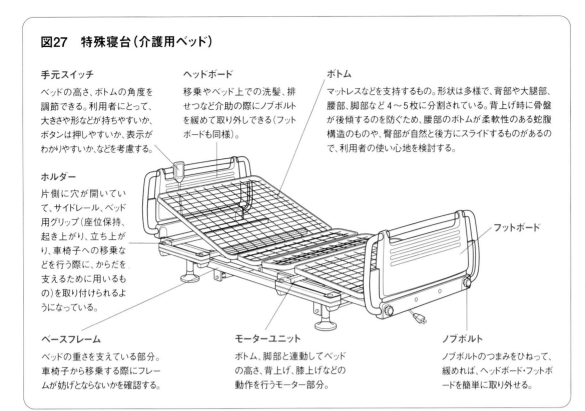

**手元スイッチ**
ベッドの高さ、ボトムの角度を調節できる。利用者にとって、大きさや形などが持ちやすいか、ボタンは押しやすいか、表示がわかりやすいか、などを考慮する。

**ヘッドボード**
移乗やベッド上での洗髪、排せつなど介助の際にノブボルトを緩めて取り外しできる（フットボードも同様）。

**ボトム**
マットレスなどを支持するもの。形状は多様で、背部や大腿部、腰部、脚部など4〜5枚に分割されている。背上げ時に骨盤が後傾するのを防ぐため、腰部のボトムが柔軟性のある蛇腹構造のものや、臀部が自然と後方にスライドするものがあるので、利用者の使い心地を検討する。

**ホルダー**
片側に穴が開いていて、サイドレール、ベッド用グリップ（座位保持、起き上がり、立ち上がり、車椅子への移乗などを行う際に、からだを支えるために用いるもの）を取り付けられるようになっている。

**フットボード**

**ベースフレーム**
ベッドの重さを支えている部分。車椅子から移乗する際にフレームが妨げとならないかを確認する。

**モーターユニット**
ボトム、脚部と連動してベッドの高さ、背上げ、膝上げなどの動作を行うモーター部分。

**ノブボルト**
ノブボルトのつまみをひねって、緩めれば、ヘッドボード・フットボードを簡単に取り外せる。

りするための用具です。移乗や体位変換のときに介護者の負担を減らしたい場合にも使われます。

## 機能と使い方

　スライディングボードは表面が滑りやすい素材でできた板で、ボードの上を滑らせることでからだの向きや位置を変えることができます。主に移乗のときに活用しますが、臥位でからだの下にボードを滑り込ませて体位変換を行うのに使われることもあります（図28）。

　スライディングマットとスライディングシーツは筒状に縫い合わされたマット、シーツで、裏面が滑りやすい素材で構成されています。からだの下に敷き込んで、摩擦なくベッド上を滑らせたり寝返りを打たせたりすることができます（図29）。からだ全体を載せるフルサイズのものと50cm程度のハーフサイズのものとがあり、ハーフサイズのものはベッドから車椅子への移乗などにも使われることがあります。

## 使用上の留意点

　移乗は、危険を伴う動作でもあります。移乗用具の使用には介護者の技術的な能力が要求されるので、介護能力を把握して導入するようにします。また、本人の心身の状態、利用環境にも十分配慮することが必要です。

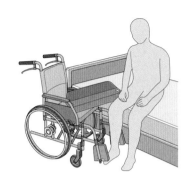

図28　スライディングボード

図29　スライディングマット、
　　　スライディングシーツ

### （3）床ずれ防止用具

#### 目的・適応

　床ずれ（褥瘡）とは、全身の栄養不足を背景に、長時間、皮膚が圧迫されることによって血行が悪くなり、組織の末梢血管が閉塞して壊死を起こす病態をいいます。肩甲骨や仙骨、肘、踵など骨の当たる部分にできやすく、ほうっておくと皮膚の発赤から水疱、組織の壊死、潰瘍へと進み、感染症のリスクも高くなり、重篤な症状に至る場合もあります。

　からだの特定の場所に、長時間、圧力をかけないようにするには、床ずれ防止用具などを使用して、床ずれの原因の一つである皮膚の圧迫を取り除く必要があります。

#### 機能と使い方

　からだへの圧迫そのものを和らげるのが床ずれ防止用具です。ゲル状のものやウォーターマットレス、エアマットレス（図30）、ウレタンマットレス（図31）、医療用のムートンなど、体圧分散機能があるさまざまな素材を用い、からだにかかる圧力を分散させます。

　なお、円座は褥瘡予防によく使われていましたが、現在では使われなくなっており、日本褥瘡学会の指針でも使用しないことを強く勧めています。

#### 使用上の留意点

　床ずれ防止用具は、全身状況、身体機能面などを評価したうえで、生活環境、生活様式、リハビリテーション計画全体のなかで最適な用具を選択することが必要です。

### 【3】排泄（排せつ）・入浴

### （1）排せつ関連用具

#### 目的・適応

　排せつ関連の用具を用いる場合は、尿意・便意の有無や排せつのコン

2節　生活を支えるさまざまな用具

第1章　暮らしやすい生活環境をめざして

第2章　健康と自立をめざして

第3章　バリアフリーとユニバーサルデザイン

第4章　安全・安心・快適な住まい

第5章　安心できる住生活とまちづくり

事例集　地域で取り組む福祉のまちづくり実践事例

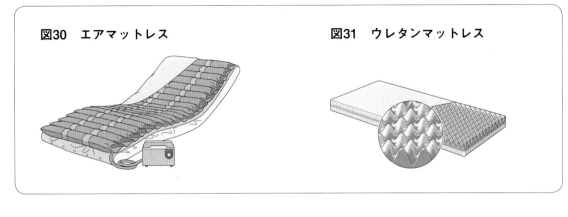

図30　エアマットレス

図31　ウレタンマットレス

トロールが可能かどうかの評価がポイントになります。尿意・便意がない場合や寝たきり状態の場合は、おむつや尿器(尿を取る機器)の使用などを考えますが、ベッドサイドでの端座位が可能であれば、ポータブルトイレ(図32)の活用などを検討します。伝い歩きや介助による歩行が可能であれば、手すりや補高便座(図34)、便座部分を電動で駆動させて臀部を押し上げ、立ち上がり動作を容易にする立ち上がり補助便座(昇降機構付き便座)(図35)を使用して、日中はできる限りトイレを使用するようにします。トイレが和式の場合、和式便器にかぶせて利用する据置式便座(床置き式補高便座)(図36)などがあります。

### 機能と使い方

　ポータブルトイレは、本体部分と汚物を受けるバケツ様の部分から成っています。デザインは、肘かけや背もたれが付いているもの、家具調の木製のもの(図33)などさまざまです。また、立ち上がりやすい工夫として、椅子と同じ形状で足もとが後ろに引ける四脚タイプなどがあります。

### 使用上の留意点

　排せつに関する福祉用具は、心身の状態によって活用することが重要です。ポータブルトイレは、トイレまでの歩行が困難な場合に用いられるので、ポータブルトイレの固定や手すりとの組み合わせに十分配慮し、移乗や立ち上がり動作の際の転倒防止に努めます。なお、固定が不十分な場合は、バランスを崩してポータブルトイレごと倒れる危険性があります。最近では汚物のにおいに対して、化学的処理や微生物の働きを利用した処理機能を備えた製品もみられるようになっています。また、便器洗浄ボタンや温水洗浄便座リモコンは、麻痺側に設置することを避けるなど、障害に配慮した位置に取り付けます。

　なお、家庭の便器を使用者の心身状態に合わせて変える場合には、共用する家族への配慮が必要です。

図32　スツール形
　　　ポータブルトイレ

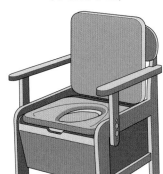

図33　標準形ポータブルトイレ
　　　（木製椅子型）

図34　補高便座

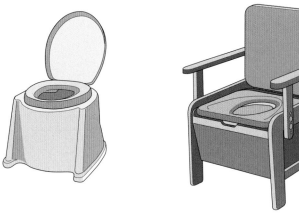

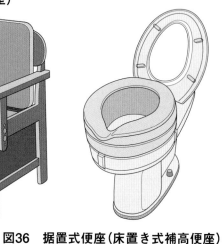

図35　立ち上がり補助便座（昇降機構付き便座）

図36　据置式便座（床置き式補高便座）

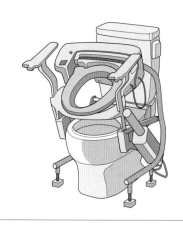

## （2）入浴関連用具

### 目的・適応

　入浴には、からだの清潔や血行の促進、疲労回復、心身のリフレッシュなど、さまざまな効果があります。入浴関連の福祉用具には、ただ浴槽に出入りするのを助けるだけでなく、浴室への移動や脱衣など、そこに至るまでの多くの関連動作を助けるものがあります。

### 機能と使い方

### ① 入浴用椅子

　洗体の際のからだの安定を図るために使用します。座位バランスの悪い場合には、背もたれや肘かけが付いているものを選択します。座面の高さは浴槽の縁の高さに合わせると、入浴台（ベンチ型シャワー椅子）としても使用できます（図37）。

### ② シャワー用車椅子

　心身の状態が低下している場合に、脱衣場と浴室の間を移動する場合

図37　入浴用椅子　　図38　シャワー用車椅子　　図39　バスボード

図40　入浴台(ベンチ型シャワー椅子)　図41　浴槽内昇降機(浴槽設置式リフト)　図42　浴槽用手すり

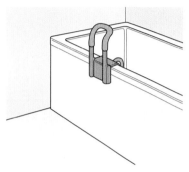

図43　浴槽内椅子　　　　　図44　入浴用介助ベルト

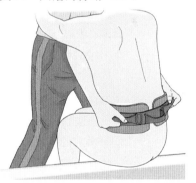

第1章　暮らしやすい生活環境をめざして

第2章　健康と自立をめざして

第3章　バリアフリーとユニバーサルデザイン

第4章　安全・安心・快適な住まい

第5章　安心できる生活とまちづくり

事例集　地域で取り組む福祉のまちづくり実践事例

に使用します。一般の車椅子よりも小さく、段差がなければ浴室まで乗り入れ、そのままシャワー浴ができます(図38)。

③バスボード

　入浴において最も困難な動作は、浴槽の出入り動作です。バスボードは浴槽の縁に設置し、浴槽への安全な出入りを助けます。からだの状態や浴槽の広さ、水栓の位置、介助者の介助能力などを考慮して設置します。特に片麻痺がある場合は、健側から入れるようにバスボードを設置します(図39)。

### ④ 入浴台（ベンチ型シャワー椅子）

　浴槽の縁から外に取り付けてその上に腰掛ける用具。腰をかけたままからだをずらしていって浴槽にまたぎこんだり、腰掛けたままでからだを洗ったり拭いたりすることができます（図40）。

　入浴関連用具には、上記のほかに障害が重度の場合に使用するリフトがあります。リフトには浴室に固定して設置するものがあります。また、浴槽内に設置する「浴槽設置式リフト」（図41）や「浴槽用手すり」（図42）、「浴槽内椅子」（図43）、「入浴用介助ベルト」（図44）などがあります。

### 使用上の留意点

　浴室はぬれて滑りやすいため転倒などに注意し、また、脱衣室と浴室の温度差や、高温の湯につかることによる血圧の変動を抑えるためにも、居室と浴室の室温や湯の温度を管理することも重要となります。

　また、入浴用椅子やバスボード、手すりなどを設置する場合は、利用者の入浴動作を考えると同時に、介助者が介助しやすいスペースが確保できるかなど、浴室全体の空間を考慮して導入するようにします。

## 【4】 コミュニケーション支援用具

### 目的・適応

　コミュニケーション障害は、視覚や聴覚などの感覚器官の障害や音声言語にかかわる運動器の障害、また脳血管障害などによる認知障害によっても生じます。コミュニケーション関連の福祉用具は、このような障害のある器官や機能の補完あるいは代替を行うための用具です。

### 機能と使い方

#### ① 視覚に障害がある場合

　弱視のための眼鏡、（視覚障害者用）拡大読書器（図45）などが有効です。また、点字器や文字を音声に変える機器があります。これらは、視覚情報を触覚情報や聴覚情報に変換することで情報の伝達を図るものです。

#### ② 聴覚に障害がある場合

　聴覚機能を補完する補聴器（図46）などが代表的で、携帯電話のメール機能などは素早い情報の送受信にも有効となります。

#### ③ 発声、発語が困難な場合

　五十音の文字盤の文字を指すことによって意思を表示する情報発信が最も手軽です。携帯用会話補助装置（図47）は、文字盤に文章表示機能と音声機能が付いたものです。

### 使用上の留意点

　機器や道具によってコミュニケーションが完全に図れるというわけではありません。したがって、単一の手段や方法だけではなく、たとえば補聴器とファックスの活用など、複数の補完手段や代替手段を組み合わせて対応することが重要です。また、緊急時や非常時のコミュニケーシ

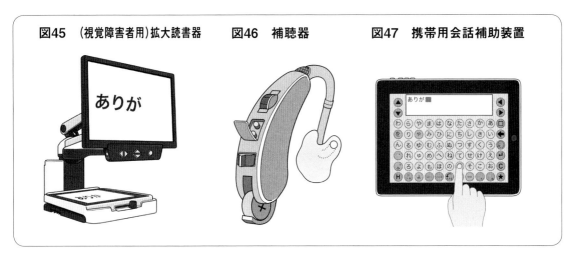

図45　(視覚障害者用)拡大読書器　　図46　補聴器　　図47　携帯用会話補助装置

第1章　暮らしやすい生活環境をめざして

第2章　健康と自立をめざして

第3章　バリアフリーとユニバーサルデザイン

第4章　安全・安心・快適な住まい

第5章　安心できる住生活とまちづくり

事例集　地域で取り組む福祉のまちづくり実践事例

ョン手段についても十分検討しておくことが必要です。

## 【5】自助具

### 目的・適応

　自助具とは、みずからの動作を助けるために用いる道具や工夫のことです。関節可動域に制限がある場合や、筋力低下により物の固定や保持が困難な場合、手指の巧緻性に障害がある場合、片手動作などで物を固定できない場合などに用いられます。主に整容・更衣、食事動作などに使用する用具が多く、市販品から個別に製作されたものまで、さまざまな種類があります。

### 機能と使い方

　「リーチャー」(図48)はリウマチ疾患などによって上肢の関節可動域に制限があったり、痛みがある場合に用いられます。洗濯機内の衣類の出し入れやカーテンの開け閉めなど、手を伸ばす代わりに使います。また、ストッキングや靴下の着用の際に使用する「ストッキングエイド」(図49)やボタンの留め外しを容易にする「ボタンエイド」(図50)などがあり、関節の可動域の制限や手指の巧緻性を補うのに使用します。

　これらのほかにも、肩の動きに制限や痛みがある場合に使用する、柄を長くした整髪用の「長柄ブラシ」(図51)や、片手で操作でき、身体の柔軟性が低い人などが使用する「固定式爪切り」(図52)があります。手指が不自由であったり、握力が弱くても持つことができるスプーンやフォーク(図53)、コップなどもあります。

### 使用上の留意点

　整容・更衣、食事動作は、手指の動きにかかわることが多く、微妙な調整のために障害に合わせて用具を加工することも少なくありません。用具の製作や使用にかかる訓練などは、主に作業療法士(OT)が携わっています。

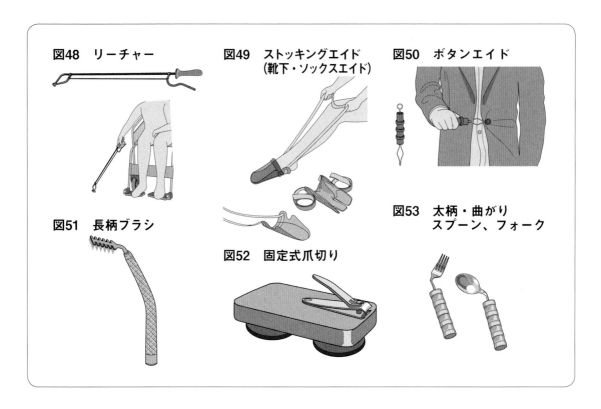

図48　リーチャー

図49　ストッキングエイド
（靴下・ソックスエイド）

図50　ボタンエイド

図51　長柄ブラシ

図52　固定式爪切り

図53　太柄・曲がり
スプーン、フォーク

## 【6】介護ロボット

　政府の「日本再生戦略」から「成長戦略（2021）」などにおいて、介護ロボットが大きく取り上げられ、ロボット介護機器の開発・実用化・普及を促進するための施策が2013（平成25）年から続けられてきました。経済産業省・厚生労働省の大型プロジェクトに国民の期待も大きいものがあります。政府のプロジェクトで重点分野として取り上げられているのは、移乗支援、移動支援、排泄支援、入浴支援、見守り・コミュニケーション支援などの分野です。

　ロボットの定義に対する全般的合意は存在していません。混乱を避けるため、経済産業省ではロボットを「センサー、知能・制御系、駆動系の3つの要素技術を有する、知能化した機械システム」と定義しました。この定義を受けて、厚生労働省では、「ロボット技術が応用され利用者の自立支援や介護者の負担の軽減に役立つ介護機器」を介護ロボットと定義しています。

　見守りロボットやコミュニケーションロボットには駆動系（アクチュエータ）が備わっていないように見えます。しかし、ICT（情報通信技術）の世界では、アクチュエータは「入力信号に応じた物理的出力装置」と定義されています。音声や画像をディスプレイ装置に出力するものもロボットと見なすことができるのです。

　この開発プロジェクトが刺激剤となり、多くの介護ロボットが開発・実用化されてきました。なかにはすでに介護保険の給付対象になってい

るものもあります。ここでは、プロジェクトで開発されたものをはじめ、主な介護ロボットを簡単に紹介しておきます。

## (1) 見守りロボット

　見守りロボットはセンサーによって要介護者の状態を観測し、異常があると判断すれば警報を発する機能のロボットです。可動部分が不要で、電子技術だけでも実用化が見通せるので、さまざまなものが開発・実用化されてきました。センサーとしては、感圧センサー、人感センサー、画像解析、電磁波、バイタルセンサーなどが利用されています。アクチュエータとしても、警報音を発するだけの機能のものから、スマートフォンあてにメールやプッシュ通信を送るものなどもあります。

## (2) 移乗支援ロボット

　移乗支援ロボットは、装着型と非装着型とに分かれます。装着型移乗支援ロボットは、移乗介護に要する介護者のためのパワーアシストを行うロボットで、原理としては、工場、建設現場、農業などにおける重量物の持ち上げ、下げ降ろしに際して腰や腕にかかる負荷の軽減のためのパワースーツと同じものです。動力としては、空気圧による人工筋肉を用いるもの、モーターを使うものなどがあります。

　非装着型には、要介護者を抱え上げるタイプ(図54)と要介護者が抱え込むタイプ(図55)とがあります。非装着型移乗支援ロボットの中にはベッドからトイレなど短距離の室内移動を支援する機能のあるものもあります。

## (3) 移動支援ロボット

　移動支援ロボットとしては自律機能のある車椅子ロボットなどが想定されますが、コスト的にも臨床現場で活用できる電動歩行車が屋外用移動支援ロボット(図56)として開発プロジェクトの中で取り上げられ、実用化されました。水平移動時の片流れ防止、パワーアシストのほか、上り坂ではアシスト制御、下り坂ではブレーキ制御などのロボット制御によって転倒のリスクが低減されました。

　以上は、大型プロジェクトによって開発された介護ロボットです。しかし、わが国ではその10年以上前から独自の介護ロボットが開発、実用化されていました。

## (4) 食事支援ロボット

　日本初の食事支援ロボットは2002(平成14)年に発売されたセコム株式会社の「マイスプーン」でした(2020(令和2)年12月で販売終了)。頸髄損傷などで両手の機能をなくした人がジョイスティックを顎で操作し、重箱の中から食べ物をつかみ出して口に入れることができるものです。

第1章　暮らしやすい生活環境をめざして

第2章　健康と自立をめざして

第3章　バリアフリーとユニバーサルデザイン

第4章　安全・安心・快適な住まい

第5章　安心できる住生活とまちづくり

事例集　地域で取り組む福祉のまちづくり実践事例

図54　シート持ち上げ式非装着型移乗
　　　介護ロボット

（協力：マッスル株式会社）

図55　抱え込み式非装着型移乗介護ロ
　　　ボット

（協力：株式会社FUJI）

図56　屋外用移動支援ロボット

（協力：RT.ワークス株式会社）

図57　コミュニケーションロボット

（協力：株式会社　知能システム）

図58　機能回復ロボット

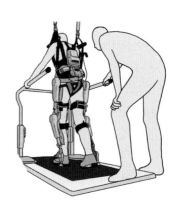

（Prof. Sankai University of Tsukuba/
　　　　　　CYBERDYNE Inc.）

### （5）コミュニケーションロボット

　コミュニケーションロボットといえば、会話ができる人型のロボット
を思い浮かべますが、アニマル・セラピーを参考に開発され、2005（平
成17）年に介護目的として発売されたアザラシ型メンタルコミットロボ
ット「パロ」（図57）もコミュニケーションロボットに含まれます。

### （6）機能回復ロボット

　機能回復ロボットには、2008（平成20）年に福祉用のリース販売が開始
され、世界的にも注目されたサイバーダイン社（CYBERDYNE Inc）の
HALがあります（図58）。このHAL下肢タイプでは、当初は脊髄損傷者
の歩行補助を目的としていました。ところが、不全脊髄損傷者に対する
他動的訓練による機能回復が注目されるようになり、医療機器として脳
神経・筋系の機能改善にも活用されるようになりました。このほか、装
着型移乗支援ではHAL腰タイプが活用されています。

第1章　暮らしやすい生活環境をめざして

第2章　健康と自立をめざして

第3章　バリアフリーとユニバーサルデザイン

第4章　安全・安心・快適な住まい

第5章　安心できる住生活とまちづくり

事例集　地域で取り組む福祉のまちづくり実践事例

## COLUMN

# 介護保険で利用できる福祉用具

介護保険制度では、要介護や要支援の状態にある人が福祉用具の給付を受けることができます。

給付対象となる福祉用具は18種目あり、「心身の機能が低下し日常生活を営むのに支障がある要介護者等の日常生活上の便宜を図るための用具及び要介護者等の機能訓練のための用具であって、要介護者等の日常生活の自立を助けるためのもの」と定義されています。

給付対象となる福祉用具は貸与と購入（特定福祉用具）に分けられます。

貸与の場合の利用者負担は、貸与に要した費用の1割（第1号被保険者のうち、一定以上所得者は2割あるいは3割）です。また、購入の場合は、購入費の支給限度基準額は同一年度で10万円（実際に給付される金額は9割である9万円（8割である8万円、7割である7万円）まで）と定められ、購入後に9割（8割、7割）の償還払い（利用者が費用の全額を支払い、後で市町村から給付分の払い戻しを受ける方式）を受けるしくみになっています。

一般に福祉用具と呼ばれるものでも、「介護保険法」で定められていない場合や軽度者には対象とされていない種目もあるため、その福祉用具の構造や機能だけでなく、介護保険制度の給付対象種目かどうかの確認も含めて、利用者は介護支援専門員や福祉用具専門相談員（福祉用具の適切な選定のための助言や情報提供を行う相談員）などに相談することが必要となります。

なお、福祉用具の貸与については、2018（平成30）年10月（②のうち複数の商品提示は同年4月）より、①国による全国平均貸与価格の公表、②福祉用具専門相談員に対し、貸与する際に貸与価格と全国平均貸与価格等を利用者に説明することや、機能や価格帯の異なる複数の商品を提示することを義務づけ、③貸与価格の上限設定を行うといった見直しがされています。

## 福祉用具貸与の対象となる福祉用具の種目

| | |
|---|---|
| 1．車いす* | 自走用標準型車いす、普通型電動車いすまたは介助用標準型車いすに限る |
| 2．車いす付属品* | クッション、電動補助装置等であって、車いすと一体的に使用されるものに限る |
| 3．特殊寝台* | サイドレールが取り付けてあるものまたは取り付けることが可能なものであって、次に掲げる機能のいずれかを有するもの<br>①背部または脚部の傾斜角度が調整できる機能<br>②床板の高さが無段階に調整できる機能 |
| 4．特殊寝台付属品* | マットレス、サイドレール等であって、特殊寝台と一体的に使用されるものに限る |
| 5．床ずれ防止用具* | 次のいずれかに該当するものに限る<br>①送風装置または空気圧調整装置を備えた空気マット<br>②水等によって減圧による体圧分散効果をもつ全身用のマット |
| 6．体位変換器* | 空気パッド等をからだの下に挿入することにより、居宅要介護者等の体位を容易に変換できる機能を有するものに限り、体位の保持のみを目的とするものを除く |
| 7．手すり | 取り付けに際し工事を伴わないものに限る |
| 8．スロープ | 段差解消のためのものであって、取り付けに際し工事を伴わないものに限る |
| 9．歩行器 | 歩行が困難な者の歩行機能を補う機能を有し、移動時に体重を支える構造を有するものであって、次のいずれかに該当するものに限る<br>①車輪を有するものにあっては、体の前および左右を囲む把手等を有するもの<br>②四脚を有するものにあっては、上肢で保持して移動させることが可能なもの |
| 10．歩行補助つえ | 松葉づえ、カナディアン・クラッチ、ロフストランド・クラッチ、プラットホームクラッチおよび多点つえに限る |
| 11．認知症老人徘徊感知機器* | 認知症である老人が屋外へ出ようとしたとき等、センサーにより感知し、家族、隣人等へ通報するもの |
| 12．移動用リフト*（つり具の部分を除く。） | 床走行式、固定式または据置式であり、かつ、からだを吊り上げまたは体重を支える構造を有するものであって、その構造により、自力での移動が困難な者の移動を補助する機能を有するもの（取り付けに住宅の改修を伴うものを除く） |

| 13. 自動排泄処理装置* | 尿または便が自動的に吸引されるものであり、かつ、尿や便の経路となる部分を分割することが可能な構造を有するものであって、居宅要介護者等またはその介護を行う者が容易に使用できるもの（交換可能部品（レシーバー、チューブ、タンク等のうち、尿や便の経路となるものであって、居宅要介護者等またはその介護を行う者が容易に交換できるものをいう）を除く） |
| --- | --- |

「厚生労働大臣が定める福祉用具貸与及び介護予防福祉用具貸与に係る福祉用具の種目」〔平成11年3月31日　厚生省告示第93号〕に基づき作成。なお、＊印のものは軽度者（要支援1、2および要介護1。自動排泄処理装置については加えて要介護2、3）については、原則として対象外となっています。これにも例外があり、身体状態によっては軽度者にも給付される場合があります。

## 福祉用具購入費の対象となる特定福祉用具の種目

| 1. 腰掛便座 | 次のいずれかに該当するものに限る<br>①和式便器の上に置いて腰掛式に変換するもの（腰掛式に変換する場合に高さを補うものを含む）<br>②洋式便器の上に置いて高さを補うもの<br>③電動式またはスプリング式で便座から立ち上がる際に補助できる機能を有しているもの<br>④便座、バケツ等から成り、移動可能である便器（水洗機能を有する便器を含み、居室において利用可能であるものに限る） |
| --- | --- |
| 2. 自動排泄処理装置の交換可能部品 | 自動排泄処理装置の交換可能部品（レシーバー、チューブ、タンク等）のうち尿や便の経路となるものであって、居宅要介護者等またはその介護を行う者が容易に交換できるもの<br>専用パッド、洗浄液等排泄の都度消費するものおよび専用パンツ、専用シーツ等の関連製品は除かれる |
| 3. 入浴補助用具 | 座位の保持、浴槽への出入り等の入浴に際しての補助を目的とする用具であって次のいずれかに該当するものに限る<br>①入浴用椅子　　座面の高さがおおむね35cm以上のものまたはリクライニング機能を有するものに限る<br>②浴槽用手すり　浴槽の縁を挟み込んで固定することができるものに限る<br>③浴槽内椅子　　浴槽内に置いて利用することができるものに限る<br>④入浴台　　　　浴槽の縁にかけて浴槽への出入りを容易にすることができるものに限る<br>⑤浴室内すのこ　浴室内に置いて浴室の床の段差の解消を図ることができるものに限る<br>⑥浴槽内すのこ　浴槽の中に置いて浴槽の底面の高さを補うものに限る<br>⑦入浴用介助ベルト　居宅要介護者等の身体に直接巻き付けて使用するものであって浴槽への出入り等を容易に介助することができるものに限る |
| 4. 簡易浴槽 | 空気式または折りたたみ式等で容易に移動できるものであって、取水または排水のために工事を伴わないもの |
| 5. 移動用リフトのつり具の部分 | 身体に適合するもので、移動用リフトに連結可能なものであること |

「厚生労働大臣が定める特定福祉用具販売に係る特定福祉用具の種目及び厚生労働大臣が定める特定介護予防福祉用具販売に係る特定介護予防福祉用具の種目」〔平成11年3月31日　厚生省告示第94号〕、「介護保険の給付対象となる福祉用具及び住宅改修の取扱いについて」〔平成12年1月31日　老企第34号〕に基づき作成

# 安全・安心・快適な住まい

# 住まいの整備のための基本技術

**ねらい** 高齢者や障害者のための住環境整備にあたって、より安全・安心・快適で自立した生活をおくれるようにするためには、どのような整備をすることが大切なのか、その基本技術を学びます。

## A　安全・安心・快適な住まい

　日ごろから慣れ親しんできた住まいであっても、加齢による身体機能の低下やちょっとした不注意から、家庭内事故が起きる場合も少なくありません。ふだんはきちんと昇降していた階段で足を踏み外したり、敷居につまずいて転倒したりすることがあります。また、仮に転倒などの事故が起こったとしても「自分の不注意が原因」などと感じてしまい、その原因が住宅にあることに気づかないことも多いようです。このように住み慣れたわが家であっても事故にあうことから、日々の生活における配慮や改善が必要です。

　たとえば、手すりを取り付ける、住宅内の段差を解消するといった住宅構造上の改善や、階段は「手すりにつかまって昇降する」などの生活上の配慮により、このような事故を未然に防ぐことができるのです。

　身体機能が低下してきた高齢者に「何か不便なことは？」と尋ねても、自分の不便・不自由に気づかず「別にない」「特にない」という答えが返ってくることがしばしばあります。しかし、高齢者の毎日の生活を改めて見直してみると、たとえば、玄関の上がりがまちの昇降の際に壁に手をつく、椅子から立ち上がる際にテーブルに手をつく、便器の立ち座りの際にタオル掛けにつかまるといった状況は、下肢機能の低下により上肢の力を借りて体位のバランスを保持する現れでもあります。このような動作がみられたときには、早い時期に手すりを設置するなどの配慮が必要になると考えられます（壁などが手垢で汚れていることなどから、どこに手をついているかを把握することができます。よく観察しましょう）。

　では、具体的にどのような点に注意を払い、どのような配慮をすべきでしょうか。

　事故を未然に防ぎ、より安全・安心・快適な生活をおくれるようにす

るために、本節においては住環境整備における基本的な知識を学んでいきます。

# B　段差

　加齢に伴い身体機能は低下していきますが、なかでも視機能の低下とともに下肢機能の低下が目立ってきます。その結果、わずかな段差につまずき、転倒してしまうことがあります。転倒は橈骨遠位端骨折や大腿骨近位端骨折につながり、場合によっては寝たきりの原因にもなるので、段差を解消することが安全な生活への第一歩といえます。また、車椅子やシャワー用車椅子など車輪が付いている福祉用具は、段差があると、乗り心地が悪くなったり移動そのものが困難またはできなくなるため、段差の解消は必須条件となります。このような視点から、段差の解消は介護保険制度における住宅改修費の支給対象項目となっています。

## 1　屋外の段差解消の考え方

### 【1】道路から玄関までの段差

　道路から玄関までの段差の解消方法として、スロープの設置、段差解消機の設置、階段の設置などが考えられますが、身体状況によってはスロープよりも階段のほうが適しているなどの場合もあるため、まずは、その住宅に居住する高齢者や障害者にとってどのような移動方法が最も適しているのかを確認します。

　スロープで対応する場合には、勾配はできるだけ緩やかなほうがいいのですが、少なくとも1/12は確保できるようにします（図1）。また、スロープには、昇降中に車椅子が脱輪しないように側面に立ち上がりを付けます。なお、地面や建築物に固定するスロープの設置は介護保険制度における住宅改修費の支給対象項目に該当します。

　道路から玄関までの高低差が大きくスロープでの昇降が困難な場合には、段差解消機で対応する方法を検討します。なお、据置式の段差解消機の設置は、介護保険制度における福祉用具の貸与対象品目となっています。

　階段で対応する場合には、勾配を緩やかにし、併せて手すりを必ず取り付けることにより、使用者の安全を図ります。

　なお、道路から玄関までの段差については、2節でより詳しく解説しています（p.147）。

第1章　暮らしやすい生活環境をめざして

第2章　健康と自立をめざして

第3章　バリアフリーとユニバーサルデザイン

第4章　安全・安心・快適な住まい

第5章　安心できる住生活とまちづくり

事例集　地域で取り組む福祉のまちづくり実践事例

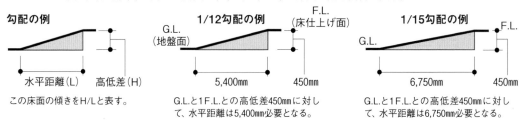

**図1　スロープの勾配**

スロープは通常、水平距離（L）に対する高低差（H）の比（H/L）で床面の傾き具合を表す。

**勾配の例**

この床面の傾きをH/Lと表す。

水平距離（L）　高低差（H）

**1/12勾配の例**

G.L.
（地盤面）

F.L.
（床仕上げ面）

5,400mm　450mm

G.L.と1F.L.との高低差450mmに対して、水平距離は5,400mm必要となる。

**1/15勾配の例**

G.L.

F.L.

6,750mm　450mm

G.L.と1F.L.との高低差450mmに対して、水平距離は6,750mm必要となる。

※生活者には勾配と角度の関係を理解することが難しいので「何分の1の勾配か」「何m進んで1m上がる角度なのか」わかりやすく説明しましょう。
　建築現場ではしばしばスロープの勾配を角度で示す方法（スロープが底辺に対してなす角度）が使われます。
　たとえば、勾配1/15（水平距離15mで高低差1m）は角度で示すと3.8度、勾配1/12（水平距離12mで高低差1m）は4.8度、勾配1/10（水平距離10mで高低差1m）は5.7度です。現場での打ち合わせの際の目安にしましょう。

## 【2】防湿土間コンクリートの敷設での対応

　「**建築基準法**」では、1階居室の木造床面は直下の地面から450mm以上高くすることが定められていますが、床下部分に湿気が上がってこないようにする**防湿土間コンクリート**を敷設した場合や、べた基礎といって、建物の床下全面に基礎となるコンクリートを敷設することによって地面から湿度の影響を受けないようにした場合には450mmより低くして建築することができます。敷地が狭いためにスロープの長さを十分に確保できない場合には、防湿土間コンクリートを敷設することで、住宅の1階床面レベルを下げる工夫があり、その結果、スロープを短くすることができます。しかし、木造床面を下げると床下の通気が悪くなることから、白アリ被害のある地域では好ましい方法とはいえません。また、防湿土間コンクリートを敷設して床面を下げると、給排水配管などのメンテナンスに問題が生じやすいので、配管経路や方法などについて十分な検討が必要です。

**建築基準法**
建築物の敷地・構造・設備・用途に関する最低基準を定めて、国民の生命、健康及び財産の保護を図り、もって公共の福祉の増進に資することを目的とする（第1条・目的）。1950（昭和25）年制定。

**防湿土間コンクリート**
地中からの湿気が建物の床組みなどを腐朽させないように、床下の土間部分に敷設するコンクリートのこと。

 **屋内の段差解消**

### 【1】和洋室の床段差の解消

　和室の床面は一般的に洋室の床面よりも10〜40mm程度高くなっており、その部分にできる段差がつまずきの大きな原因となっています。この段差を解消する最も簡便な改修方法は「**ミニスロープ**」を設置する方法です（図2）が、両端部でつまずかないような配慮が必要です（図3）。「ミニスロープ」は介護保険制度における住宅改修費の支給対象項目に該当することから、最近は樹脂製や木製の「ミニスロープ」が市販されています。ただし、ミニスロープで段差を解消しても歩行時に支障になったり介助用車椅子でうまく移動できないこともあります。そのときには、

**ミニスロープ**
段差をなくすために高い部分と低い部分とに渡すくさび形状の板のこと。この板を置くことによって小さなスロープがつくられる。

## 図2　ミニスロープの設置

敷居段差を解消するために、最も簡易な方法として、ミニスロープを設置する。ミニスロープの表面には滑り止め加工を施し、ミニスロープ上で足を滑らせないようにする。

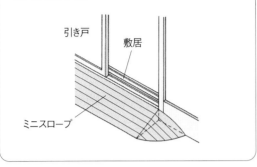

引き戸
敷居
ミニスロープ

## 図3　ミニスロープの端部の仕上げ

端部仕上げが考慮されていないと端部につまずく危険があるため（左図）、端部もミニスロープ状に仕上げておく必要がある（右図）。

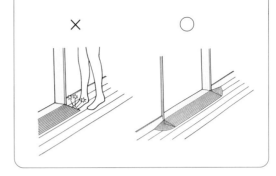

## 図4　合板等のかさ上げによる段差の解消

既存の床仕上げの上に合板や木材などを設置してかさ上げし、その上に新しく床を敷いて段差を解消する。

**合板によるかさ上げ**

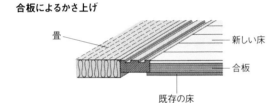

畳
新しい床
合板
既存の床

**木材によるかさ上げ**

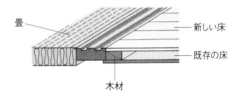

畳
新しい床
既存の床
木材

既存の低いほうの床面の上に高さ調整のための合板（こうはん）などを張り、その上に床を仕上げて段差を解消する方法（図4）があります。

　新築の場合には、屋内に段差ができないような設計・工事をすることを心がけます。

## 【2】敷居段差の解消

　最近の住宅では、建具（p.130参照）の下枠（敷居）（したわく）段差は小さくなる傾向にあります。しかし、それでも歩行時につまずいたり転倒することも発生していますし、車椅子やシャワー用車椅子での移動時にわずかな段差で車輪がぶれて壁面に衝突したり、使用者に不快感や恐怖感を与えることがあります。したがって、床面と敷居との段差を完全に解消するのが最善です。これを実現するには、引き戸部分の段差解消に、**フラットレール**を床面に設置するか、**V溝レール**を埋め込む方法があります（図5）。フラットレールは床面表面に薄いレールを取り付けるため施工が容易で誤差が生じにくいというメリットがあります。V溝レールを使用する際には、床仕上げ材との接合面にすきまが開かないように設置しま

**フラットレール**
戸の下部の床面に設置する引き戸用レールの一つ。金属などの板の中央にわずかな溝をつけ、引き戸の戸車がその溝に沿って移動することで戸を開閉する。金属板の断面の段差を5mm以内に納めることで転倒事故を防いでいる。

**V溝レール**
戸の下部の床面に設置するV字型の引き戸用レールの一つ。レールが床面から突出しないため、つまずきによる転倒の危険性が低い。

第1章　暮らしやすい生活環境をめざして

第2章　健康と自立をめざして

第3章　バリアフリーとユニバーサルデザイン

第4章　安全・安心・快適な住まい

第5章　安心できる住生活とまちづくり

事例集　地域で取り組む福祉のまちづくり実践事例

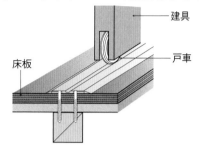
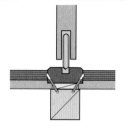

**図5　フラットレールの設置およびV溝レールの埋め込み方法**

建具

戸車

床板

**フラットレールの設置**
床板の施工の後にレールを取り付けるので誤差が生じにくい。床板表面からレール厚さ（5mm程度）の緩やかな凸部があるので、生活者に支障がないか確認する。

**V溝レールを直接埋める方法**
床板に直接V溝レールを埋め込むとレールと床仕上げ材のすきまが空きやすいので、レールの固定を堅固にすることが重要である。

す。いずれの場合にも敷居段差は5mm以下になるように施工の際に注意します。

### 【3】ホームエレベーターの利用

　1階から2階へといった階の移動には、階段昇降機（p.105参照）のほかに、ホームエレベーターの使用を考えます。ただし、ホームエレベーターを設置するには、住宅構造が設置できるような構造となっているか、どの位置に設置するのが最も利用しやすいかなど建築条件を十分に検討するだけでなく、月々の電気代・定期的な維持管理費など経済面も検討してから購入を決めます。階段昇降機やホームエレベーターは介護保険制度における住宅改修費の支給対象にはなりません。

# C　床材

　住宅内を安全に移動するには、段差の解消だけでなく、床に使用する材料（床材）への配慮も欠かせません。床材に問題があると、歩行移動や車椅子での移動が安全かつスムーズに行いにくくなるばかりでなく、歩行時のからだのバランスを保つことが難しくなり、時として転倒事故の原因にもなるからです。

　そこで、床材を選択する際には、滑りにくさ、強さを考えます。

　床材の滑りにくさについては、特に、洗面・脱衣室やトイレなど床面がぬれる可能性がある場所では、滑りにくい仕上げとした塩化ビニルシートを用います。

床材の強さについては、傷付きにくさを考えます。車椅子などの福祉用具を使用しても大丈夫かを工務店にたずねて確認します。特に、屋外で使用した車椅子を屋内で使用すると、車輪についた砂ぼこりが床面を傷付けます。このような場合、車椅子使用者は出入りの際に車輪を拭いたり、出入り口部に床マットを敷き、その上で車輪を回転させるなどして屋内を汚さない工夫をします。それでも砂ぼこりが取りきれない場合を考えて、床材は表面の**仕上げ板**の厚さが1mm以上ある床材を使用します。

また、車椅子で室内を移動すると、車輪のゴム跡が床面につく場合があり、このゴム跡は取り除くことが難しいのです。そのため、床材は車輪のゴム跡がついても目立ちにくい色を選択します。

**仕上げ板**
フローリング材の多くは、合板の上に本物の木を薄くスライスした仕上げの板（つき板）を貼り付けている。その厚さを1mm以上とするもの。

# D　手すり

## 1　手すりの種類

手すりは、身体支持用と転落防止用の大きく2種類に分けられますが、ここでは、前者の身体支持用について考えていきます。

身体支持用の手すりは使い方によって2つに分類されます（図6）。

1つ目は屋外通路・階段や屋内の廊下・階段などで、からだの位置を移動させるときに使うハンドレール（handrail）です。この場合の手すりの直径は32〜36mm程度を目安とします。**動線**上を往復することを考える

**動線**
建築空間における人や物の動きや量、方向、つながりを示す線。

---

**図6　手すりの種類（ハンドレールとグラブバー）**

手すりは使用場所によって、大きくハンドレールとグラブバーの2つに分けられる。

**ハンドレール（handrail）**
からだの位置を移動させるときに、手を滑らせながら使用する。
直径32〜36mm程度。
主に門扉から玄関までのアプローチ、廊下、階段で使用する。

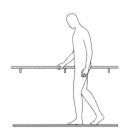

**グラブバー（grab bar）**
移乗動作や立ち座り動作のときに、しっかりつかまって使用する。
直径28〜32mm程度。
主に玄関、トイレ、洗面・脱衣室、浴室などで使用する。

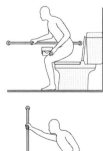

と、手すりは両側に設置することが望ましいといえます。

　2つ目はトイレや浴室などで、からだの位置はそれほど移動させないが重心の上下移動などの立ち座り動作や移乗動作の際、しっかりつかまって使用するグラブバー(grab bar)です。この場合の手すりの直径は28〜32mm程度を目安とします。廊下などの伝い歩きの手すりよりも一回り細いほうが握りやすいといえます。

## ② 手すりの設置・下地補強

　屋外への手すり設置は建物本体にかかわらない壁面や床面から支柱を建てて設置することを基本とします。

　屋内で手すりを取り付ける際は、柱と柱の間にある**間柱**に木ネジで留めることは避けます。間柱は柱よりも細く、設置しようとすると手すりの受け金具が間柱の幅に納まらないことがあるためです(図7)。

　手すりが必要な場所や将来設置が考えられる個所は、広範囲に下地補強を行います(図8)。この範囲が狭いと身体機能の低下などで使いやすい位置が変わった際に柔軟に手すり位置を変えることが困難になります。手すり取り付け用の木ネジは、下地補強部分に確実に留め付けます。

**間柱**
建築の軸組みで柱と柱との間が大きく、壁の仕上げ材または下地の構造材が渡せないとき、柱の中間に補足して立てる垂直の部材。

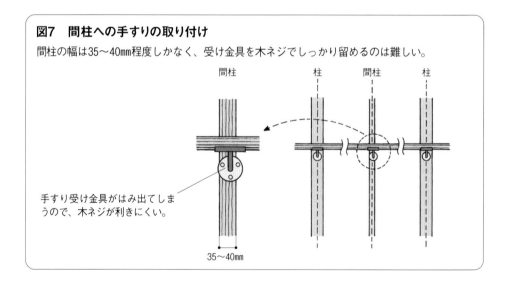

**図7　間柱への手すりの取り付け**
間柱の幅は35〜40mm程度しかなく、受け金具を木ネジでしっかり留めるのは難しい。

間柱　　柱　　間柱　　柱

手すり受け金具がはみ出てしまうので、木ネジが利きにくい。

35〜40mm

**図8　手すり取り付けの壁下地の補強位置**

トイレなどの手すりは、身体機能が低下して取付位置が変わったときでも対応できるように、あらかじめ広範囲に壁下地の補強をしておくとよい。

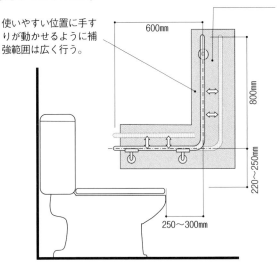

使いやすい位置に手すりが動かせるように補強範囲は広く行う。

600mm

加齢に伴い身体機能が低下してくると、立位動作の際、姿勢を従前より大きく前屈させる場合が多い。その前屈姿勢のため使いやすい手すり位置が、徐々に遠くなる傾向にあるので、手すり下地補強範囲は、より遠方に欲しい。

800mm

220～250mm

250～300mm

## ③　建築工事が不要な手すり

　浴室やトイレでは建築工事をせずに利用できる福祉用具としての手すりもあります。

　浴室では浴槽縁へのはめ込み式の浴槽用手すりが代表的なものです（p.165参照）。このタイプの浴槽用手すりは、浴槽への出入りや浴槽内での身体保持に用いると便利ですが、手すりに全体重をかけてもずれないように堅固に取り付けることが肝要です。

　トイレでは据置式の手すりが代表的なものです。

　浴室・トイレに福祉用具の手すりを導入する際には、福祉用具の展示場などで使い勝手を確認します。その際には、手すりを手に取って確認するだけではなく、実際に浴槽にはめ込まれた状態やトイレに置かれた状態で体重をかけるなどし、使用する状況を再現して確認するのがよいでしょう。また、はめている個所や置いている個所の清掃のしやすさなどにも留意します。

　なお、建築工事を伴わない手すりは、介護保険における「福祉用具の購入」または「福祉用具の貸与」の対象になる場合があります。たとえば、ただ浴槽縁に挟み込む手すりやトイレに据え置くのみの手すりは対象となりますが、図9のような場合は、床面に固定する簡易な工事であっても建築工事とみなされます。

**図9 据置式の手すり（床固定）**

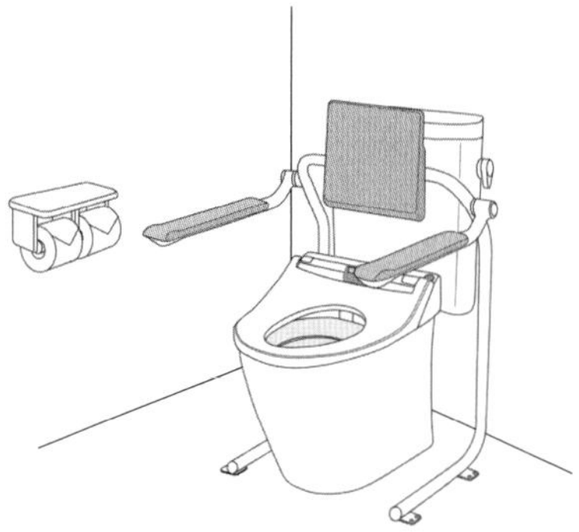

床固定は簡易な工事で施工できるが、介護保険制度では建築工事とみなされる。

# E 建具

　建具とは、扉（ドア）、戸、窓、襖、障子など、建築物の開口部にある可動部分と枠の総称ですが、ここでは、なかでも重要な扉（ドア）および戸について考えていきます。

　住宅でよく見られる建具は図10に示す4種類です。これらはそれぞれの特徴によって使い分けられています。

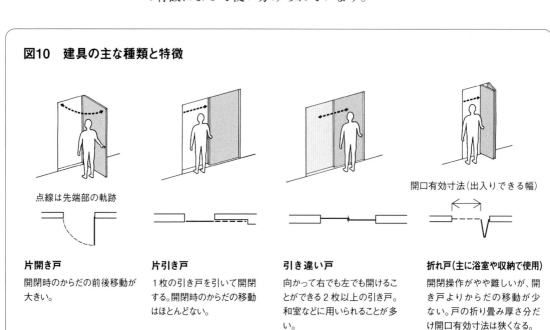

**図10 建具の主な種類と特徴**

点線は先端部の軌跡

開口有効寸法（出入りできる幅）

**片開き戸**
開閉時のからだの前後移動が大きい。

**片引き戸**
1枚の引き戸を引いて開閉する。開閉時のからだの移動はほとんどない。

**引き違い戸**
向かって右でも左でも開けることができる2枚以上の引き戸。和室などに用いられることが多い。

**折れ戸（主に浴室や収納で使用）**
開閉操作がやや難しいが、開き戸よりからだの移動が少ない。戸の折り畳み厚さ分だけ開口有効寸法は狭くなる。

第1章　暮らしやすい生活環境をめざして

第2章　健康と自立をめざして

第3章　バリアフリーとユニバーサルデザイン

第4章　安全・安心・快適な住まい

第5章　安心できる住生活とまちづくり

事例集　地域で取り組む福祉のまちづくり実践事例

　基準寸法が910mm（3尺）で造られる木造住宅での建具の幅は、枠の内法で通常700mmより小さくなるので、介助歩行や自走用車椅子の使用は困難となります。また、トイレや浴室では、居間や寝室等の建具と比べてさらに狭い建具が用いられています。このため水回りでの建具の通過は非常に難しい動作となります。

## 建具幅

　大規模改修工事や新築の機会に、幅広の建具を用いると、通行が容易になります。介助用車椅子やシャワー用車椅子の使用を考慮する場合には、直角に曲がって建具を通行することを想定し、**有効寸法**を750mm以上とします。

**有効寸法**
たとえば、廊下などを通るときに実際に通行できる寸法のこと。

## 建具段差

　部屋によって床仕上げが変わる場合、建具下枠部分で仕上げを変える場合が多くあります。その際、床仕上げ材（表面の仕上げ材）の厚さの違いにより段差が生じることがあります。この場合には建具下枠段差は5mm以下とし、つまずきに配慮します。なお、浴室出入り口の段差については、2節「D　排泄・整容・入浴」の「3　入浴」において詳細に触れます。

## 建具の各種部品

### 【1】把手

　把手は手指の巧緻性が低い場合、操作がしにくくなることが多いので、把手のノブ（握り玉）をレバーハンドル型など操作性のよいものに変更することを検討します（表1）。把手の床からの高さは、レバーハンドル型は900～1,000mm、棒型は850～1,100mm程度です。

### 【2】ドアクローザー

　ドアクローザー（図11）は、開き戸や引き戸の上部にこれを設けて建具が自動的にゆっくり閉まるようにする装置です。これによって、開けた戸を自分で閉めることが困難であったり、中途半端に開いた戸にぶつかる危険性をなくします。

## 表1　把手の種類と特徴

把手にはさまざまな種類があり、それぞれ、形状や開閉操作方法が異なる。

| | 開き戸用 | | 引き戸用 | |
|---|---|---|---|---|
| | ノブ（握り玉） | レバーハンドル型 | 彫り込み型 | 棒型 |
| 形状 | 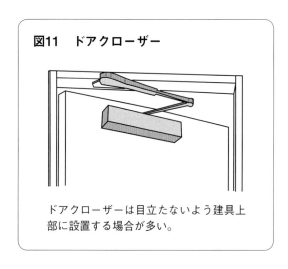 | | | |
| 特徴 | 開き戸で使用され、開閉時に握る、回す、引く（押す）という3つの動作が必要となるため、握力が弱い高齢者や障害者には使いにくい。 | ノブに比べ、形状が大きく扱いやすいため、最近では一般的なタイプとなっている。レバーを下げて開閉するため操作が容易で、高齢者や障害者にも使いやすい。 | 引き戸や襖、障子などに多く使用されているが、指先に力の入らない人には使いにくい。 | 引き戸で、把手の操作性を向上させる場合に用いられる。棒状でつかみやすく、力のない人でも開閉できるが、彫り込み型と異なり、戸を開けたときに引き残しができるため、開口有効寸法は多少狭くなる。 |

---

### 図11　ドアクローザー

ドアクローザーは目立たないよう建具上部に設置する場合が多い。

---

 **建具の交換**

　伝い歩き移動や車椅子移動、床上に両手足をついての移動や座位姿勢での移動（図12）の場合には、引き戸のほうが容易に開閉できます。開き戸を開閉するときはからだを前後に大きく動かす必要がありますが、引き戸の開閉は、からだの位置を動かさずに単に上肢を動かすだけででき、簡単だからです。そのため、開き戸を引き戸に交換することがよくあります。ただし、引き戸の場合は開き戸ほど気密性が高くありません。

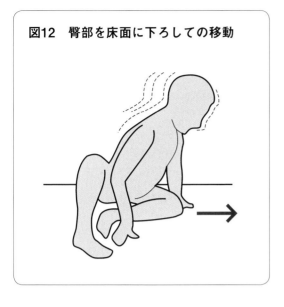

**図12　臀部を床面に下ろしての移動**

# F　幅・スペース

　わが国の軸組構法（p.180参照）による木造住宅は、通常、尺貫法（p.18参照）を基本に造られているため、廊下、階段、トイレなどの幅員は、多くの場合、**柱芯一芯** 3尺（910mm）で造られています（図13）。そのときの廊下などの有効寸法は最大で780mmですが、この寸法では、廊下での介助スペースやトイレでの介助スペースが十分に確保できません。さら

**柱芯一芯**
柱の中心から中心までの長さのこと。

**図13　標準モジュール**

日本の木造住宅の多くは910mm（3尺）を基準寸法として、トイレや階段などの幅員が決められている。

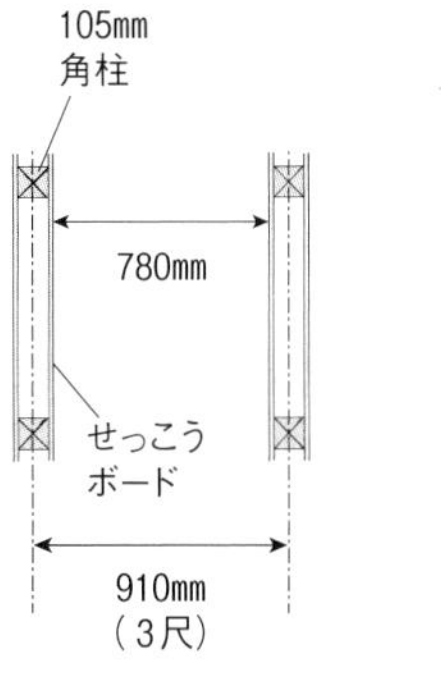

105mm
角柱

780mm

せっこう
ボード

910mm
（3尺）

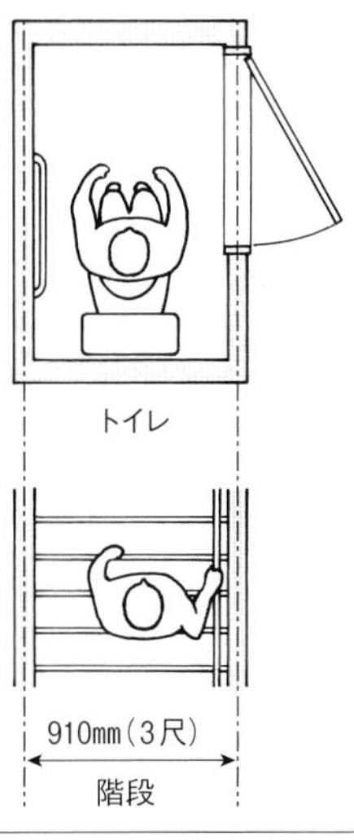

トイレ

910mm（3尺）

階段

芯一芯を910mmとした木造住宅で、105mm角の柱と12.5mm厚さのせっこうボードを用いると、階段などの有効寸法は780mmとなる。

## 図14　壁面撤去による介助スペースの確保

トイレと洗面・脱衣室との間の壁を一部撤去することにより、介助スペースを確保した例。壁面を撤去する場合には、残った壁面が介助動作に支障をきたさないかどうか確認する。

**筋かい**

柱と柱の間に対角線に入れる斜材のこと。地震・風圧などの横方向からの力を受けたときに変形を防ぐ。

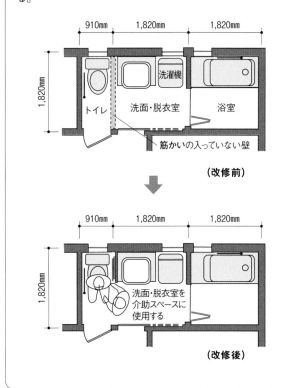

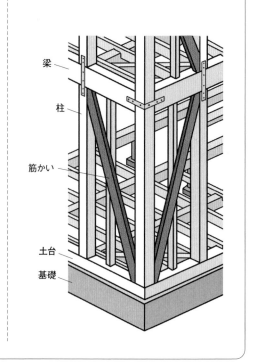

に、車椅子を使用して生活動作を行う場合でも、移動スペースや介助スペースが十分とはいえません。

　そこで、必要な幅やスペースを確保する工夫として、二つの方法が考えられます。

　一つは「壁・柱を取り外す方法」で、軸組構法による既存住宅の部分的な増改築に適しています。ただし、構造的に見ると、取り外せる壁・柱と、取り外せない壁・柱がありますので、設計者や施工者に必ず図面を見てもらい、確認した後に改修方針を決めます。また、改修しようとする部分に上階がある場合は、壁・柱の撤去は困難なことが多くなります。仮に可能となった場合でも、ほかの個所に補強工事が必要になることがあります。いずれにしても、工事費用を事前に概算で設計者や施工者に示してもらってから改修の検討に入ります。

　壁を取り外す一つの例を示します（図14）。わが国の住宅ではトイレと洗面・脱衣室と浴室が個別に分かれているために介助スペースを確保す

## 図15　モジュールをずらして通路幅を確保した例

モジュールをずらして大きく
することにより、廊下などの
有効寸法が広くとれ、車椅子
での通行も可能になる。

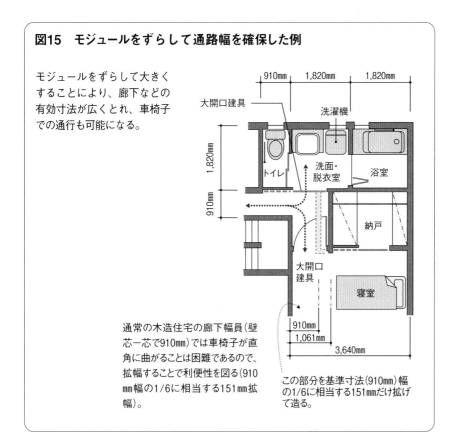

大開口建具

910mm　1,820mm　1,820mm

洗濯機

トイレ

洗面・
脱衣室

浴室

1,820mm

910mm

納戸

大開口
建具

寝室

910mm
1,061mm
3,640mm

通常の木造住宅の廊下幅員（壁
芯一芯で910mm）では車椅子が直
角に曲がることは困難であるので、
拡幅することで利便性を図る（910
mm幅の1/6に相当する151mm拡
幅）。

この部分を基準寸法（910mm）幅
の1/6に相当する151mmだけ拡げ
て造る。

るのが困難です。しかし、トイレと洗面・脱衣室の間仕切りの壁を撤去
することにより広いスペースを確保することができ、その結果、既存ス
ペースを拡げなくても介助スペースを確保することができます。ただし、
壁を撤去する際には、プライバシーの確保など介助動作以外のことも考
慮して総合的に判断する必要があります。たとえ、カーテンなどで仕切
ったとしても音やにおい、気配などが問題となることが多いので、家族
間での話し合いが重要です。

　もう一つは「**モジュールをずらす方法**」で、主に新築や大規模増改築
に適しています。新築や大規模増改築の場合、必要な個所、たとえば高
齢者や障害者が使用する部屋と寝室やリビングルームを結ぶ動線などで、
モジュールをずらし必要な幅を確保することで対応します（図15）。

**モジュール（module）**
建築設計の基準となる寸
法のことで、わが国の軸
組構法による木造住宅で
は、柱と柱の芯一芯を
910mm（3尺）とするのが
標準となっている。また、
プレハブ住宅を設計・施
工する住宅メーカーでは
それぞれ独自のモジュー
ルをもっている。モジュ
ールにのっとって住宅を
造ると、設計の効率化と
同時に工事期間の短縮化
などのメリットがある。

# G　家具・収納

 **家具に関する検討事項**

　住宅内を移動しやすくするためには、設計図面(平面図)に所有する家具(新たに購入を検討している家具も含む)を描き込んで、使い勝手を細かく検討します。広い部屋を確保できても家具が邪魔をして生活しにくくなることがあるからです。

## 【1】 現在、所有している家具を見直す

　今まで長く使ってきた家具が現在の身体機能に合っているのかを考えます。扉や引き出しの開閉のしやすさ、高さなど実際に動作を一つひとつ確認します。最近は、高齢者の動作特性を考慮した、使いやすい家具も市販されています。また、生活しにくい・介助が難しい住まいでも家具のレイアウトを少し変えるだけで、生活しやすく・介助しやすくなることがあるので、平面図に家具を描き込んでレイアウトを検討することも一つの方法です。

## 【2】 椅子と机

　椅子は、生活動作の内容に合った立ち座りのしやすさ、座位姿勢のしやすさ、清掃のしやすさを中心に考えます。少なくとも、座面の高さが膝の高さよりも低い椅子(ソファーなど)は、高齢者には立ち座り動作が難しくなり、したがって使いにくくなります。

　椅子での立ち座りをしやすくするには、椅子の形状、座面の高さ、座面の硬さ、肘かけの有無、安定性などを総合的に考える必要があります。座位姿勢のしやすさは、そこでの目的(くつろぐのか、食事をとるのか、など)や机と併せて検討します。

　机は、高さだけでなく**天板**の厚さなども考慮します。なぜなら天板が厚いために椅子や車椅子のアームサポート(肘かけ)が当たって、机がうまく使えないことがよくあるからです。また、机の脚が椅子や車椅子を入れる際の邪魔にならないかを確認します。

**天板**
テーブルやキッチン、カウンター、家具などの最上部の板のこと。机の天板であるテーブル板が厚すぎると車椅子がスムーズに入れない場合がある。

## 【3】 その他の家具

　ユニバーサルデザインの観点から造られた家具も多くあります。家具を検討する際には、ショールームなどで、このような家具の使い勝手を体験し、家具選びの参考にします。

# 2 収納における注意点

　部屋によって収納するものが異なります。そのため収納する方法や収納する場所の奥行きや高さも変わってきます。ここでは扉形状の注意、収納の奥行きや高さの注意、その他、として考えます。

## 【1】扉形状の注意

　収納扉はからだの動きなどを考慮して引き戸を原則とします。開き戸にする場合には、開閉時にからだを前後に動かすためにからだがあおられないかを確認します。**折れ戸**は開き戸ほどからだの前後の動きはありませんが、開閉時に折れた戸部分に指を挟むこともあるので使用者が無理なく使えるかをショールームなどで確認します。

## 【2】収納の奥行きや高さの注意

　奥行きが600mm以上の深い収納では、足を踏み入れられるように戸の下枠段差を設けないようにします。収納部分は腰から肩の高さまでを目安とします（図16）。腰より低い部分の収納は、しゃがみこんで使用しなければならずからだに負担がかかり、肩より高い部分の収納は、からだのバランスを崩しやすいので危険だからです。

## 【3】その他

　洗面・脱衣室やトイレのように使う物品が限られている部屋では、壁

**折れ戸**
扉自身が折りたためるようになったもの。開閉操作が難しいが、開き戸よりからだの移動が少ない。戸の折りたたみ厚さ分だけ開口部の有効寸法は狭くなる（p.130参照）。

### 図16　下枠段差なしの収納

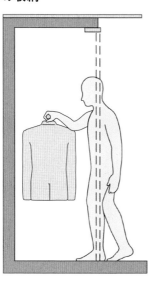

高齢者の歩行は、すり足で一歩一歩の歩幅が狭い場合が多い。そのため奥行きが600mm以上の深い収納では足を踏み入れやすいように下枠段差をなくします。

### 図17　壁埋め込み収納

壁面で取れる奥行きは100mm程度であるが、生活者の使用頻度の高い収納物を考えて、効率よく使用する。

第1章　暮らしやすい生活環境をめざして

第2章　健康と自立をめざして

第3章　バリアフリーとユニバーサルデザイン

第4章　安全・安心・快適な住まい

第5章　安心できる住生活とまちづくり

事例集　地域で取り組む福祉のまちづくり実践事例

埋め込み収納なども検討します。壁厚を利用するため収納量は限られますが、出し入れしやすい高さに設けることができます（図17）。

# H　色彩・照明、インテリア

 **色彩・照明**

高齢者は、加齢に伴う視機能の低下によって、色彩の区別がつきにくくなったり、暗い場所では物がよく見えなくなります。このため、住宅内でつまずいたり、物に衝突するような事故が発生しやすくなります。このような事故を防ぐ工夫の一つとして、色彩や照明に配慮する方法があります。

## 【1】色彩

高齢者には落ち着いた感じの色彩が適していると思われていますが、住宅内全体をそのような色彩にまとめると変化に乏しく、重い雰囲気になりがちです。そこで、居間や食堂などの大きな部屋では、壁の一部分にアクセントとなるような明るく鮮やかな色彩を取り入れると、全体の雰囲気が変わり、気持ちよく生活できるようになります。トイレや洗面・脱衣室などの小部屋では、壁面全体を明るい色調で仕上げると、快適な気分で生活ができます。

ただし、賃貸住宅では、壁色を変更することは難しいので、壁に絵画を掛ける、ソファー上の小物のクッションやカーテン、テーブルクロスの色を変えるなどの工夫をします。

床仕上げは、同一部屋内では床面の色彩や仕上げを変えないようにします。室内の仕上げ材の色彩を変更することで部屋の雰囲気を変えることができますが、視機能の低下した高齢者にとって床段差と見誤まることがあるからです。

また、洗面器や便器の色は、痰や大便、尿の色を確認できるよう白色を基本とします。

## 【2】照明

高齢者は加齢に伴って視機能が徐々に低下しますので、住宅内の照明方法には十分に配慮します。照度は若齢者より高くする必要がありますが、明るすぎるとまぶしく感じ、適切な照度でなければ目に疲労を与えてしまうことになります。また、ベッドに仰臥しているときに照明器具

の光源が視野に入ると、まぶしさを余計に感じるので注意します。

　玄関、廊下や階段の照明は、**明るさ感知式スイッチ**や**人感スイッチ**を採用すると経済的で、消し忘れもなくなります。また、高齢者や障害者は電球の交換が困難になるので、電球の交換がしやすい場所・位置に照明器具を設置するとともにLED電球を使用します。LED電球は通常の白熱電球よりやや値段は高いのですが、使用電力費が少なくてすむうえ、寿命が長いので、取り替え回数が少なくなり、高齢者や障害者に便利です。

**明るさ感知式スイッチ・人感スイッチ**
明るさ感知式スイッチは周囲の明るさをセンサーが感知して、暗くなれば点灯し、明るくなれば消灯する。人感スイッチは人が近づいたり離れたりするのをセンサー感知して作動する。これらにより照明の消し忘れをなくし、電気代を節約することもできる。

## ❷　インテリアへの配慮

　高齢者や障害者に安心感と快適感を与え、精神的な安定をもたらすインテリアを検討します。具体的には、仕上げの材質や色彩、細かな家具のレイアウトなどは、高齢者や障害者の意見を最大限に尊重して決めます。

　また、室内に思い出の品々や写真を並べたり、いろいろな飾り付けをしたりすることは、気持ちをリラックスさせ、楽しい雰囲気をかもしだす重要な要素であるといえます。さらに、室内に全身を映す大きな鏡を掛け、外出するときに身だしなみを整えることは、人に会う心構えをつくり、だれかに会ってみたいという気持ちにさせるなど、実用的なインテリアでもあります。

　インテリアは床材や壁材などとともに、設備機器や小物で工夫することもできます。トイレの手すりや便器のふた、ペーパーホルダーなどの色を工夫したり、洗面・脱衣室に置かれている脱衣かごや歯ブラシ立てなどの小物類などに明るい色を使うとよい雰囲気になります。

# ▎Ⅰ　冷暖房

　高齢者は若齢者に比べて温度変化への対応が難しく、また障害の種類によっては体温調整の難しい場合があります。そのため冷暖房への配慮は重要です。

## ❶　室間温度差への配慮

　部屋を移動したとき、部屋と部屋との間に温度差があると、からだが

**ヒートショック**

住環境における急激な温度変化によって、血圧が急に変化したり、脈拍が変化したりする現象。暖かい部屋から脱衣室・浴室・トイレなどに移動するとからだが温度変化にさらされ血圧が急変する。脱衣室で衣類を脱ぎ、急に熱い湯に浸るときも同様である。

**輻射暖房**

放熱体の放射効果を利用して暖房する方式。室内の床、内壁面、天井面などに高温水や蒸気を供給したり、電熱線を配置することにより暖める。

**対流暖房**

暖めた空気で直接室内を暖房する方式。エアコン（正式にはエア・コンディショナー）は熱を運ぶ冷媒を収縮させ、熱を作り出す方式である。ファンヒーターはガスや石油を燃焼させた熱を送風ファンによって送り出す方式である。

**中央暖房方式**

建物内部の1か所に暖房用熱源装置を設け、そこから温風・温水・蒸気などを送り、各部屋を暖房する。

**熱中症**

高温多湿の環境下に長時間いることでからだが適応できなくなり、めまいや顔のほてり、筋肉痛やけいれん、体温の上昇、からだのだるさや吐き気等の症状が現れる。重症の場合は死に至ることもある。屋外で発症すると思われがちであるが、高齢者が住宅内で就寝中に多く発症していることも報告されている。

血圧を急激に上昇・下降させて体温を一定に保とうとします。

冬場の夜間、暖かい部屋から寒い部屋（たとえば寝室・居間からトイレや洗面・脱衣室など）へ急に移動した際にゾクゾクする感覚がそれです。この室間温度差がからだに与える影響を**ヒートショック**と呼び、心筋梗塞や脳血管障害の原因にもなります。ヒートショックを起こさないために室間温度差のない住まいを考えることは重要です。

そのため断熱性能の高い住まいで冷暖房の行き届いていない部屋でも室間温度差が少なくなるように工夫をします。また、トイレや洗面・脱衣室、浴室などにも暖房の設置を検討します。

 **暖房方法**

暖房は、床暖房やパネルヒーターのような輻射による方法（**輻射暖房**）と、エアコンやファンヒーターのような温風による方法（**対流暖房**）があります。

輻射による暖房方法は、室内温度が上がるまでに時間がかかりますが、室内の上下温度差が少なく、ほこりが立たないという利点もあります。

寒冷・積雪地では個別式のエアコンを使った暖房では費用がかかりすぎるので、**中央暖房方式**を使った全室暖房を行うケースが多くあります。中央暖房方式は輻射暖房が主で、居室のほかトイレや洗面・脱衣室などにも小型のパネルヒーターを設けて暖房します。

一方、温風による暖房（エアコン）は、短時間で暖めることができる、冷房もできるなどの利点があるので、住宅では多く使用されています。間欠運転に適していることからトイレや洗面・脱衣室で小型のものがしばしば利用されます。ただし、暖房機を足もとに置くと邪魔になるので壁埋め込み型の温風暖房機を設置するなど配置に注意します。また温風による暖房方法は室内の上下温度差が生じやすかったり、風がからだに直接当たり不快に感じるなどの注意点もあります。

**冷房方法**

冷房は、エアコンが主流です。吹き出す冷風が直接、からだに当たらないように設置または風向きを調整します。特に寝室で就寝している生活者にエアコンの冷風が直接からだに当たらないようにします。一方、最近、特に関心を集めている**熱中症**について、高齢者が就寝中にかかる事例が多くみられることから、冷房方法に十分配慮することが必要といわれています。

# J　非常時の対応

　最近は一人暮らしの高齢者や障害者が多くなってきています。それだけに常日頃から住宅内で生活者の安全・安心を確保することはとても重要です。本人が気をつけることが最も重要なのはいうまでもありませんが、周囲にいる人たちが配慮することも重要です。

　たとえば、最近は遠隔地にいる肉親を機器を使って見守ることも可能ですし、もっと身近なところで乳飲料の配達で生活リズムを把握するサービスや郵便局員が定期的に巡回見守りサービスを行うようなことが見られるようになりました。

　こうしたことが、緊急事態の発生をいち早く把握するのに大いに役立ちます。

　緊急事態が発生した際の通報方法については慎重に検討する必要があります。以下、家族構成や住まい方を基本に、だれに、どこに、どのようにして緊急事態を知らせるのかを検討します。

##  住宅内での通報

　同居家族が在宅している場合には、インターホンやコールスイッチなどを活用して住宅内の家族に知らせます。通報装置には、音を鳴らして緊急を知らせるものや会話ができるものなどがあります。通報装置には配線式とワイヤレス式があります。ワイヤレス式は採用が容易ですが、定期的な電池交換の手間がかかります。また、設置した部屋に電波が届くか確認する必要があります。

##  住宅外への通報

　一人暮らしや高齢者夫婦のみの場合、また同居家族がいても外出頻度が高い場合には、屋外への通報を考えます。家族の携帯電話や親戚・知人宅などを通報先とするものと、警備会社と契約するものに大別できます。家族の携帯電話や親戚・知人宅へ通報する場合には、先方へ緊急時に通報が行く旨やその際の対応方法などを事前に打ち合わせしておきます。警備会社へ通報する場合には、設備の**イニシャルコスト**に加え、月々かかる**ランニングコスト**も考慮します。また、警備会社へ通報する場合、多くが防犯や防災の警報もセットになっています。生活者に、自分でそ

**イニシャルコスト**
設置した時点でかかった費用。

**ランニングコスト**
設備等の保全、維持、修理、部品取替等にかかっていく費用。

第1章　暮らしやすい生活環境をめざして

第2章　健康と自立をめざして

第3章　バリアフリーとユニバーサルデザイン

第4章　安全・安心・快適な住まい

第5章　安心できる住生活とまちづくり

事例集　地域で取り組む福祉のまちづくり実践事例

れぞれの装置や警報の設定が行えるか確認します。

 **その他**

　火災が発生したときの対応として、新築・既存住宅にかかわらず全住戸に住宅用火災警報器を設置することが国の基準によって義務づけられていますが、併せて、消火器の設置を検討します。万が一、火災が発生した場合には、家族や消防署へ連絡すると同時に消火活動を行いますが、高齢者や障害者はいち早く避難行動をとるようにしましょう。適切な避難行動をとるには日頃から、避難経路に障害物がないか、屋外に出られるような構造になっているかなどを確認しておきます。

　避難行動を有効にするには、火災発生時にいる位置から2つの方向へ避難できるよう経路を確保(二方向避難という)することと、併せてその場所から直接屋外へ出られるような住宅構造にしておくことです。たとえば、寝室から直接屋外に避難できる掃き出し窓のある部屋はとても有効です。

# K　維持管理(メンテナンス)

　高齢者や障害者の心身機能に適した住環境を整備するとき、また、それを維持していくにはある程度の出費が伴います。その出費を負担であると感じない範囲で行えることが肝要です。

 **住環境整備と経費**

　住環境を整備するときは、本人の身体状況と生活動作をよく確認して、住宅改修で対応すべきか、福祉用具の活用で対応すべきか、あるいは両者を併せて対応すべきかどうかを検討します。そうすることによって、良好な住環境整備の結果が得られますし、経費面でもよい結果をもたらします。

　住環境整備は、どうしてもある程度の出費が伴いますが、だれもが少しでも少ない出費で少しでもよい効果が得られるようにしたいと思うのは当然です。そのためには、住環境整備に必要な金額を明らかにするとともに、高齢者や障害者およびその家族が費用負担できる限度額を確認します。その際、住宅改修は工事を始めてみて、既存部分の改修に予想

以上の経費がかかることがしばしばあるので、多少余裕をみて予算を立てておく必要があります。

　費用の負担では、住宅改修に関して、介護保険制度では「住宅改修費」として、経費のうち20万円までを上限として、所得に応じて、その9～7割が支給され（自己負担は経費の1～3割）、また、福祉用具についても貸与または購入費の支給がなされます（p.119、p.120参照）。このほか、地方自治体における住宅改造費助成事業や福祉用具を活用する（制度としては日常生活用具給付等事業）場合は、その条件を事前に自治体に確認しますが、条件に合致しても、多くの場合、世帯の収入に応じて助成金額が異なっています。

 ## 住宅の手入れ（メンテナンス）

　住宅そのものは年々老朽化していきますし、場合によっては傷んで生活に支障をきたしたり故障したりします。そのようなことになれば修理を行わなければなりませんが、できれば大規模な改修にならないように日ごろの掃除や手入れを心がけ、仮に具合が悪い個所を見つけたら、いち早く手入れをすることが重要です。

　日ごろの手入れには、寝室・トイレ・浴室といった日常生活で使用する各室をこまめに掃除することが基本です。たとえば、浴室で使用するマットやすのこは、日干しや清掃などをしなければなりません。そのためにはこれらを容易に持ち運びしやすい大きさに小割りにしたり、手掛けができる部分を設けるような細かい配慮を行います。また、浴槽内昇降機を利用する場合には、浴槽底面のよごれが掃除しにくいなどの問題が生じますが、装置の取り外し、再設置が容易かどうかを検討します。

 ## 設備機器類の保守点検

　ホームエレベーターや階段昇降機、段差解消機（これらを昇降機と総称します）は、安全に使用するためには定期的な点検が大切です。そのために販売店、代理店やメーカーと保守点検の契約を結ぶことが望ましいでしょう。すなわち、昇降機は設置したあとに、月々の電気代に加え、メンテナンス費用を継続して支払う必要があることを念頭に入れて機器の購入を検討します。また、機器は故障することが考えられますので、万一の故障の際の対応方法を検討しておきます。具体的には、販売店、代理店やメーカーの連絡先、修理期間、費用の負担方法、代替品の借用の可能性などについてもあらかじめ打ち合わせをしておくと安心です。

第1章　暮らしやすい生活環境をめざして

第2章　健康と自立をめざして

第3章　バリアフリーとユニバーサルデザイン

第4章　安全・安心・快適な住まい

第5章　安心できる住生活とまちづくり

事例集　地域で取り組む福祉のまちづくり実践事例

# 福祉「整理収納」整備

　福祉住環境整備といえば、手すりの設置や段差の解消、福祉用具の導入など、人と家の関係をまず先に考えがちですが、住まいの中にはモノがあることも忘れてはいけません。特に、日本の家屋におけるモノの数はかなり多いといわれています。モノにあふれた住まいは、福祉住環境整備の視点では、特に安全面、衛生面において問題となります。前者では、床に散乱したモノにつまずいての転倒や、高いところのモノを取ろうとしての踏み台からの転落など、後者ではホコリ、ダニなどの発生です。

　住まいに暮らすのは人ですが、人は大量のモノとともに暮らしています。福祉住環境整備で住まいへアプローチを行うように、モノにも対策が必要です。

## モノを整理する

### ①処分の基準

　モノの出し入れによる身体的負担の軽減、動線や介助スペースの確保、家庭内事故の防止などの目的のため、モノの量を減らすことが重要となります。減らすとは具体的に、捨てる、人に譲る、リサイクルに出すなどのことです。本来、不要なものを収納していた家具が動線の邪魔になっていたり、その解決のために納戸を増築したりするなど、無駄な整備をしないよう、住環境整備の際はモノに関するヒアリングも十分に行いましょう。

　辞書によれば、整理とは「無駄なもの、不要なものを処分すること」とあります。モノへのアプローチの第一歩は整理です。処分の基準は、「使えるか使えないか」ではなく、「今現在使っているか、使っていないか」、「持ち続けることが快か不快か」を基準とします。今現在とは、数か月から最大1年を目安としましょう。もっ

たいないと感じるかもしれませんが、処分せずに散らかったモノにつまずき転倒した結果、骨折してしまえば、医療や介護にかかる費用、精神面への影響など計り知れない不利益を被ることになるのです。

### ②捨てられない人への配慮も必要

　モノへのこだわり、価値観は人それぞれ異なります。特に戦争中にモノのない時代を経験した高齢者にとって、捨てることは容易ではなく、大きなストレスを感じるかもしれません。たとえ家族が処分を望んでも、本人の同意なしに行ってはいけません。処分を強制するのではなく、モノの多い住まいの危険性について時間をかけてじっくり話し合うことが必要です。また、持っていてもやはり使わないということを認識するために、「一時保管ボックス」を作ることも有効です。3か月や半年など、あらかじめ定めておいた期間に一度も使うことがなかったら、その時は処分または再検討を行います。

## モノを収納する

　収納は、いかにしまうかではなく、いかに使いやすく、取り出しやすくするかが重要です。ポイントは次の5つです。

### ①適正量の維持

　整理によりモノの総量が減った後は、押し入れやクローゼットからはみ出してしまい、出したまま、置いたままとならないよう、住まいに入ってくるモノの量を管理する必要があります。消耗品をストックしすぎないこと、洋服や本などは総量を維持するために一つ買ったら一つ処分することを心がけましょう。

### ②行動動線に配慮

　スムーズな車椅子移動のため、転倒予防のため、動線上にモノを床置きしないことを徹底します。立位の人には、押し入れなら中段、肩から腰までの高さが使いやすい収納スペースです。車椅子使用者は、座ったまま手の届きやすい範

囲として図を参照してください。

③使用頻度別収納

　毎日使う、2、3日に1回使う、週に1回使う、というふうに使用頻度を考えたとき、よく使うモノほど、どのようにしまうかをよく考えて収納します。車椅子使用者や高齢者が探しものをすることは困難で、時に危険も伴います。特に使用頻度の高いものは取り出しやすい位置に、わかりやすく収納する必要があります。

④グルーピング

　ある行動をするとき使うモノをまとめてグループにします。たとえば、手紙を書くときのために、はがき、便せん、封筒、切手、辞書、アドレス帳、ペンなどを一つの箱に入れて収納するのです。在宅の要介護者は急な入院やショートステイのためのセット（下着、寝間着、上履き、タオル、洗面道具など）を作って指定の場所に置くとよいでしょう。デイサービスなどでは、アクティビティごとにまとめて、ちぎり絵セット、絵手紙セットというふうに収納すれば、必要なものを探す手間が省けます。

⑤定位置管理

　モノの収納場所、指定席を決めます。ヘルパーや家族など複数の人が出入りする要介護者宅では、調理の際の道具やストック、衣類、掃除道具などの収納先を定め、だれでもわかりやすいようにラベルを貼るなどの工夫が必要です。

　複数の人が共同で使うモノには定位置管理を徹底しましょう。高齢になると物忘れも頻繁になってきます。半透明な収納ケースを利用し、外から見て何が入っているか思い出しやすくしたり、文字や写真などでそこに収納したものを記載しておくことも有効です。

**福祉「整理収納」整備によるその他の効果**

・障害の受容

　モノを整理する、要不要を区別するなどの行為は自己決定の連続です。モノを通して自己と向き合うことで、自分を見つめ直す機会となります。障害を受け入れ新たな人生を考えるのは難しいことですが、モノの整理という作業を通して何かに気づかされることがあります。

・生前整理

　モノを減らし身軽になって、残りの人生を暮らしやすくするための生前整理への関心が高まっています。元気なシニア世代がバリアフリーリフォームで備えるように、気力体力のある時期に人生の棚卸しとしてモノの整理をしておくことは、生き生きとした老後を迎えるためにも必要といえるでしょう。

引用・参考文献
澤一良：『一番わかりやすい整理入門　整理収納アドバイザー公式テキスト』　㈱ハウジングエージェンシー出版局、2007
野村歡：『高齢者・障害者の住まいの改造とくふう』保健同人社、1989

**図　車椅子で手の届く範囲**

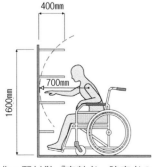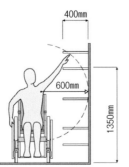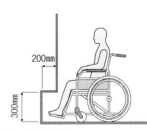

出典：野村歡『高齢者・障害者の住まいの改造とくふう』保健同人社、1989より

# 生活行為別に見る
# 安全・安心・快適な住まい

**ねらい** 前節で学んだ知識を生かし、より安全・安心・快適で自立した生活をおくれるようにするためには、どこをどのように整備することが大切なのか、居住者の生活に即して学びます。

## A　生活に即した安全・安心・快適な住まい

　　前節では、安全・安心・快適な住まいの整備をめざし、その基礎知識を学んできました。

　　これらの知識を生かし、事故を未然に防ぐことを常に念頭に置くようにしましょう。事故が発生してから、または心身機能が低下してから対策を講じるのではなく、事故を防止していく視点が大切です。そのためには、実際に生活する人々の視点で、対策を検討していく必要があります。

　　配慮の視点を養うために、日ごろから住宅内を点検し、段差がどこにあるか、その段差はどのくらいの高さなのかなど、実際に確認してみるのもよいでしょう。

　　本節では、実際の生活に即した行為別の応用技術を学んでいきます。

## B　屋外移動・外出

　　住宅内で生活行為ができるようになっても、それだけでは日常生活は成り立ちません。通院や買い物、散歩に行くなど目的はそれぞれ異なりますが、外出が可能になって初めて日常生活が成り立ちます。

　　しかし、道路から住宅玄関までのアプローチにおける高低差や通路幅に十分配慮されていないために、外出がままならない例が多くみられます。その原因として、日本の木造住宅は、直下の地面から1階床面までの高さを450mm以上にしなければならないと「建築基準法」で定められていることや、道路から玄関までの高低差を解消するだけの十分なスペースが確保できないといった敷地の狭さが挙げられます。

第1章　暮らしやすい生活環境をめざして

第2章　健康と自立をめざして

第3章　バリアフリーとユニバーサルデザイン

第4章　安全・安心・快適な住まい

第5章　安心できる生活とまちづくり

事例集　地域で取り組む福祉のまちづくり実践事例

#  1　道路～玄関の移動（アプローチ）

　道路から玄関までの通路を、通常、アプローチと呼んでいます。

　日本の住宅では、「建築基準法」によって、1階居室の木造床面は地面より450mm以上高くしなければならないことから、道路から玄関までの移動が高齢者や障害者には不便・不自由に感じることが多くあります。丘陵地などの住宅で、道路と敷地の間に高低差があるとなおさらです。しかも、地面が雨でぬれているときにはさらに条件が厳しくなります。また、夜間の移動を安全に行えるようにする照明は、玄関ポーチにしかない場合が多く、足もとが不確かとなる問題もあります。

## 【1】通路面仕上げ
### 段差をなくし、滑りにくい状態に

　玄関までのアプローチ部分が暗かったり、両手に荷物を持って歩いたりするときには、段差を確認しにくくなります。特に、段差が5mmを超えるとつまずく危険性があるため、アプローチは凹凸のない平坦なものとします。コンクリートの平板などを敷く場合にも、目地幅をできるだけ小さくします（図1）。

　表面仕上げは、歩行の安全性と、雨にぬれた際の滑りにくさを考慮して選択します。石張りにする場合には、表面を粗くしてぬれても滑りにくい状態にします。

## 【2】道路から玄関までの段差
### 階段・スロープでの対応

　道路から玄関までの高低差を解消するには、緩やかな階段での対応やスロープの設置などがあります。

### （1）階段は緩やかな勾配で

　高齢者と障害者の身体機能を考慮して、階段は緩やかな勾配にします。高齢者や障害者の利用に配慮した場合には、階段の寸法は**踏面**300〜330mm程度、**蹴上げ**110〜160mm程度が望ましいとされています。

　階段の先端部（段鼻）部分はノンスリップ（滑り止め）加工のあるタイルとし、色を変えて注意を促す工夫を検討します。

### （2）スロープは車椅子の利用を考慮して

　スロープを設置する際の出入り口部をどこに設けるのか、玄関部であれば上がりがまちの段差はどのように乗り越えるのかなど、一連の動作に基づいて考える必要があります。

　スロープを設ける場合には、居室の**掃き出し窓**からの出入りも選択肢の一つです。

**踏面**
階段の足を乗せる平らな面のこと。「建築基準法」では住宅における踏面の寸法は、150mm以上と定められている。

**蹴上げ**
階段の一段の高さのこと。「建築基準法」では住宅における蹴上げの寸法は、230mm以下と定められている。

**掃き出し窓**
下端が床面と同じ高さに設けられていて、屋外と直接出入りできる大きな窓のこと。窓を開けてほこりを外へ掃き出すことができるので、こう呼ばれる。庭やベランダ、デッキなどに出やすく、窓が大きいため採光にも有利である。外の景色もよく見えることから開放感がある（p.174参照）。

スロープを設置するときの勾配は、できる限り緩やかなほうがよいのですが、標準的に1/12〜1/15程度の勾配（1mの高さを上がる場合に水平方向に12m〜15mの長さが必要となる傾き）を基本とします。

　車椅子の使用を考慮する場合には、スロープでのアプローチを中心に考えます。その際、住宅のどこから出入りするのか（玄関ドア、居間・寝室の掃き出し窓など）を検討し、屋外と屋内の段差、出入り口幅にも注意します。

　出入り口（玄関ドアや掃き出し窓）前には、車椅子の方向転換などの操作が行えるように内法寸法で1,500mm×1,500mm以上の平坦部を確保します。平坦部では雨天時の水たまりが生じないよう、若干の**水勾配**を設けることがありますが、あまり勾配が急であると車椅子の操作に支障が出るので1/100程度とします。

　スロープの両端には縁石に少し高さをもたせる立ち上がり（50mm程度）を設けて、車輪が落ちて（脱輪して）車椅子が転落しないようにします。

**水勾配**
排水のために、主に出入り口や、浴室などの床面につける傾斜のこと。

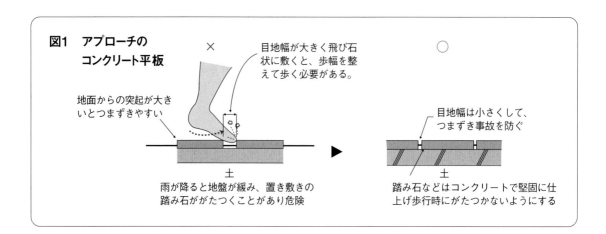

**図1　アプローチのコンクリート平板**

×

目地幅が大きく飛び石状に敷くと、歩幅を整えて歩く必要がある。

地面からの突起が大きいとつまずきやすい

土

雨が降ると地盤が緩み、置き敷きの踏み石ががたつくことがあり危険

○

目地幅は小さくして、つまずき事故を防ぐ

土

踏み石などはコンクリートで堅固に仕上げ歩行時にがたつかないようにする

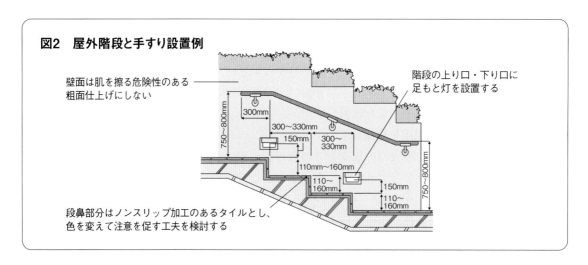

**図2　屋外階段と手すり設置例**

壁面は肌を擦る危険性のある粗面仕上げにしない

階段の上り口・下り口に足もと灯を設置する

300mm

300〜330mm

150mm

300〜330mm

110mm〜160mm

110〜160mm

110〜160mm

150mm

750〜800mm

750〜800mm

段鼻部分はノンスリップ加工のあるタイルとし、色を変えて注意を促す工夫を検討する

## 【3】手すり
### 下りるときの利き手側に

　階段には、必ず手すりを設置します。たとえ2〜3段程度であっても手すりの設置を検討します。手すりの高さは、階段部分では段鼻から手すり上端まで750〜800mm程度を目安に設置します（図2）。

　手すりは通常、下りるときの利き手側に設置しますが、できれば両側に設けることが望ましく、材質は、冬季に握っても感触のよい樹脂被覆されたものを用いるとよいでしょう。

## 【4】色彩・照明
### 夜間でも段差がわかるように工夫を

　夜間でも段差を容易に確認できるように、照明を設置したり、部分的に色を変えるなどの工夫が必要です。道路から玄関までのアプローチの距離が長い場合には、屋外灯を設けます。

　階段の上り口や下り口の位置を示すための足もと灯を設け、段差部分に注意を促します。また、階段の段鼻部分の色を変えると注意を促すことにつながり、安全面の効果が大きくなります。階段の足もと灯の照度は高くしますが、あくまでも補助照明と考え、別に屋外灯を設置します。

　また、建物の影が床に落ちて明暗ができると、影部分を段差と見間違えることもあるので、足もと周辺は均一の明るさになるよう留意します。

## 【5】その他
### 玄関庇（ひさし）を設置する

　玄関ポーチでは、施錠・開錠や玄関ドアの開閉などの動作を行います。雨天時で傘をさしているような場合や車椅子使用の場合にこの動作を行うのは困難です。そこで出入り口前のポーチ部分には、出入り動作時に雨にぬれないように庇の設置などを検討します。

**庇（ひさし）**
窓・出入り口・縁側などの上部に張り出した、日光や雨などを防ぐための小さな屋根。

## 2　玄関内外での移動（玄関）

　わが国には玄関で履き物を着脱する生活習慣があります。このために土足部分と上足部分との間に「上がりがまち」段差が存在します。古くからある戸建住宅では、上がりがまち段差が300mm以上になるものもありましたが、現在の木造住宅では180mm以下が多く、集合住宅では60mm以下が多くなっています。

　上がりがまち段差は、高齢者や障害者が玄関を上がる困難度や履き物を着脱するときの姿勢保持にも影響します。

　さらに、高齢者は視力の低下から段差を視認できず転落したり、玄関

マットにつまずくことも多くあります。また、出入りの際、玄関の戸を開閉するときのからだの保持も困難です。特に、介助用車椅子を使用するときは、操作するときのスペース、介助スペース、介助用車椅子の置き場所などを考慮する必要があります。

このように、玄関からの出入りを可能にするためには、さまざまな配慮が必要となりますが、住宅構造上の制約から、玄関での出入りが困難な場合には、代替手段として居間や寝室の掃き出し窓から直接出入りする方法を併せて考えます。

### 【1】 上がりがまち段差などの解消
### 　　安全かつ容易に越えられる段差に

歩行の場合でも、車椅子を使用する場合でも、床面の段差はできる限りなくして平坦にします。特に、玄関ドアの下枠部分で段差が最小限になるよう、設計の段階で注意します。

上がりがまち段差は昇降しやすいように180mm以下とします。ただし、180mm以下であればよいということではなく、それぞれの高齢者と障害者の身体機能を把握し、1回の昇降で安全かつ容易に越えられる段差を実測し、それに合わせる必要があります。

### （1）踏台の工夫

上がりがまち段差を解消するために、踏台を置く方法があります（図3）。玄関土間に踏台を置くことで上がりがまち段差を小さく分割することができ、上りやすくなります。

踏台は、階段1段分よりも広めにとり、進行方向から見て幅500mm以上、奥行き400mm以上とします。踏台上で靴の着脱を行う際、バランスを崩すことがあるので、手すりを設けます。

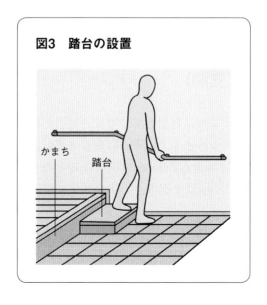

図3　踏台の設置

かまち　踏台

第1章　暮らしやすい生活環境をめざして

第2章　健康と自立をめざして

第3章　バリアフリーとユニバーサルデザイン

第4章　安全・安心・快適な住まい

第5章　安心できる住生活と

事例集　地域で取り組む福祉のまちづくり実践事例

## （2）段差解消機の設置

　上がりがまち段差が大きいときや車椅子を使用する場合などは、テーブル状の台に乗り垂直移動で昇降する段差解消機（p.105参照）の使用も検討します。

## 【2】手すり
### 上端は対象者の肩の高さより100㎜上方に

　上がりがまち段差を安全に昇降するために、かまちぎわの壁面に縦手すりを設置します。手すりの下端は、土間床面から750～800㎜程度の高さとし、上端は、ホール床面に立った際の肩の高さより100㎜程度上方とします。

　下駄箱などの収納部分があって、壁面に手すりが取り付けられない場合には、玄関収納の一部をカウンター式にして、手がかりにする工夫もあります。

## 【3】仕上げ
### 段差を確認しやすい色使い

　上がりがまちと屋内床の塗装色は、色使いを合わせるのが一般的ですが、玄関土間との段差を認識しやすくするために、かまちと床の色を変える工夫もあります。

　玄関土間とかまち材・床材とは、素材が違うため区別がつくと思われがちですが、高齢者は視力が低下し、段差などの見分けがつきにくくなっていることが多いので、配色には十分注意します。

## 【4】玄関スペース
### 車椅子を使用するかどうかで判断

　車椅子での出入りを考慮するか、それとも歩行による出入りのみを考慮するかによって、玄関の段差と土間広さの考え方は変わってきます。玄関土間の広さは車椅子使用を考慮しても、道路から玄関まで車椅子で移動することが困難であれば意味がありません。道路へのアプローチも併せて、総合的に検討する必要があります。

　車椅子使用を考慮する場合には、車椅子が土間部分に入るように、土間の奥行きを有効寸法で1,200㎜以上確保します。JIS（日本産業規格）による車椅子の全長は1,200㎜以下ですが、使用されている主な車椅子の全長は1,100㎜程度（介助用車椅子は、890～960㎜程度）なので、これに100㎜程度の余裕をもたせて考えます。

　歩行による出入りで、通常の玄関に手すりを付ける程度の配慮で十分あれば、玄関間口は、有効寸法1,200㎜程度とします。しかし、玄関の土間・ホール部分にベンチや踏台を設置し、介助スペースなどを確保す

ることを考慮すると、玄関間口は有効寸法1,650mm程度必要となります。その際には、玄関で装具や靴の着脱、介助動作などを実際に行って、必要なスペースを実測します。

## ❸ 庭・テラスへの移動(外構)

**テラス**
居間に続く屋外のスペースで、直接出入りができ、アウトドアリビングの場となるもの。れんがやタイルなどで舗装し、居間と連結して使用する。

**外構**
外構とは、住宅の敷地内で住居の周りにつくられる塀、生垣、庭、車庫などのこと。

庭や**テラス**で園芸を楽しむ高齢者にとっては、居室から庭などへ気軽に出られるような**外構**の環境整備も重要となります。また、火災や地震などの非常事態が起こった際に、玄関以外の寝室や居室から屋外に出られることが重要です。

### 【1】 テラスから道路までの段差
### スロープでの解消

室内からそのまま出られるテラスを設置すると、日常的に屋外の景色や緑が楽しめます。非常時には、道路にまで通じていなくても、ここを通って屋外へ出られることが重要です。

できれば、テラスから道路面までの動線を確保します。車椅子使用の場合には、玄関では上がりがまちなどの段差のために容易に出入りできない場合が多いのですが、庭にスペースがあればスロープでの出入りは十分可能となります。

曲線状のスロープは、車椅子での昇降時に操作が困難になる場合があるので、傾斜部分は直線形状になるように留意します。

### 【2】 居室や寝室の屋外段差
### 掃き出し窓の段差を解消

寝室やリビングに掃き出し窓がある場合は、テラスやスロープを通じて車椅子で出入りすることを考慮して、有効寸法や段差に注意します。サッシの下レールの凹凸が小さい掃き出し窓が市販されています。このサッシを利用すると車椅子での出入りが容易となり、また非常時に玄関と掃き出し窓の二方向避難が可能になります。

既存のサッシで段差がある場合でも、屋外にテラスを設け屋内床レベルと屋外テラスレベルの段差を小さくすることで、歩行可能な高齢者は屋外に出やすくなりますし、この部分にスロープを設置すれば、車椅子でも屋外に出ることが可能になります。

また、道路との高低差が大きい、敷地が狭いなどの条件からスロープや緩やかな階段の設置が困難な場合には、段差解消機の設置を検討します。掃き出し窓の外に設置して屋内外へ直接出入りする場合などに使用すると効果的です。

# C　屋内移動（廊下、階段）

　日常生活に伴う移動は重要な生活行為の一つです。しかし、健常な人々を念頭に置いて設計された住宅では、心身機能が低下した高齢者や障害者が移動しようとすると、多くの問題点がみられます。

##  廊下の移動

　住宅内の各室は廊下によって結ばれている場合が多く、したがって、住宅内では廊下を移動できること、廊下から各室に入れることが必須条件となります。

　住宅の廊下幅は、有効寸法が750〜780mm程度の場合、健常な高齢者が自立して歩行するときには何ら問題はありません。しかし、自走用車椅子を使用しての移動は、タイヤの脇に付いたハンドリムを操作する際に肘が左右に突出することから、室内に入る際には通常の廊下の幅や部屋の戸の開口幅では狭く、通行が困難となります。

　また、移動を困難にしている要因として、廊下の狭さなどのほかに、不十分な照明環境が挙げられます。薄暗い廊下を移動中に小さな段差に気づかず、つまずいて転倒する事故も多くみられます。

### 【1】廊下の有効寸法
### 　　将来に備えて幅員を考慮する

　3尺モジュール（910mm）を基本として造られた住宅で105mm角の柱を用いた**大壁**の場合、廊下幅の有効寸法は最大で750〜780mmとなります。この廊下は、介助歩行を行う人にとっては十分な幅とはいえません。そのため、幅やスペースを確保する工夫が必要です（p.133参照）。

　また、介助用車椅子を使用する場合には、どうにか通行できる幅ですが、廊下に面した開口部の有効寸法が750mm以上なければ、部屋の中に入ることはできません。さらに、自走用車椅子を使用する場合、廊下の有効寸法が780mmのときには、廊下に面した部屋の開口部の有効寸法は950mm以上を必要とします（図4、図5）。

### 【2】床面の段差
### 　　ミニスロープによる解消

　ミニスロープは小さな段差を越えるために設置するもので、敷居部分を中心に小さなスロープができます。そのため車椅子移動には適してい

**大壁**
木造建築で、壁の仕上げ材が柱面の外側に施され、柱が見えないようにする壁のこと。これに対し、柱を壁で覆わずに柱と柱の間につくった壁を真壁（しんかべ）という。和室などにみられる。

第1章　暮らしやすい生活環境をめざして

第2章　健康と自立をめざして

第3章　バリアフリーとユニバーサルデザイン

第4章　安全・安心・快適な住まい

第5章　安心できる住生活とまちづくり

事例集　地域で取り組む福祉のまちづくり実践事例

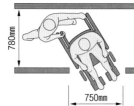

**図4　介助用車椅子で室内に入る**

780mm
750mm

介助者が後ろに回り込む
ことが難しい場合が多く、
方向転換に腕力を要する

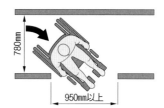

**図5　自走用車椅子で室内に入る**

780mm
950mm以上

ますが、歩行移動する人が、ミニスロープで足を滑らせる危険性もあるので仕上げには注意します。立位歩行でつまずき防止に設置したミニスロープであっても、関節リウマチで症状が進行すると、ミニスロープ部に足をのせる際に足首の関節に負担がかかることがあります。その場合には、ミニスロープ付近の壁面に手すりを設置して、手すりにつかまってからだを安定させながら一歩一歩確実に歩をすすめていきます。ミニスロープをそのままにして足首に負担がかからないように歩行するか、ミニスロープをまたぐように通行するか、ミニスロープを外して段差をそのままにして移動するか、いずれの選択肢とするかは本人や医療関係者と相談しながら決めることが必要です。

### 【3】 手すり
#### 取り付け位置の目安

　廊下の手すりの取り付け位置は、床面から750〜800mm程度を目安にします。出入り口付近では縦手すりを設置し、からだを手すりにあずけたり、手すりを握って姿勢を安定させて扉の開閉を行う場合もあります。

### 【4】 仕上げ
#### 床面や壁面の傷などに配慮する

　車椅子の場合、注意していても車輪に付着した砂ぼこりを屋内に持ち込んでしまうことが多く、床表面を傷付けやすくなります。

　床仕上げがフローリングの場合には、傷の付きにくい仕上げ、傷が付いても目立ちにくい塗装色を選択します。

　高齢の車椅子使用者は、移動の際、曲がり角部分で急転回などはあまりしないので問題は少ないのですが、若齢の自走用車椅子使用者で活発に屋内移動する場合には、車輪と床面の間で摩擦が生じ、車輪のゴム跡が床面に付くことがあります。一度、床面に付いたゴム跡は取れにくいので、ゴム跡が付いても目立たない色や模様を選択します。

　また、**幅木**を通常より高くするなど、車椅子が当たっても壁などが傷

**幅木**
屋内の壁の最下部に取り付ける、横に渡した薄い板状のもの。

154

第1章　暮らしやすい生活環境をめざして

第2章　健康と自立をめざして

第3章　バリアフリーとユニバーサルデザイン

第4章　安全・安心・快適な住まい

第5章　安心できる生活と まちづくり

事例集　地域で取り組む福祉のまちづくり実践事例

付きにくいように配慮します。幅木の高さはフットサポートの高さに合わせて設置します。通常の幅木を2段、3段と重ねることで対応する方法もあります。

## 【5】照明
### 廊下には適度な明るさの照明を設ける

高齢になると、生理機能が低下して就寝中にトイレに行く回数が増えたり、明るい所から暗がりに入って目が慣れるまでに時間がかかるようになります。このことに配慮して、適度な明るさを確保した照明器具(全点灯・中点灯・消灯の段階スイッチなどの付いている照明器具)を検討します。また、暗がりでスイッチを手探りしなくてすむように、明かり付きスイッチを採用します。

足もと灯は、出入り口付近や寝室出入り口からトイレまでの動線の要所要所に設置を検討します。上がりがまちなどの段差のある個所にも、足もと灯の設置を検討します。

## ② 階段の昇降

加齢により下肢機能が低下してくると、からだのバランスを崩しやすく、階段の昇降が困難になります。また、居室と比べて照明の明るさが十分ではない階段では、視力の低下により、階段の踏面を見誤って踏み外し、その結果、転倒や転落事故を起こすことがあります。すべての生活動作を同一階で行えるのであればこうした問題は発生しませんが、住宅の構造上、必ずしもそのようにすることができない場合が多いといえます。

## 【1】階段の配置
### トイレと階段の位置に注意する

寝室が2階以上にある場合、暗がりの中をトイレに行こうとして、トイレの出入り口と隣接する階段のドり口を間違えて転落するという事故が現実に発生しています。住宅を新築するときは、トイレ・寝室・階段の位置関係に注意し、寝室とトイレの間に階段を設けないようにします。少なくとも、階段の下り口とトイレの出入り口とを隣接させることは避けましょう。

## 【2】手すり

「建築基準法」上、階段には手すりを必ず設置しなければなりません。以下、手すりを設置するときの配慮点について述べます。

### (1) 下りるときに転落する事故が多い

　階段の手すりは、両側に設置することが望ましいのですが、一般の住宅の階段では十分な幅員を確保することが難しいと考えられます。そこで、手すりは下りる際に利き手側にくるよう設置します。これは、上がるときよりも下りるときに転落する事故が多いためです。

### (2) 手すりはできる限り連続させる

　手すりは、踊り場部分でもできる限り連続させるようにします。階段に設けた窓の位置や構造上の問題などでやむを得ず連続して手すりが設置できない場合であっても、手すり端部間の空き距離が400㎜以下となるように取り付けます。手すりと手すりの間の空き距離がこれ以上長くなると、手放しの状態でからだを移動することになるので危険です。途切れた手すりから次の手すりへの握り替えが同じ位置・同じ姿勢でできるようにすることが基本です。

### (3) 手すりの端部は壁側に曲げ込む

　手すり端部は、壁側へ曲げ込んで納めます。手すりの先端部を被覆するエンドキャップを取り付けただけにしておくと、衣服の袖口などを引っかけてしまったり、からだをぶつけてしまうなどの危険性があります。袖口が広い衣服は、特に危険です（図6）。

## 【3】ノンスリップ
### つまずかないように配慮して設置する

　転落防止のため、段鼻部分には主にゴム製のノンスリップを堅固に取り付けます。踏面よりノンスリップの厚さ分が突出して、つまずく危険性もあるので、ふだんの生活状況（裸足・スリッパ・靴下など）を再現して確かめます。ノンスリップの厚さ分だけ段鼻部分を切り欠いて取り付ける方法もあります。

---

### 図6　手すりの端部の形状

よくない手すりの例

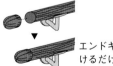

エンドキャップを付けるだけでは不十分

望ましい手すりの例

手すりの端部を壁面側に曲げ込む

袖口が大きく開いた衣服は手すりの端部に引っかかりやすい

第1章　暮らしやすい生活環境をめざして

第2章　健康と自立をめざして

第3章　バリアフリーとユニバーサルデザイン

第4章　安全・安心・快適な住まい

第5章　安心できる住生活とまちづくり

事例集　地域で取り組む福祉のまちづくり実践事例

# D　排泄・整容・入浴

　ここに述べる排泄・整容・入浴の各生活行為は、プライベートな行為であるばかりでなく、多くの生活動作が組み合わさって成り立っています。それだけに、高齢者や障害者には困難となる生活行為でもあります。

## 1　排泄

　排泄は生命維持のために必要不可欠な行為であり、人間としての尊厳にも大きくかかわってきます。

　それだけに、住宅でも、排泄に関して多くの問題を抱えています。就寝中にトイレに行くことが困難となってしまった場合、ポータブルトイレなどを使用する高齢者も少なくありません。

　トイレ内では、和式便器はもちろんのこと、洋式の便器であっても、下肢機能が低下し、立ち座りがスムーズにできない高齢者や障害者が多くいます。その結果、戸枠・窓枠・便器の縁・ペーパーホルダーなどにつかまりながら一連の排泄行為をする場合がみられますが、これらの動作は決して好ましい動作とはいえません。

　また、トイレ内部に介助スペースが確保されていないことや、トイレ出入り口の建具も通常よりも一回り小さいものが使われることが、介助動作をいっそう困難にしています。

### 【1】トイレの配置
#### トイレは寝室の近くに

　高齢になると、就寝中のトイレ使用頻度が多くなりやすく、トイレと寝室の距離はできるだけ短くするのが望ましいでしょう。本人専用のトイレを寝室に隣接させることが最も望ましいのですが、隣接させる場合には、排泄時の音やにおいが寝室へ漏れてこないよう便器の種類や建具の種類、換気などに配慮します。

### 【2】スペース
#### （1）立ち座りの動作がゆったりできるスペース

　排泄動作がすべて自立している場合には、内法寸法で間口750㎜×奥行き1,200㎜の、通常のトイレスペースでよいでしょう。奥行きが内法寸法で1,650㎜程度あれば、立ち座りの動作をゆったりとできるのでより望ましいといえます。

　さらに、間口も内法寸法で1,350㎜に拡げてトイレを造っておいて、

自立移動から伝い歩きで移動する段階では、洗面カウンター（間口が狭い場合には、手洗いカウンター）を設けた状態で使用し、介助が必要になった際には洗面カウンターを取り外せるようにしておけば、将来の介助スペースとして活用が可能です（図7）。

### (2) 介助者が動作を行えるスペース

介助が必要な場合は、便器側方および前方に500㎜以上の介助スペースを確保します。間口を広く確保した場合には、便器のどちら側から介助を行うのかを対象者や介助者とよく検討して便器の位置を決定します。

近年では、便器背後の洗浄タンクがない「タンクレストイレ」が市販されています（図8）。手洗機能はついていませんが、全長650㎜程度とこれまで使用されてきた便器より100㎜程度短くなっているため、便器の前方での介助スペースが確保しやすくなっています。

### (3) トイレと洗面・脱衣室を共有化する

トイレと洗面・脱衣室をまとめてワンルーム化しておくと、介助スペースを共有化できると同時に、戸の枚数が減るので建具の開閉動作を減らすことができます。しかし、この場合には、同居家族が多いと、入浴もしくは脱衣中にトイレが使用しにくいといったことも起こり得るため、対象者や同居家族の意向を確認する必要があります。

トイレと洗面・脱衣室を隣接して配置しておき、車椅子での使用や介助スペースが必要になった際に、トイレと洗面・脱衣室の間の壁面を撤去する方法もあります（あらかじめワンルーム化しておき、可動壁で間仕切っておくと後の改修が容易になります。p.134参照）。

#### 図7　介助スペースの確保

介助する場合には、前傾姿勢をとることが多く、介助者の臀部が突出するので、便器側方および前方に介助スペースを有効寸法で500㎜以上確保する。
なお、奥行きが1,820㎜あれば前方介助が行いやすい（図は側方介助の例）

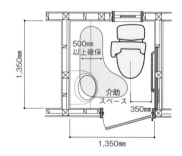
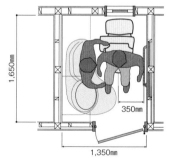

#### 図8　タンクレストイレ

タンクレストイレは、水道直結により水を流すため便器後部にタンクがなく、標準的な便器より奥行き（長さ）が100㎜程度短い。

## 【3】手すり
### 用途に応じた手すりを付ける

　トイレで用いる手すりには、立ち座り用の縦手すり、座位保持用の横手すり、双方を合わせたL型手すり、車椅子使用者に適した可動式手すり（図9）などがあります。

　手すりは、握りやすい太さ（直径28〜32mm程度）とします。樹脂被覆製、もしくは木製手すりのように握ったときの感触がよく、手になじむものが適しています。

### （1）立ち座り用の縦手すり

　縦手すりは、便器の先端より250〜300mm程度前方の側面に設置します。身体機能が低下するにつれて縦手すりの位置は、便器から遠い位置・低い位置が使いやすくなります（図10、図11）。

### （2）座位保持用の横手すり

　横手すりは、便器の中心線から、左右ともに350mmの距離（手すりの芯—芯距離700mm）で、左右対称の位置に設置するのが基本となります。手すりの取り付けの高さ（上端）は、車椅子のアームサポート（肘当て）と同じ高さ、便器の座面から220〜250mm程度上方を基本とします（図9、図10）。

### 図9　トイレの手すり設置位置

水平可動式手すりや折り上げ式手すりなど介助動作の邪魔にならない可動式の横手すりを設置する

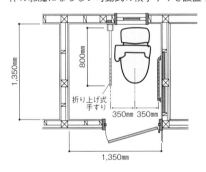

### 図10　トイレの手すり取り付け高さ

車椅子の場合には横手すりはアームサポートの高さにそろえることを基本とする

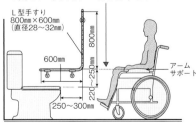

### 図11　便器と縦手すりの位置関係

手すり上端は肩より100mm上方まで

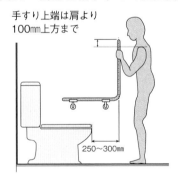

通常は縦手すりは便器先端から250〜300mmが適切な位置となる。身体機能が低下すると前傾姿勢での立ち座り動作が多くなり、縦手すりの位置も便器先端から離れた位置が適当となる。

第1章　暮らしやすい生活環境をめざして

第2章　健康と自立をめざして

第3章　バリアフリーとユニバーサルデザイン

第4章　安全・安心・快適な住まい

第5章　安心できる住生活とまちづくり

事例集　地域で取り組む福祉のまちづくり実践事例

## 【4】その他

### （1）段差のない敷居に引き戸

建具敷居の段差は解消し、引き戸とします。やむを得ず開き戸にする場合は、トイレの外側へ開く外開き戸となるようにします。内開き戸の場合、高齢者や障害者が何らかの理由でトイレ内で倒れた際に、からだに戸が衝突して戸を開けることができず、助け出すことが難しくなります。

### （2）寝室への配慮

寝室に隣接してトイレを設ける場合には、家族が排水音で目を覚ますことのないよう、消音型便器を用います。また、寝室に臭気が入らないよう、トイレに換気扇を設けるか、換気機能や消臭機能の付いた便器を用います。

### （3）暖房設備の設置

高齢者は急激な血圧の上昇や低下を起こしやすいことが知られています。この血圧の急激な変化はからだへの負担が重く、心臓や血管の疾患を引き起こすヒートショックという現象に至る危険性があります（p.140参照）。居室とトイレの温度差をなくすため、冬の暖房設備は大切です。暖房設備は、暖房便座と室内暖房機器の併用を検討します。パネルヒーターのような輻射暖房機器が適しています。暖房機器は掃除を含めて生活動作の支障にならない位置に設置することが望ましいといえます。

 ## 2　整容・更衣

整容・更衣動作は一般に両手を使用し、手を肩より高く上げる動作や、顔を洗うなど両眼を閉じて行われる動作があります。このような姿勢はふらつきやすく、バランスを崩して周囲に手をつくことがあるため、しっかりとした支えが必要となります。たとえば、更衣動作では入浴時に着脱衣を立位のままで行うと、からだのバランスを崩しやすくなります。

整容動作では、適温の温水が給湯されないと、高齢者や障害者がやけどをするおそれがあり湯温の調整は重要です。さらに、湯水を使用する洗面・脱衣室では床をぬらすこともあり、衛生面や床滑りの危険性に加え、長期間湿気にさらされ、床に傷みを生じさせることもあります。

また、他室と温度差のある場所での脱衣は、高血圧や心筋梗塞など循環器系の疾患をもつ高齢者にとって発作の直接的・間接的な原因となりかねません。さらに、緊急事態が発生した場合に、家族に緊急を知らせる方法も検討が必要です。

第1章　暮らしやすい生活環境をめざして

第2章　健康と自立をめざして

第3章　バリアフリーとユニバーサルデザイン

第4章　安全・安心・快適な住まい

第5章　安心できる住生活とまちづくり

事例集　地域で取り組む福祉のまちづくり実践事例

## 【1】 広さ

### 着脱衣動作ができる十分なスペースを

　洗面・脱衣室では、腰かけた姿勢で洗面動作や着脱衣動作ができるような広さを確保します。間口・奥行きとも内法寸法で1,650mm程度確保できると、ベンチ(長椅子)や椅子に腰かけた姿勢での着脱衣動作や洗面動作が可能となり、介助者のスペースも確保できます(図12)。

　限られたスペースを有効に活用するために、洗面・脱衣室をトイレとワンルーム化することも検討する必要があります。しかし、その際には、前述したように同居家族の意向も踏まえ、十分に検討することが必要です。

## 【2】 床仕上げ

### 水に強いシート系の床仕上げを

　洗面・脱衣室と浴室出入り口の間の段差を解消すると、洗面・脱衣室の床面がぬれやすくなります。そのため、床仕上げ材には水に強い塩化ビニルシートを用います。

　浴室の出入り口に厚手の足ふきマットを敷くと、つまずきや転倒などの原因にもなりかねないので、足ふきマットの選択には注意します。

## 【3】 洗面カウンターなどの設備機器

### 身体機能に合わせる

　洗面器だけの洗面台形式でなく、洗面器とカウンターが一体となっている洗面カウンター形式にすると物を置くスペースが確保できるので便利です。特に、片麻痺などの立位のバランスが不安定な場合は、カウンターに寄りかかりながら片手で整容動作がしやすくなります。

　鏡は、椅子に座った姿勢、また立位でも胸から上が映る大きさで、床面より800〜1,750mmの範囲をカバーできる高さとします。鏡面は防露型が適しています。

---

### 図12　ゆったり使える洗面・脱衣室

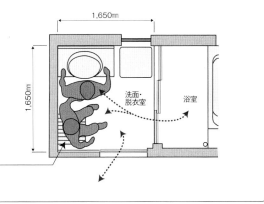

間口・奥行きともに内法寸法1,650mm程度のスペースがあれば着脱衣用のベンチを置くことも可能。ただし、出入り口の位置や動線計画など、あらかじめ検討しておく

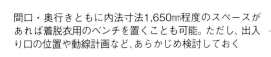

水栓金具は、湯と水を混合して温度を調整できる混合水栓とし、形状は数種類あるので使用者の使い勝手を確認して選択します。

　車椅子対応の洗面カウンターは、薄型で洗面器の下部排水管も邪魔にならないように工夫されており、車椅子のフットサポート（足台）や車椅子使用者の膝部分が当たらないように配慮されています。

　カタログで車椅子用と記されている洗面カウンターは、椅子を使用する場合にも便利なように製作されています。ただし、椅子での使用を考慮した洗面カウンターのなかには、椅子に深く腰かけられないものや車椅子で使用できないものが多くあるので注意しましょう。

## 【4】その他

### （1）収納

　カウンター上に常に物が置かれていると、カウンターを使用した洗面動作が不便になります。そこで、洗面カウンター左右の壁に、埋め込み型の収納をつくるなど、空間を上手に活用します。また、高齢者や障害者が洗面動作で日常的に使用する物をしまうことを考え、収納場所は取り出しやすい位置に設けます。

### （2）通報装置

　トイレ、洗面・脱衣室や浴室には、緊急事態が発生したときを考え、通報装置の設置を検討します。家族で使用場面を想定し、設置位置を決めます。

**３ 入浴**

　入浴は単にからだを清潔にするだけではなく、血液の循環をよくする、痛みを緩和する、精神面での充実感が得られる、などの効果が期待できます。しかし、適切な配慮を怠ると重大な事故を引き起こしかねません。

　注意しなければならない点の１つ目は、浴室内への移動です。脱衣室と浴室との床面の段差が大きく、浴室に入るのに困難が伴うことが多くあります。また、浴室の床面は水でぬれていて滑りやすいため、からだのバランスの悪い高齢者や障害者は転倒しやすく、また裸体であるためけがをしやすくなります。移動に適した安全な環境への配慮が必要です。

　２つ目は、洗い場の広さです。わが国の入浴方法では、洗い場でからだを洗うために立位から座位へ、浴槽につかるために座位から立位へといったひんぱんな姿勢の変化があります。このため、洗い場に一定の広さを確保することが必要です。また、洗体や洗髪などの動作にしても、狭い場所ではスムーズに行いにくいといえます。介助が必要な場合は、スペースが狭いために介助動作が困難となるケースも多くあります。

　3つ目は、浴槽の形状です。これまでのわが国の住宅では和式浴槽が多く使用されており、このため、浴槽縁が高すぎて、浴槽への出入りが困難な高齢者や障害者が多く、また浴槽にからだを沈めているときに安定した姿勢がとれないことがあります。出入り動作に適した浴槽を選択することが必要です（p.166）。

　4つ目は、動作の安全性です。上記の3項目に共通していえることは、入浴動作の安全性を担保することへの配慮であり、その解決策の一つとして手すりの設置が挙げられます。

　5つ目は、室温や湯温の調節です。浴室の室温調節や湯温調節を適切に行うようにすることが必要です。

## 【1】 全体設計
### 身体機能に応じた浴室

　高齢者や障害者が利用しやすい**ユニットバス**は多種販売されており、それらを採用することが一般的です。メーカーにより特徴が異なるものが多く、購入にあたっては、ショールームなどで実際に体験して比較、検討するのが望ましいといえます。ユニットバスは、あらかじめ出入り口の段差解消や排水処理の工夫、手すりの取り付け、浴槽周囲に腰かけスペースが設けられているなどの配慮がなされています。ただし、導入の際には高齢者や障害者の身体状況や入浴動作に合ったものを選択することが必要になります。より身体機能の低下した高齢者や障害者がシャワー用車椅子（p.112参照）などを利用して入浴する場合には、たとえば、図13のような整備が必要となりますが、これは市販されているユニットバスにおいては入浴に用いる福祉用具の使用に対応しにくい形状である場合も少なくないためです。

**ユニットバス**
床、壁、天井、浴槽などを工場で成型し、建築現場に搬入した後に組み立てる浴室のこと。

## 【2】 広さ
### 介助ができるスペースの確保

　浴室の大きさは内法寸法で間口1,600mm×奥行き1,600mm程度もしくは1,800mm×1,400mmは確保しましょう。浴室が広くなることで洗い場のスペースが広く確保できるので、介助者が浴室に入って介助動作を行うことが可能となります。これより狭いと、入浴用椅子などの福祉用具を用いた入浴や介助動作に支障が生じることがあります。

## 【3】 浴室の出入り口
### 段差に注意する

　浴室出入り口の段差は国が定める基準で20mm以下とされていますが、車椅子を使用する場合なども視野に入れ、5mm以下に抑えることが望ましいでしょう。なお、一般に市販されている段差のない浴室用サッシや

第1章　暮らしやすい生活環境をめざして

第2章　健康と自立をめざして

第3章　バリアフリーとユニバーサルデザイン

第4章　安全・安心・快適な住まい

第5章　安心できる住生活とまちづくり

事例集　地域で取り組む福祉のまちづくり実践事例

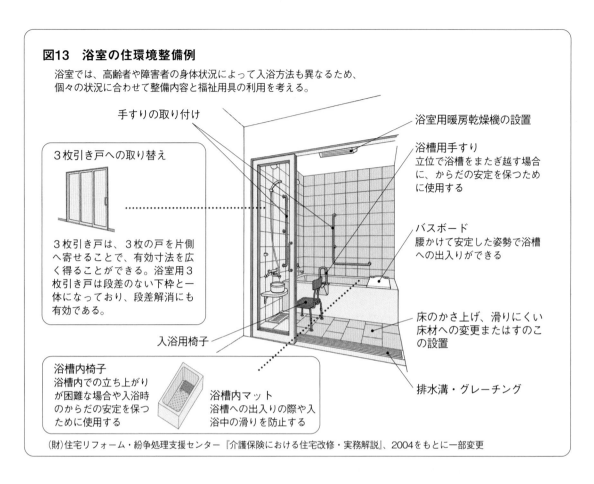

**図13　浴室の住環境整備例**

浴室では、高齢者や障害者の身体状況によって入浴方法も異なるため、
個々の状況に合わせて整備内容と福祉用具の利用を考える。

手すりの取り付け

**3枚引き戸への取り替え**

3枚引き戸は、3枚の戸を片側
へ寄せることで、有効寸法を広
く得ることができる。浴室用3
枚引き戸は段差のない下枠と一
体になっており、段差解消にも
有効である。

入浴用椅子

**浴槽内椅子**
浴槽内での立ち上がり
が困難な場合や入浴時
のからだの安定を保つ
ために使用する

**浴槽内マット**
浴槽への出入りの際や入
浴中の滑りを防止する

浴室用暖房乾燥機の設置

**浴槽用手すり**
立位で浴槽をまたぎ越す場合
に、からだの安定を保つため
に使用する

**バスボード**
腰かけて安定した姿勢で浴槽
への出入りができる

床のかさ上げ、滑りにくい
床材への変更またはすのこ
の設置

排水溝・グレーチング

（財）住宅リフォーム・紛争処理支援センター『介護保険における住宅改修・実務解説』、2004をもとに一部変更

**グレーチング**
排水溝などに設置する格
子状、あるいはすのこ状
の床面の覆いのこと。シ
ャワー用車椅子などで上
部を通過するとがたつく
ことがあるので注意する。

ユニットバスを採用すると、車椅子使用の場合も、浴室への出入りが容
易になります。

　一方、浴室で入り口段差を小さくすると、洗い場で使用する湯水が脱
衣室に流れ出るおそれがあります。このため、洗い場の水勾配は出入り
口方向と反対側の洗い場奥の方向に設けると同時に、出入り口前に排水
溝を設け、その上部に**グレーチング**を設置することが必要になります（図
14）。

## 【4】洗い場床の段差
### （1）床面のかさ上げ

　洗面・脱衣室と浴室の間の段差の解消を、すのこを用いずに建築工事
で行う場合には、浴室床面をコンクリートで埋める方法があります。た
だし、この場合、浴室から湯水が洗面・脱衣室に流れ出ないように排水
溝を設け、その上部にグレーチングを敷設するなどの配慮が必要となり
ます。ユニットバスなどではこの方法は難しいので、すのこを活用し、
段差の解消を図ります。

### （2）「すのこ」の活用

　洗い場でからだを洗うことが習慣である日本の浴室では、湯水が洗い

第1章　暮らしやすい生活環境をめざして

第2章　健康と自立をめざして

第3章　バリアフリーとユニバーサルデザイン

第4章　安全・安心・快適な住まい

第5章　安心できる住生活とまちづくり

事例集　地域で取り組む福祉のまちづくり実践事例

**図14　浴室出入り口における排水溝の設置例**

この排水溝は浴室の外へ湯水が流出するのを防ぐためのものであり、浴室床の水勾配は出入り口と反対側に向けて設ける。

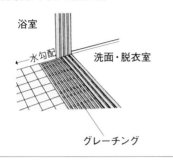

浴室

水勾配

洗面・脱衣室

グレーチング

**図15　すのこで段差を解消した例**

すのこまで届くシャワーカーテンを掛けることで湯水が洗面・脱衣室へ流出することを防ぐ

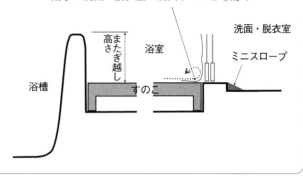

浴槽

高さまたぎ越し

浴室

洗面・脱衣室

ミニスロープ

すのこ

場から洗面・脱衣室側へ流れ出ないよう、古い住宅では出入り口に大きな段差（通常100mm程度）が設けられています。この段差の最も簡易な解消方法としては、洗い場にすのこを敷き詰める方法があります（図15）。

すのこを敷く際の注意点として、次の3点があります。

①小割りにして、取り外しを容易にします。これは、清掃・日干しなどメンテナンスのためです。また、すのこに手掛け部分を設けるなどの工夫をすると、取り扱いがより容易になります。

②敷き詰めた際に、脚部にゴムを張り付けるなどの工夫をして、がたつかないようにします。

③浴槽縁高さは、すのこを敷いた状態でまたぎ越しをしやすい、すのこから400〜450mm程度の高さとします。ただし、すのこを敷くことで、洗い場の水栓金具はすのこの高さ分だけ低くなるため、洗面器を水栓の下へ置けないなど、使いにくくなる場合があります。水栓金具の高さには注意が必要です。

## （3）シャワーカーテンの利用

浴室、または洗い場が狭い場合、洗い場で湯水を使ったり、シャワーを用いると、出入り口ドア付近に湯水がかかりやすく、洗面・脱衣室の床面をぬらしやすくなります。浴室出入り口の洗い場側にシャワーカーテンを設置すると、湯水の流出が防げます（ただし、定期的な日干しや洗浄が必要です）。

## 【5】手すり
### 用途に応じた手すりを

浴室の手すりは、①浴室出入り用縦手すり、②洗い場立ち座り用縦手すり、③洗い場移動用横手すり、④浴槽出入り用縦手すり（または横手

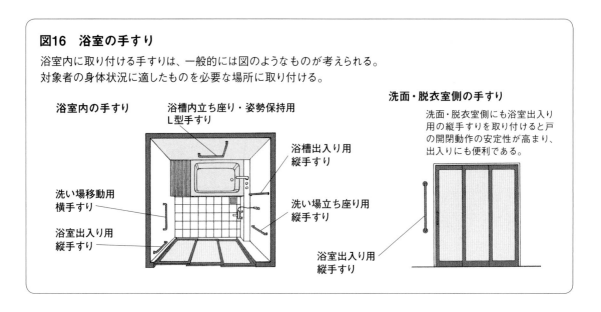

**図16　浴室の手すり**

浴室内に取り付ける手すりは、一般的には図のようなものが考えられる。
対象者の身体状況に適したものを必要な場所に取り付ける。

**浴室内の手すり**

浴槽内立ち座り・姿勢保持用
L型手すり

浴槽出入り用
縦手すり

洗い場移動用
横手すり

洗い場立ち座り用
縦手すり

浴室出入り用
縦手すり

浴室出入り用
縦手すり

**洗面・脱衣室側の手すり**

洗面・脱衣室側にも浴室出入り
用の縦手すりを取り付けると戸
の開閉動作の安定性が高まり、
出入りにも便利である。

すり)、⑤浴槽内立ち座り・姿勢保持用L型手すり、などが考えられます。

　それぞれの手すりの使い勝手を検討して必要個所を検討します(図16)。
手すりは水に強く握った感触がよい樹脂被覆製の手すりが適しており、
直径28〜32㎜程度とします。

## 【6】設備機器
### (1) 浴槽の寸法と浴槽縁の高さ

　出入りや姿勢保持の容易な浴槽として、一般的には和洋折衷式浴槽が
適しています。高齢者や障害者に適した形状としては外形寸法で長さ
1,100〜1,300㎜、横幅700〜800㎜、深さ500㎜程度とします。特に浴槽の
長さは、入浴姿勢でつま先が浴槽壁に届く大きさにすることで楽な姿勢
をとりやすくなります(図17)。浴槽縁高さは洗い場床から400〜450㎜程
度になるように設置します。この高さは、浴槽縁部分に入浴用椅子や入
浴台を置いて、腰かけて出入りするのに適しており、立位でもまたぎ越
しできる寸法です。

　浴槽縁高さは、入浴用椅子やシャワー用車椅子、介助用車椅子などの
座面と揃えることで浴槽の出入り動作が容易になります。

　浴槽縁高さは重要で、高齢者や障害者ごとに適正寸法が微妙に違うの
で、使用者と十分に相談しながら決定します。

### (2) シャワーの位置

　介助入浴の際には、介助者が使いやすい位置にシャワーフックを設置
したり、高さ調節機能付きのシャワーヘッド掛けを用いることや、シャ
ワー水栓を複数設けることなども検討します。また、シャワーの位置や
ホースの長さなどを決めるには、浴室内で体を洗う動作を想定した疑似
動作を行うとよいでしょう。シャワーヘッドで吐水・止水を行うことの

第1章　暮らしやすい生活環境をめざして

第2章　健康と自立をめざして

第3章　バリアフリーとユニバーサルデザイン

第4章　安全・安心・快適な住まい

第5章　安心できる住生活とまちづくり

事例集　地域で取り組む福祉のまちづくり実践事例

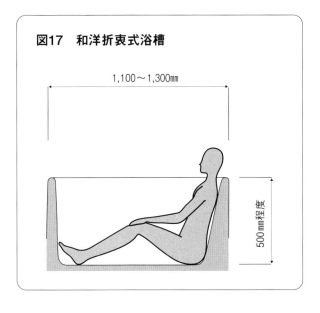

**図17　和洋折衷式浴槽**

1,100〜1,300mm

500mm程度

できるシャワー水栓を採用すると、介護負担が軽減されます。

## 【7】換気・暖房
### 室温の変化を和らげる暖房に

居室と浴室や洗面・脱衣室の室間で温度差があると、血圧の上昇や低下を起こしやすいことが知られています。この血圧の急激な変化は高齢者のからだへの負担が重く、心臓や血管の疾患を引き起こすヒートショックという現象に至る危険性があります。あらかじめ浴室や洗面・脱衣室を暖房しておくことで、からだへの負担を軽くすることができます（p.140参照）。

浴室の暖房方法としては、暖房・乾燥・換気の機能が一体となった天井埋め込み式や壁掛け式の暖房器が普及しています。温風式の暖房は、ぬれた肌に温風が直接あたると湯水の蒸発とともにからだの熱も奪い寒く感じるため、あらかじめ浴室を暖める目的で使用し、入浴中には使用しない工夫が必要です。また、換気扇を設置する場合は、浴室内の暖気を外に排出して室温が下がることがないように**熱交換型換気扇**を選択します。

**熱交換型換気扇**
排出する空気と取り入れる空気の熱を移し変えて換気する換気扇のこと。室内外の空気が入れ換わる際に熱交換器を通じて熱を交換する。外気を室内の温度に近づけて取り入れるため、室温はほとんど変えずに換気できる。

## E　清掃・洗濯、調理

家事動作は、日常生活を円滑に維持していくために必要な生活行為です。しかし、加齢とともに心身機能が低下したり、障害をもつようになると、動作を行う意欲が低下する場合もあります。したがって、できる

だけ家事動作の負担を取り除くための住環境整備が必要となります。

#  清掃・洗濯

　清掃や洗濯は清潔な生活環境を維持するためにどうしても欠かせません。しかし、高齢になって心身機能が低下すると、掃除機を持ちながら住宅内を移動することや、ふき掃除などは負担が大きく、難しい動作といえます。また、洗濯機を使うのに腰をかがめたり、高い位置に洗濯物を干す動作も困難な動作といえます。

## 【1】清掃
### （1）清掃道具の工夫
　無理な姿勢を強いる掃除動作は高齢者や障害者の身体的負担も大きく、また、十分に清掃が行き届かない可能性もあります。

　たとえば、雑巾などで手ふき掃除を行っていた生活動作は長い柄の付いたペーパーシートを用いるなど、立ったままでできるふき掃除に変えるだけでも、容易になります。

### （2）清掃道具入れの工夫
　納戸や収納内部の棚やフックの取付位置を工夫し、収納した道具の位置が一目でわかるようにします。交換用のペーパータオルや掃除機のノズルの位置など、家族が一目でわかるように工夫し、家族で協力する心構えをもつようにします。

　物の出し入れ動作を行う収納では、配置に注意します。たとえば収納位置が上階の階段下り口に面していると、物の出し入れの際、バランスを崩して階段下に転落するなどの危険性があるので、そのようなことがないように注意します。

## 【2】洗濯
　大きな洗濯かごを持って階段を昇降したために転落してしまったといった事故の報告を聞くことがあります。ふだんの階段昇降に比べて当然危険性が高く、この事故を防ぐためには、洗濯機の設置場所と同じ階で洗濯物を干せるように洗濯機を配置したり、洗濯物を干す動作を行わなくてもよい工夫などを検討します。

　たとえば、庭では日照が十分得られない、あるいは物干しスペースが確保できないといった場合には、乾燥機能付きの洗濯機に取り替えます。乾燥機能付きの洗濯機を新たに購入する場合には、使用状況を想定して、洗濯槽の洗濯物が出し入れしやすいか、内部まで手が届きやすいかといった点を考慮して機器を選びます。物干し動作を行う場合には、物干し

の高さに注意します。できれば、肩の高さより低い（車椅子使用者では高さ1,000mm程度）ものを用意します。ただしシーツや布団などの大きなものは地面につかないように注意して干すようにします。

## 調理

　調理動作は身体的、栄養的な面から重要な生活行為です。しかし、調理台の高さがからだに合っていないと腰痛の原因となったり、高い場所や低い場所から物を取り出すのに無理な姿勢をとると、からだのバランスを崩しやすくなるなどの状況が生まれます。また、火気（かき）の使用にはさまざまな危険因子が潜んでいます。さらに、食卓までの配膳も調理スペースと適切な位置関係にないと運搬が困難となります。また、住宅用火災警報器はすべての住宅の寝室や階段に法律によって設置が義務づけられていますが、加えて、地域によっては台所への設置が義務づけられているところもあります。

### 【1】 配置
#### 無駄な動作のない配置に
　高齢者や障害者が使用するキッチンは、長時間の立ち仕事を行わなくてもすむように、また、無駄な動作が少なくてすむように、流し台、調理台、コンロなどの配置をコンパクトにまとめます。
　キッチンと食堂は作業動線を短くし、部屋として仕切らず、家族の気配を感じることができ、コミュニケーションのとりやすい配置が望ましいといえます。壁や建具で仕切らずに**ハッチ**やカウンターで仕切れば、適度に視線をさえぎり、不意の来客時にもキッチン内を見せずにすみます。また、ハッチやカウンターがあると調理の下準備や配膳作業が容易になるので便利です（図18）。

**ハッチ**
キッチンと食堂などを仕切る壁の両側から物の受け渡しができるように設けられた開口部のこと。

### 【2】 調理機器
#### 使い慣れた機器が基本
　使い慣れた調理機器の使用を基本とします。新しい調理機器にする際には、使い勝手などを十分理解してからにします。これまで使ったことのない調理機器の場合には、使用できるかどうかをショールームなどで体験するとよいでしょう。
#### （1）ガスコンロの安全機能
　現在、市販されている家庭用ガスコンロ（1口の卓上コンロを除く）はすべてのバーナーに「調理油過熱防止装置」、「立ち消え安全装置」の装着が義務づけられています。また、コンロやグリルの「消し忘れ消火機

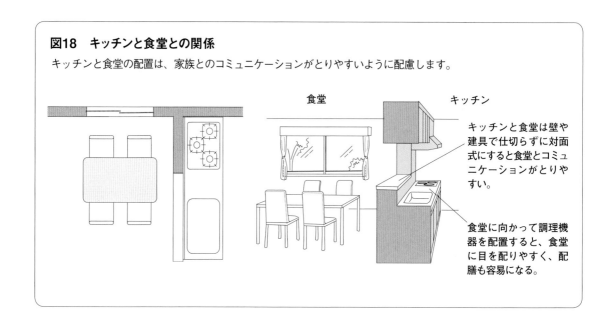

**図18 キッチンと食堂との関係**

キッチンと食堂の配置は、家族とのコミュニケーションがとりやすいように配慮します。

食堂　　　　　　　　　　　　　　　キッチン

キッチンと食堂は壁や建具で仕切らずに対面式にすると食堂とコミュニケーションがとりやすい。

食堂に向かって調理機器を配置すると、食堂に目を配りやすく、配膳も容易になる。

能」が標準で装備されたもののほか、鍋が載っていない状態では点火しない「鍋なし検知機能」など、より安全性の高い機能が付加されたものもあります。機能や使い方をよく理解したうえで使用するようにします。

## （2）電気調理器と電磁調理器（IHヒーター）

電気コンロには電気調理器や電磁調理器があります。

電気調理器は、天板の加熱部分（鍋が置かれる面）が熱せられるので、鍋を加熱部分から下ろした後も余熱が残り、天板加熱部分に触れるとやけどする危険がある点に注意します。

電磁調理器は、鍋自体を発熱させるので、鍋を下ろして加熱部分を触ってもやけどの心配がなく安全性が高いものです（ただし、鍋を下ろした直後に加熱部分に触れると、鍋からの余熱で熱くなっており、やけどをすることもあります）。しかし、使用できる鍋が限定されるなど、導入の際によく確認する必要があります。

いずれの機器も利点と欠点をよく把握したうえで採用を検討します。

## 【3】キッチンの高さ
### 身体機能に合わせた調理台を

立位姿勢での調理がつらくなると、調理台に寄りかかって調理をすることになるので、それでも支障がないようにサポートバー付きのタイプも検討します。また、椅子座での調理を考慮した場合、シンク（流し）下部に膝入れスペースを設けた調理台を検討します（図19）。現状では椅子座まで考えなくてもよい場合には、後々、シンク下部の収納を撤去し、膝入れスペースを確保できるように工夫します。

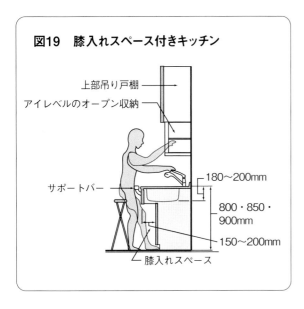

図19　膝入れスペース付きキッチン

上部吊り戸棚
アイレベルのオープン収納
サポートバー
180～200mm
800・850・900mm
150～200mm
膝入れスペース

## （1）立位での調理では身長に合わせて

　立位で行う場合のキッチンカウンターの高さは、使いやすい高さに合わせます。現在市販されているキッチンカウンターの高さは、800㎜、850㎜および900㎜の３種類が標準的な高さです。洗う（シンク作業）、切る（調理台作業）、火を扱う（コンロ作業）などキッチンでのさまざまな作業を考え身長に合わせて高さを調節します。多くのキッチンは下部の台輪部分（収納部分の下方にある高さ100㎜程度の下枠）で調節が可能となっています（図20）。

## （2）車椅子での調理は膝入れスペースに工夫

　車椅子での調理を考える場合、キッチンカウンターの高さは、740～800㎜程度となります。使用する車椅子に座った状態で膝の高さ、アー

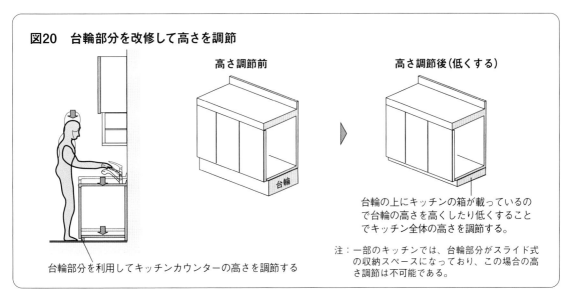

図20　台輪部分を改修して高さを調節

高さ調節前　　　　高さ調節後（低くする）

台輪

台輪部分を利用してキッチンカウンターの高さを調節する

台輪の上にキッチンの箱が載っているので台輪の高さを高くしたり低くすることでキッチン全体の高さを調節する。

注：一部のキッチンでは、台輪部分がスライド式の収納スペースになっており、この場合の高さ調節は不可能である。

第1章　暮らしやすい生活環境をめざして

第2章　健康と自立をめざして

第3章　バリアフリーとユニバーサルデザイン

第4章　安全・安心・快適な住まい

第5章　安心できる住生活とまちづくり

事例集　地域で取り組む福祉のまちづくり実践事例

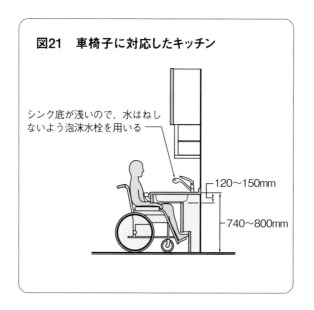

図21　車椅子に対応したキッチン

シンク底が浅いので、水はねしないよう泡沫水栓を用いる

120〜150mm

740〜800mm

ムサポート（肘当て）の高さなどを測り、膝入れスペースの奥行きや高さを考慮します。シンクの深さを120〜150mm程度（通常180〜200mm）と通常より浅くすることで、膝を入れやすくなります。併せて、水栓を泡沫水栓に変更し、水はね防止に配慮します（図21）。

### （3）収納の高さ

　高齢者や障害者が使用する収納と家族が使用する収納を詳細に検討します。頻繁に使用するものは腰をかがめず、視線の届く高さで出し入れできる個所に収納するようにします。視線の高さに**オープンな収納**を設けると便利です。最近では、昇降式の収納もあります。

**オープンな収納**
扉のある吊戸棚では圧迫感が出るが、奥行きの浅い扉のない収納棚（パイプ棚など）にすると圧迫感もなく、調理時によく使う計量カップなどを置く棚として利便性が高い。

# F　起居・就寝

　就寝は、食事などと同様に心身機能の低下を防ぐためにも、人間にとって重要な行為です。介護を必要とする高齢者や障害者のなかには一日の大半を寝室で過ごすこともあり、快適に過ごすためには部屋の配置やスペースのとり方などに配慮が必要となります。また、高齢者や障害者はベッドでの就寝が適しているといわれていますが、個人の生活スタイルや身体状況によっても異なるので、使用者や家族と慎重に検討します。

## 1　起居・就寝

　起居・就寝の問題としては、畳面上に敷いた布団での立ち座りやトイ

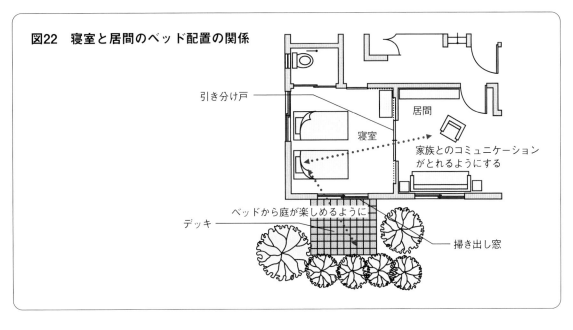

**図22　寝室と居間のベッド配置の関係**

引き分け戸

居間

寝室

家族とのコミュニケーションがとれるようにする

ベッドから庭が楽しめるように

デッキ

掃き出し窓

レへの移動が困難となる場合が多くみられます。また、夜間、トイレに行くときに廊下が暗くて転倒する危険性が高いという問題もあります。

## 【1】配置
### （1）家族とのコミュニケーションのとりやすい配置
　高齢者や障害者が孤立しないように、コミュニケーションのとりやすい配置としては、寝室と居間を隣接させる方法があります。ただし、高齢者や障害者の生活サイクルに影響を与えてしまう可能性があることに注意しましょう。特に、高齢者や障害者が寝室で過ごす時間が長い場合には、寝室と居間の間の建具を**引き分け戸**などにして、なるべく広い開口が得られるようにすると、居間とのワンルーム感覚がもて、コミュニケーションが図りやすくなります（図22）。その際の戸は、単なる襖ではなく、遮音性能の高い引き分け戸とします。

### （2）睡眠を妨げない配慮
　上階からの生活音で睡眠が妨げられることがあるので、戸建住宅の場合、高齢者の寝室は上階に部屋のないところを選ぶか、新築・増改築の場合は上階に部屋を設けないようにします。やむを得ず寝室の真上に部屋を設ける際には、使用頻度の少ない納戸などにするか、もしくは遮音性能の高い床仕上げとし、影響を最小限にします。

## 【2】広さ
### 生活動作を考慮したスペース
　下肢機能が低下すると、床からの立ち座りや布団の上げ下ろしが困難になるため、ベッドでの就寝を基本に考えます。ベッドを設置する場合

**引き分け戸**
建具の開閉方式の一つ。2枚の戸を左右両方に引き分ける。両方の戸を開くことができるので、開口が大きくとれる。

は、1人用の寝室では6～8畳（車椅子を使用する場合には8畳は必要）、夫婦用であれば8～12畳を確保するのが望ましいでしょう。

ベッドの位置、車椅子の乗降スペース、介助者の立つ位置など、寝室内での動作を詳細に検討します。

高齢者が畳を敷いた和室を希望する場合は、畳面と廊下や他室床面とが平坦になるように仕上げ、段差が生じないようにします。また、寝室や居間の一角の2～3畳程度のスペースを、腰かけてベッドと同様の使い方ができる高さに仕上げる（小上がりという）工夫もあります。

## 【3】窓
### 車椅子での出入りが可能な掃き出し窓

ベッド上から屋外の景色を楽しめるよう、掃き出し窓を設置します。掃き出し窓は、車椅子での出入りも可能な有効寸法を確保します。使用している車椅子幅とサッシの有効寸法を考慮してサッシの幅寸法を決めます。最近では、バリアフリー対応サッシが市販されており、屋内外への移動も以前に比べれば、容易に行えるようになってきました。

掃き出し窓の段差を解消する場合、サッシの外側を屋内床面と同レベルにするために、**デッキ**を設置するなどの工夫が必要となります。

**デッキ**
屋内床面と同じレベルまたはほぼ同じレベルに設置した屋外にある台のこと。木製で造られることが多く、その場合はウッドデッキと呼ばれる。

## 【4】和洋室の床段差

和室の床面は一般的に、畳の厚さの影響で10～40mm程度、洋室の床面よりも高くなっています。この段差を解消するために、軽微な改修工事などにより対応するには、敷居段差を残して、ミニスロープを設置する方法があります。この場合、ミニスロープは出入り口幅や出入り口敷居段差の高さに合わせて設置します（p.124）。

## 【5】床仕上げ
### 汚れに強く、クッション効果のある素材に

寝室の床仕上げは、最近ではフローリングが主流となっていますが、質感に暖かみがあり、ある程度の弾力性があるコルク床もよいでしょう。コルクの厚さで感触が異なりますが、コルク層の厚さは3～10mm程度の製品が市販されているので、予算に応じて選択します。

また、カーペット敷きの場合には、**タイルカーペット**の使用が適しています。汚れた際のことを考え、予備のカーペットを確保しておきます。汚れた場合には、その部分を予備のカーペットに張り替えて、汚れたカーペットは洗浄します。抗菌・防汚処理されたカーペットもあるので、選択の目安にしましょう。

いずれの場合でもつまずきや滑りには注意して選択します。

**タイルカーペット**
カーペット材をタイル状（450mm角や500mm角など）にカットして床に敷いたものの総称。クッション性があり、部屋に合わせて簡単にカットできる。

第1章
暮らしやすい
生活環境を
めざして

第2章
健康と自立を
めざして

第3章
バリアフリーと
ユニバーサルデザイン

第4章
安全・安心・
快適な住まい

第5章
安心できる住生活と
まちづくり

事例集
地域で取り組む福祉の
まちづくり実践事例

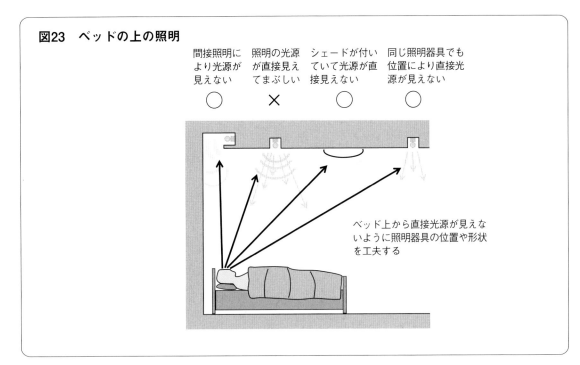

**図23　ベッドの上の照明**

間接照明により光源が見えない　〇

照明の光源が直接見えてまぶしい　✕

シェードが付いていて光源が直接見えない　〇

同じ照明器具でも位置により直接光源が見えない　〇

ベッド上から直接光源が見えないように照明器具の位置や形状を工夫する

## 【6】収納

### 使い勝手のよいスペース

　収納の扉は、原則として引き戸とします。引き戸にできない場合は、開閉するときにからだがあおられるような大きな扉の開き戸ではなく、扉が折れて開閉する折れ戸が望ましいといえます。奥行きが600mm以上の深い収納の場合は、下枠(建具枠)段差をなくし、そのまま収納内部まで足を踏み込めるようにします(p.137参照)。布団の出し入れをする押し入れの中棚の高さは、対象者の使いやすい高さ(750mm程度)を目安とします。また、思い出の品々を収納できるようなスペースも配慮します。

## 【7】設備機器

### (1) 照明器具への配慮

　ベッド上で過ごす時間が長い場合には、照明の光源がベッド上の高齢者や障害者の眼に直接入らないように照明器具の位置や形状を工夫します(図23)。

### (2) 緊急時への対処

#### 緊急通報装置と住宅用火災警報器

　緊急通報装置は住宅内で家族や介護者などに知らせる小規模な装置から、屋外に通報する比較的大規模な装置まであります。

　家族構成や住まい方などを考慮し通報先や通報方法を考えます。

　また、住宅用火災警報器はすべての住宅で寝室や階段を中心に法律や条例などによって設置が義務づけられています(p.142参照)。

### （3）コンセントへの配慮

　ベッドと出入り口（建具、掃き出し窓など）との間の動線を考慮し、床上を這うコードに足を引っかけないようコンセントやコードの位置を検討します。

# G　妊婦・子どもに対する配慮

　本章では、これまで主に高齢者・障害者でも安全・安心・快適に暮らせる住環境整備について学んできました。

　しかし、高齢者や障害者だけではなく、妊婦や子どもに対しても、日常生活上の配慮が必要となります。妊婦の場合、足もとが見にくくなり、屈み動作がむずかしくなるために、生活上の困難動作が多くなります。子どもの場合は、転倒・転落・溺水などの家庭内事故が、1〜4歳の死亡原因の上位を占めています。

　妊婦や子どももまた、安全・安心・快適な生活を営めるよう、あらゆる人に配慮された住環境整備をめざしましょう。

 **妊婦に対する配慮**

　妊娠期は、普通に歩行していても身体バランスが崩れやすいという特徴があるため、足もとのわずかな段差や障害物には注意が必要です。さらに腹部が大きくなっているので、足もとが見にくい、屈み動作が難しくなるといった身体変化があります。

　住環境整備としては、段差解消、手すりの取りつけといった、高齢者等が安全に生活できるようにするための配慮と同様ですが、これに加えて生活動作を無理のない姿勢で安全に行える工夫が必要です。

　以上の大きな特徴から、各室における注意点は以下のようになります。
・浴室では、足もとがぬれていると転倒しやすくなります。妊娠によってバランスを崩しやすくなっているので、洗い場で足を滑らせそうになったときに手すりにつかまれるようにします。
・居間では、歩き回ることも多く、足もとのカーペット等の敷物で転倒したり、床上の子どものおもちゃをよけられず転倒したりします。カーペットは一時的に撤去し、床に物を置かなくてもよいように収納スペースを確保します。
・キッチン、食堂では、突出物に腹部を打ちつけてしまうことが多くあります。つい便利なため、調理中に開けっ放しになる収納扉や引き出

しには注意が必要です。

　また、屈み動作が困難なため、キッチン下部の収納物の出し入れが困難になるので、よく使う収納物は目の高さよりも下の位置で、しかも屈まなくてもよい場所に移します。

・階段昇降では、特に階段を下りるときに足もとが見えないため、踏み外しの危険が多くなります。手すりにつかまって昇降できるようにします。

## 2　子どもに対する配慮

　子どもは、住宅内で走り回ったり高い場所に登ったり、危険という概念をもたずに行動します。そのため、親が日ごろから子どもの行動に気を配っていなければなりませんが、四六時中見守っているというわけにもいきません。しかし、親がほんの少しだけ目を離した間にも、事故は起きてしまいます。

　子どもは成長するにつれて「これは危険」ということを自然に学んでいくわけですが、それが難しい幼少の間は、住環境自体を安全にしておく配慮が必要です。たとえば、次のようなことに配慮します。

・室内の段差を解消し、床面を滑りにくくして、転倒事故を防ぎます。

・テーブルや家具の角に頭を打ちつけることを考え、角部に軟らかい緩衝材を張り付けます。

・バルコニーの手すりによじ登れないように付近に台を置かないようにします。屋外の収納ボックスや段ボール箱やエアコンの室外機も子どもは台として使うことがあります。登れないように囲うなどの工夫が必要です。

・開き戸の吊り元部分にできるすきまに手指を挟まないように、カバーを付けます。

・開き戸下部をアンダーカット（戸下部と床面との間にすきまができている）している場合に、足の指先を挟んでけがをしないように下部にゴム材を張ります。

・子どもの手の届く範囲にたばこや灰皿、刃物などを置かないようにします。手の届かない所でも、食卓の上の物を取ろうとしてテーブルクロスなどを引っ張り、熱い物を触ってしまってやけどをすることが多くあります。

・引き出しなどを開けたときに足上に落ちないように止め金具を付けるか鍵をかけます。

・ストーブなどの火を使う器具には近づけないように柵を設置します。

第1章　暮らしやすい生活環境をめざして

第2章　健康と自立をめざして

第3章　バリアフリーとユニバーサルデザイン

第4章　安全・安心・快適な住まい

第5章　安心できる住生活とまちづくり

事例集　地域で取り組む福祉のまちづくり実践事例

## 子どもの家庭内事故とはどのような環境で起こるのか？

子どもの死亡原因において、火災や誤嚥以外の要因を見ると、転倒や転落、浴槽内での溺死が多くみられます。一見、親や子どもの不注意などが要因ではないかと考えがちですが、検証していくと、実際には私たちの住環境が大きくかかわっていることがわかります（第1章2節表1）。

具体的に見ていくと、ベランダなどの柵を乗り越えて転落してしまうケースがあります。ベランダの柵そのものは子どもの身長よりも高いのですが、柵の手前に子どもが乗れる程度の高さの物を置いたりエアコンの室外機があったりすると、これを踏み台に利用してベランダの柵を乗り越えてしまうという危険が潜んでいます。同様の危険が上階の腰高窓でもあります。腰高窓自体は子どもが乗り越えにくいですが、窓前にベッドが置かれるなどして踏み台となり、乗り越えてしまう事故もあり、ベランダ同様に窓の前の家具配置に注意が必要です。さらに乗り越えによる事故では、バルコニーのほかに浴槽への転落がみられます。浴槽をのぞき込んだ際に転落し、湯水をためていたため、溺死へとつながる危険があります。

また、そのほかにキッチンでの事故も多くなっています。キッチンには、包丁などの刃物やコンロの火、ポットのお湯など、子どもにとって危険なものが多く存在します。キッチンの収納扉にかけてある包丁を取り出してしまう、火にかけた鍋に手を伸ばして落下させてしまうといったケースがみられます。

このように、私たちの日常生活のなかにおいて、子どもにとって危険なものや状況が数多く存在していることがわかります。しかし、子どもの家庭内事故の多くは、建築や設備といった住環境に配慮することで、未然に防ぐことができるともいえます。

たとえば、乗り越え防止のために、柵のそばには子どもが上ってしまうような物を置かないようにする、浴室の扉には鍵をかけ、ため湯をしない、キッチンの収納には容易に開かないようロックする用具を取り付けるといった対応をすることで、子どもの事故のリスクを減らすことができます。

第1章　暮らしやすい生活環境をめざして

第2章　健康と自立をめざして

第3章　バリアフリーとユニバーサルデザイン

第4章　安全・安心・快適な住まい

第5章　安心できる住生活とまちづくり

事例集　地域で取り組む福祉のまちづくり実践事例

## COLUMN

# 介護保険で利用できる住宅改修

介護保険制度では、要支援者、要介護者が自宅に手すりを取り付ける、段差を解消するなどの住宅改修を行った場合に、住宅改修費の9割（一定以上所得者は8割、現役並み所得者は7割）相当額が償還払い（利用者が費用の全額を支払い、後で市町村から給付分の払い戻しを受ける方式）で支給されます。

支給限度基準額は20万円（実際に給付される金額は9割である18万円（8割である16万円、7割である14万円）まで）で、要支援・要介護状態区分にかかわらず定額です。ただし、介護を要する程度が一定以上重くなったとき、また転居した場合は、例外的に再度20万円までの支給限度基準額が設定されます。対象となる住宅改修の種類は、表のとおりです。

**表　住宅改修費の対象となる住宅改修の種類**

| | |
|---|---|
| 1．手すりの取り付け | 廊下・便所・浴室・玄関・玄関から道路までの通路等に転倒予防もしくは移動または移乗動作に資することを目的として二段式・縦づけ・横づけ等適切な手すりを設置する（取り付けに際し工事を伴わないものは除く）。 |
| 2．段差の解消 | 居室・廊下・便所・浴室・玄関等の各室間の床の段差と玄関から道路までの通路等の段差または傾斜を解消するための住宅改修をいい、具体的には、敷居を低くする工事、スロープを設置する工事、浴室の床のかさ上げ等が想定される。ただし、取り付けに工事を伴わないスロープや浴室内すのこを置くことによる段差の解消、昇降機・リフト・段差解消機等動力により段差を解消する機器を設置する工事は除く。 |
| 3．滑りの防止および移動の円滑化等のための床または通路面の材料の変更 | 具体的には、居室では畳敷きから板製床材・ビニル系床材等への変更、浴室では床材の滑りにくいものへの変更、通路面では滑りにくい舗装材への変更等が想定される。 |
| 4．引き戸等への扉の取り替え | 開き戸を引き戸・折戸・アコーディオンカーテン等に取り替えるといった扉全体の取り替えのほか、扉の撤去、ドアノブの変更、戸車の設置等も含まれる。ただし、引き戸等への扉の取り替えに合わせて自動ドアにした場合は、自動ドアの動力部分の設置はこれに含まれず、費用相当額は保険給付の対象とならない。また、引き戸等の新設により、扉位置の変更等に比べ費用が低廉に抑えられる場合に限り、引き戸等の新設は給付対象となる。 |
| 5．洋式便器等への便器の取り替え | 和式便器の洋式便器への取り替えや、既存の便器の位置や向きを変更する場合が一般的に想定される。ただし、腰かけ便座の設置は除く。また、和式便器から、暖房便座・洗浄機能等が付加されている洋式便器への取り替えは含まれるが、すでに洋式便器である場合のこれらの機能等の付加は含まれない。さらに、非水洗和式便器から水洗洋式便器または簡易水洗洋式便器に取り替える場合は、その工事のうち水洗化または簡易水洗化の部分は含まれず、その費用相当額は保険給付の対象とならない。 |
| 6．その他各住宅改修に付帯して必要となる住宅改修 | 住宅改修に付帯して必要となる住宅改修としては、手すりの取り付けのための壁の下地補強、浴室の床の段差解消（浴室の床のかさ上げ）に伴う給排水設備工事、スロープの設置に伴う転落や脱輪防止を目的とする柵や立ち上がりの設置、床材の変更のための下地の補修や根太の補強または通路面の材料の変更のための路盤の整備、扉の取り替えに伴う壁または柱の改修工事、便器の取り替えに伴う給排水設備工事（水洗化または簡易水洗化にかかるものを除く）、便器の取り替えに伴う床材の変更が考えられる。 |

「厚生労働大臣が定める居宅介護住宅改修費等の支給に係る住宅改修の種類」〔平成11年3月厚生省告示第95号〕、「介護保険の給付対象となる福祉用具及び住宅改修の取扱いについて」〔平成12年1月老企第34号〕、「「厚生労働大臣が定める特定福祉用具販売に係る特定福祉用具の種目及び厚生労働大臣が定める特定介護予防福祉用具販売に係る特定介護予防福祉用具の種目」及び「介護保険の給付対象となる福祉用具及び住宅改修の取扱いについて」の改正等に伴う実施上の留意事項について」〔平成21年4月10日　老振発第0410001号〕をもとに作成

# 住宅建築の工法・構造

## （1）住宅建築の工法

住宅の施工の方法（工法という）には、①在来工法と②プレハブ工法の2種類があります。①在来工法は、以前から用いられている一般的な施工方法です。

従来、一般的に用いられてきた工法全般は在来工法と呼ばれています。

②プレハブ工法（prefabricationの略）は、主要構造部材が工場で生産され、建築現場で組み立てる工法がシステム化されたものです。

主に施工の合理化を目的としたもので、さまざまな種類の工法が開発されています。

現場で使用する材料を工場であらかじめ加工して出荷することで、現場作業の削減、精度の高い材料の作製ができ、作業効率を上げ合理化することができます。

## （2）住宅建築の構法

住宅建築の構造は、主に①木造、②鉄骨造（S造）および③鉄筋コンクリート造（RC造）の三種類に分けられます。

①木造の代表的な構法は、軸組構法と枠組壁構法（2×4構法（ツーバイフォー構法））です。

●軸組構法とは、柱、梁（床を載せる横架材）、筋かい（構造を補強する部材として、柱と柱の間に入れる斜材）などを組み合わせて建物の骨組みを構成する、わが国の木造住宅における伝統的な構法です。

●枠組壁構法とは、もともとは北米の木造住宅の伝統的な構法です。断面寸法が2×4インチ（1インチ＝25.4mm）またはその整数倍の木材で枠組みを作り、その枠に構造用合板などを釘で打ち付けてパネルを作り、そのパネルを組み合わせて壁および床を作る構法です。

②在来工法で作る鉄骨造は、鉄骨で組まれた柱と梁を剛接合するラーメン構造が一般的です。

ラーメン構造とは、柱や梁の接合部分が地震などの外力を受けても変化しない・緩まないよう溶接などで部材どうしを堅固に一体化（剛接合）して構成する構造です。

③鉄筋コンクリート造は、鉄筋で補強されたコンクリートでできており、ラーメン構造と壁式構造の2種類が一般的です。

●ラーメン構造は、鉄筋コンクリートでできた柱と梁を剛接合した構造です。

●壁式構造は、鉄筋コンクリートでできた床や壁のような面状の構造要素で構成した構造です。

## 軸組構法の留意点

建築の現場では、今でも尺貫法の考えが一般的ですが、福祉住環境の視点で考えると工夫が必要です。

生活しやすい空間とするために、スペースが必要な個所の基準寸法（モジュール）をずらしたり、壁面の撤去などが容易になるように柱や筋かいなどの位置に留意して設計を行います（柱や筋かいは構造耐力に関係するので撤去は困難です）。

## 枠組壁構法（2×4構法）の留意点

枠組壁構法はほとんどの壁面が構造壁になっており、竣工後（工事完了後）に出入り口などの新設や壁面の撤去などは困難です。

そのため、将来の増改築や改修に備えて、スペースの確保が必要と思われる個所の部屋の広さや、窓やドアなどの開口部の有効寸法を広くとっておいたり、モジュールを910mmより大きい寸法（たとえばメートルモジュールといわれる1,000mm単位など）にすることを検討します。

## 工法と構法

工法とは建物の施工の方法（作り方）です。一方、構法とは建築物の構成方法を意味しています。

最近では、木材で建物の骨組みが構成される軸組構法の住宅でもプレハブ工法が進み、工場で木材を加工し現場で組み立てることで、高精度化・省力化が行われています。

# 第5章

# 安心できる住生活と<br>まちづくり

# 1 節 ライフスタイルの多様化と住まい

**ねらい** ライフスタイルの多様化に伴い住まいに対する考え方は変化しています。ここでは時代とともに変化する家族形態や暮らし方の変化を踏まえ、高齢期の住まい方について学びます。

## A ライフスタイルの多様化と暮らし方の変化

　産業構造の変化と都市化の進展、科学技術の進歩、情報化や少子高齢化といった社会の変化は、国民の生活様式を画一的なものから多様なものへと大きく変化させました。

　特に最近では、ライフスタイルやそれに合わせた暮らし方も多様化し、家族のあり方もさまざまに変化してきています。家族構成の多様化と、その住まい方に影響を与える住宅の多様化について考えてみましょう。

### 1 家族形態の多様化と住まい方

#### 【1】多世代同居

　多世代同居（いわゆる大家族）は、わが国の伝統的なライフスタイルの代表格でした。農林水産業などを営む家庭に多くみられた、二世代あるいは三世代同一住居の暮らしは、日常生活のなかに世代間の交流があり、伝統や文化が受け継がれやすい環境でした。産業構造は高度経済成長期に大きく変化し、かつてわが国の中心であった第一次産業（農林水産業）就業者の比率は2020（令和 2 ）年には3.2％まで減少し（総務省「労働力調査」2020年）、第二次産業（製造業など）や第三次産業（サービス産業）に従事する人が圧倒的多数を占めるようになりました。同時に、家族のライフスタイルは多様化し、大家族の一体感は薄らいでいます。

　一方、都市部の郊外型住宅地では経済的な理由から同一敷地に二家族が暮らす二世帯住宅も増えてきました。二世帯住宅は、住宅の構成要素である土地と建物のどの部分を共有あるいは分離するかでいくつかのパターンに分かれ、隣居ともいえる独立性の高いものから、同居ともいえる相互依存の高いものまであります（図 1 ）。

多世代同居の場合は、家族の**ライフステージ**が変化するとともに構成員も変化し、それに伴い家族形態も変化していきます。二世代二世帯は、出産とともに三世代二世帯となり、親世代による育児支援などが期待できます。さらに、子（親世代にとっての孫）の成長とともに世代間の独立性が意識されるようになり、子の独立によって二世代二世帯へと戻ります。さらに親世代の一人が死去すると、親が子世帯へ依存するか、または独居生活となるなどで世代交代が起こります。この時期に次の子世代の同居が行われないと、多世代同居は途絶えることになります。

### 【2】隣居・近居

隣居は、親世代と子世代とで、同一敷地内に躯体共有型あるいは敷地共有型として住宅を建てるか、隣接する敷地を取得して住宅を建てることで実現するもので、同居に近いライフスタイルとなります。

近居は範囲が決まっているわけではなく、親世代と子世代が同一集合住宅内に住むという場合から、同一町内や同一市内など、短時間で負担を感じずに行き来ができる程度の距離に住宅をもつ場合などです。

隣居や近居は欧米においても「スープの冷めない距離」といわれるように、理想的な関係のライフスタイルとされています。北欧諸国では、子どもは18歳を超えたら親もとを離れて一人暮らしをするのが当然という生活規範があることから、独居高齢者や夫婦のみの世帯が多く、それを踏まえたうえで、週末などには食事をともにできるという程度の距離に互いの住宅が置かれる場合が多くなっています。

### 【3】核家族

夫婦のみ、あるいは夫婦（親）と子どもだけの世帯構成を核家族といいます。高度経済成長期に親もとを離れ都市部に出てきた世代が構えた世帯であり、昭和30年代からの住宅団地の登場と時を同じくしています。住宅団地

**ライフステージ**
人生における幼年期・児童期・青年期・壮年期・老年期などのそれぞれの段階。新婚期・育児期・教育期・子独立期・老夫婦期などに分けることもある。

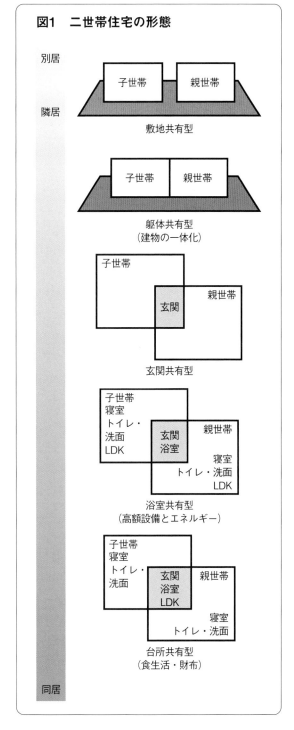

**図1　二世帯住宅の形態**

別居

隣居

子世帯　親世帯
敷地共有型

子世帯　親世帯
躯体共有型
（建物の一体化）

子世帯
玄関
親世帯
玄関共有型

子世帯
寝室
トイレ・
洗面
LDK
玄関
浴室
親世帯
寝室
トイレ・洗面
LDK
浴室共有型
（高額設備とエネルギー）

子世帯
寝室
トイレ・
洗面
玄関
浴室
LDK
親世帯
寝室
トイレ・洗面
台所共有型
（食生活・財布）

同居

第1章　暮らしやすい生活環境をめざして

第2章　健康と自立をめざして

第3章　バリアフリーとユニバーサルデザイン

第4章　安全・安心・快適な住まい

第5章　安心できる住生活とまちづくり

事例集　地域で取り組む福祉のまちづくり実践事例

寝る場所と食事をする場
所を分けること。和室に
卓袱台（ちゃぶだい）の昭
和30年代までの庶民の生
活では、卓袱台を片付け
て布団を敷いて寝るとい
うように、同じ部屋で食
事も睡眠も行われていた。

の登場とともに、ダイニングキッチンが取り入れられ、**寝食分離**や椅子
座の食事などが始まり、日本人のライフスタイルが大きく変化して今に
いたっています。

　また、子どもが独立した後には高齢者夫婦だけが残ります。一方が死
亡したり、要介護状態になったりしたときに、遠く離れた家族がどのよ
うなライフスタイルを選択するかが深刻な問題になってきています。

　高齢者夫婦のみの家庭だけでなく、高齢者親子という二世代の高齢者
世帯も少なからず存在しています。こうした社会状況を受け、介護力の
確保をはじめ、高齢者が安全、安心に暮らしていくことができる福祉住
環境整備がますます求められています。高齢者世帯に対しては、バリア
フリー化や緊急通報システムの整備など、高齢者にとって住みやすい住
宅を提供するためのさまざまな制度や事業が実施されており、よりいっ
そうの普及が求められています。

　一方、ニュータウンとして各地に造成された住宅団地も、多くが50年
以上経過し、住民の高齢化が深刻化しています。初期に建設された住宅
団地はエレベーターのない4～5階建て住棟が多く、公共交通や利便施
設も含め、高齢期の住宅そしてまちとしてどのように再整備するのか、
その対策が急がれています。

## 【4】独居（単身）

　独居とは文字どおり一人暮らしのことです。隣居や近居の形をとる独
居もありますが、社会問題化しているのは、近くに身寄りのいない独居
高齢者の増加です。

　令和3年版「高齢社会白書」（内閣府）によると、1980（昭和55）年には
高齢者人口に占める単身高齢者の割合は男性4.3％、女性11.2％でしたが、
2015（平成27）年には男性13.3％、女性21.1％になり、さらに2040年には
男性20.8％、女性24.5％にまで増加すると見込まれています。現在は高
齢者夫婦や高齢者親子のどちらかが死亡することで独居となる事例が多
くなっています。また、重度の障害がある若い人でも、親の保護から離
れ、自分自身の意志を尊重しながら自立して単身生活をおくる人が増え
ています。1970年代にアメリカで**自立生活運動（IL運動）**として広まった
ものから影響を受けており、これらの人たちの生活は、公的な在宅介護
サービスの利用や支援技術などに支えられています。

**自立生活運動（IL運
動：Independent
Living Movement）**
重度の障害をもっていて
も、自己決定に基づき主
体的な生活を営むことを
めざす活動や運動のこと。
アメリカのカリフォルニ
ア州バークレーで始まっ
た。

　しかし、自己所有の住宅をもたない独居者（単身者）については、まず
住宅の確保が大きな問題となります。民間賃貸住宅では、高齢者や障害
者は緊急時の対応や火災などのリスクの高さを理由に入居を拒まれるこ
とが多くあります。障害者の場合には、住宅の構造的な問題や住宅改修
の必要性を入居拒否の理由にされることもあります。

　この状況を受け、「公営住宅法」が改正され、高齢者や身体障害者に

加え、2006（平成18）年2月からは知的障害者、精神障害者の単身入居が認められるようになりました。また、2001（平成13）年に制定された、優良な高齢者向け賃貸住宅の確保を主たる目的とした法律「**高齢者の居住の安定確保に関する法律（高齢者住まい法）**」が、2011（平成23）年に改正され、高齢者が日常生活を営むのに必要な福祉サービスを受けることができる良好な居住環境を備えた高齢者向け賃貸住宅等（**サービス付き高齢者向け住宅**）の登録制度を設けるなど、長期的安定的に賃貸契約（終身建物賃貸借契約）ができるようになりました。

　単身高齢者に対する不安は、火災などの事故や犯罪および健康状態の急変などへの対応ができないなどです。このような事態の発生は近隣住民へも不安を与えることが多くあります。これを受け、ほとんどの自治体が高齢者や障害者のみの世帯に対して、緊急通報システムを運用しています。また、最近では、近隣住民の互助活動として独居者への見守り訪問を行っている地域も増えています。

## 【5】非家族同居

　非家族同居とは、血縁関係にない者同士が同一住宅に居住するライフスタイルのことです。若年世代では、友人同士などと経済性や効率性、共同作業など何らかの利益を共有する目的で同居することもあり、賃貸住宅の契約上は「ルームシェアリング」や「ハウスシェアリング」と呼ばれており、都市再生機構（UR都市機構）の賃貸住宅も親族以外の同居を認める制度を新設しました。非家族同居の規模（同居人数）が大きくなると、後で述べるグループリビング（集住）というライフスタイルになります。高齢者においても、友人同士で助け合って暮らすなどの新しい「家族」のあり方が模索されています。

## 2　暮らし方の多様化

### 【1】戸建住宅と集合住宅

　熟年期や向老期に考える終（つい）の棲家（すみか）としては、戸建住宅がよいか、集合住宅がよいかは議論が分かれるところです。以前は、「土地付き戸建住宅」が庶民の憧れとされてきました。最近では、利便性から集合住宅を志向する人も増え、高齢世代でも、子どもの独立や定年などをきっかけに利便性の高い都心の集合住宅に住み替えるという**都心回帰**も増えてきました。

　戸建住宅は、土地という不動の資産の上にあり、比較的敷地面積の広い戸建住宅では、庭でガーデニングや盆栽などの趣味や、家庭菜園、あるいはペットとの生活などを楽しむことができます。反面、外壁や屋根

---

**改正高齢者の居住の安定確保に関する法律（高齢者住まい法）**
高齢者のみの世帯の急激な増加と要介護度の低い高齢者の特別養護老人ホームへの入所希望者の増加に対して、高齢者向け賃貸住宅と有料老人ホームのルールを一元化し、厚生労働省と国土交通省の共管制度としてサービス付き高齢者向け住宅へと再構築した。

**サービス付き高齢者向け住宅（サ高住）**
ハード面では床面積原則25㎡以上でバリアフリーとし、ソフト面では安否確認と生活相談などのサービス提供を定め、契約面では説明責任や一方的解約の禁止など入居者保護のルールが定められている。登録事業者に対しては、建築費や改修費の一部補助や税制上の軽減措置、融資要件の緩和などの優遇措置がある。

**都心回帰**
バブル経済崩壊後、地価の下落などによって都市部への居住者が回復する現象のこと。東京をはじめとする主要都市圏でみられる。

**自治会**
同じ地域の居住者が、住民の生活の向上などを目的としてつくる組織のこと。また、学生・生徒が学校生活を自主的に運営していくための組織などのこともいう。

**管理組合**
区分所有の集合住宅（マンション）の管理運営に関する決議機関のことで、区分所有法（建物の区分所有等に関する法律）で規定されている。マンションの所有者になれば自動的に管理組合のメンバーになる。

などのメンテナンス作業が不可欠であり、防災や防犯に対する備えも各自の責任において行わなければなりません。

　一方、集合住宅は、交通機関や商業施設の利用が便利な場所に計画されることが多く、都市型生活を楽しむために求められています。戸建住宅に比べて戸締りなどの防犯対策も行いやすくなっています。しかし、自己所有の住宅を資産として維持管理していくには、**自治会**よりも利害関係が深い**管理組合**への参画が必要であり、共有部分の管理費用や修繕積立金の管理、あるいは長期修繕計画の立案なども人任せにはできません。

　維持管理などに関する問題は、住宅の所有形態によっても異なります。賃貸住宅であれば転居も比較的容易であり、住宅の維持管理は所有者の責任となります。一方で、最近は**一般定期借地権**付きの土地に住宅を建設する例も増えており、固定資産に対する意識の変化に伴い、住宅の所有形態は多様化しています。

### 【2】 田舎暮らしと都会暮らし

　地方への**Uターン**や**Jターン**は、これまでも各地方自治体が過疎対策として進めてきました。また、都会生まれの人が自然を求めて田舎暮らしを始める**Iターン**も世代を超えてみられるようになってきました。

　もともと団塊の世代の多くは、仕事のために地方から都会へ出てきた人々であり、親の介護のために、あるいは親が残した財産の相続のために田舎暮らしを始めるケースもみられます。また、自然回帰と都市生活の両立としてか、あるいはIターンの前段階あるいは準備としてなのか、都市部に住む中高年世代には週末の田舎暮らしが好まれる傾向にあります。

　インターネットや衛星放送などが普及したことで、情報という点では都会と田舎の差は急速に縮まっています。都市の利便性に価値を見いだすか、田舎の自然と静けさに価値を見いだすか、それぞれの価値観によって生活の拠点も多様化しているといえます。

## B 高齢期の住まい方 安心して住み続けるために

　高齢者の独居（単身）世帯や夫婦のみ世帯が増えるなかで、高齢になっても子どもに頼らず多様な暮らし方を求める傾向がみられます。介護が必要になっても、安心して住み続けるための各種サービスが整備された地域への住み替えを望むシニア層も増えています。

　このように、ライフスタイルの多様化は高齢期の住まい方にも大きな

---

**一般定期借地権**
定期借地権は、「一般定期借地権」「事業用借地権等」「建物譲渡特約付き借地権」の3つがある。このうち一般定期借地権は、50年以上の比較的長い一定期間継続して土地を使用できる権利を借り受けるもの。契約期間が過ぎれば更地にして返還しなければならない。居住しなくなった場合は、借地権とともに住宅を相続することも売却することもできる。

**Uターン**
地方で生まれ育った人が一度都会に居住し、再び故郷に戻って居住すること。

**Jターン**
地方で生まれ育った人が一度都会に居住し、その後故郷とは違った別の地方に移住すること。

**Iターン**
故郷以外の地域に移住すること。主に都会で生まれ育った人が地方に移住する場合に使うことが多い。

影響を与えていると考えられます。

 **生活の継続性と環境への適応力**

　住み慣れた地域に継続して暮らすことが理想ですが、最近ではライフスタイルの多様化や、疾病や障害を抱えるなどを理由に現在の住居に住みにくくなることや、何かのきっかけでその場所での居住の継続ができなくなることも少なくありません。

　社会や環境への適応力は、加齢とともに低下する傾向にあります。環境適応力が低下した状況での転居は、混乱を生じやすいという問題もあります。土地勘や方言、食生活、住環境、地域住民との人間関係など、転居に伴うさまざまな生活環境の変化に対してうまく適応できない場合、閉じこもりがちになり、その状態が続くことは認知症を引き起こす要因になるとも指摘されています。

　デンマークでは、早いうちから新しい住環境に慣れ、その場で長期にわたって居住できるように、旧市街地などにある高齢者の居住に適さない古い住宅から、比較的元気な間に郊外の新しい高齢者向け住宅へ住み替えるような施策が進められています。

　このように、生活の継続性を維持し、可能な限り在宅で暮らしていくことをめざしていくためにも、早い時期からの住み替えや十分な支援が計画的に提供されることが必要です。

　また、現在居住している住宅を改造または改築して居住を継続するか、新たな住居を求めて住み替えるかの選択は、費用とその効果との兼ね合いをもとに判断されることになります。生活の継続性を保つためには、住み慣れた住宅に手を加える方が望ましいといえますが、大規模な改修や建て替えにより、環境が大きく変化してしまうと、心理面において環境の変化に対応できず、生活の継続性が保てないこともあります。したがって、いずれにせよ、新しい居住環境に適応できる間に生活環境を変化させることが重要となります。

 **高齢期の多様な住まい方**

　できる限り住み慣れた自宅で暮らし続けたいと考える高齢者は多く、身体機能が低下しても、家族による見守りや介助、または介護保険サービスを利用しながら、在宅生活を続けている人が増えています。しかし、独居または高齢者のみの世帯で自立生活を送るには不安な面も多く、在宅生活を続けることが難しくなる場合もあります。

**リバースモーゲージ**
死亡時一括償還型融資。土地や住宅の資産を手放すことなく、担保として民間金融機関の融資を受ける制度。住宅改修費用やサービス付き高齢者向け住宅の家賃前払い金として利用できる。

第1章　暮らしやすい生活環境をめざして

第2章　健康と自立をめざして

第3章　バリアフリーとユニバーサルデザイン

第4章　安全・安心・快適な住まい

第5章　安心できる住生活とまちづくり

事例集　地域で取り組む福祉のまちづくり実践事例

また、上記に加え、郊外の戸建住宅から公共交通機関へのアクセスが容易な集合住宅へ移りたい、都市部の狭小な住宅から郊外の広い住宅へ移りたい、あるいは住宅改造が困難な借家から自己所有の住宅を得たいなど、さまざまな理由での住み替えがあります。最近では、元気なうちに自分の終の棲家を見つけておくというシニア世代も増えており、高齢者向けの住宅や福祉施設、協同する住まいなどへの住み替えを検討する場合もあります。これらの資金には、所有している土地や建物を担保として融資を受ける**リバースモーゲージ**が利用できます。

高齢者向けの住宅とは、身体機能や認知機能が低下してきた高齢者が安心して暮らせるよう、バリアフリーにしたり、安否確認や緊急時の対応、生活相談、食事の提供などのサービス、必要な場合には介護サービ

**ケアハウス**
自宅で独立して生活するには不安があるが、家族で世話をすることが困難な場合に、原則として60歳以上の人が利用できる老人福祉施設。バリアフリー化されており食事サービスなどが提供される軽費老人ホーム。

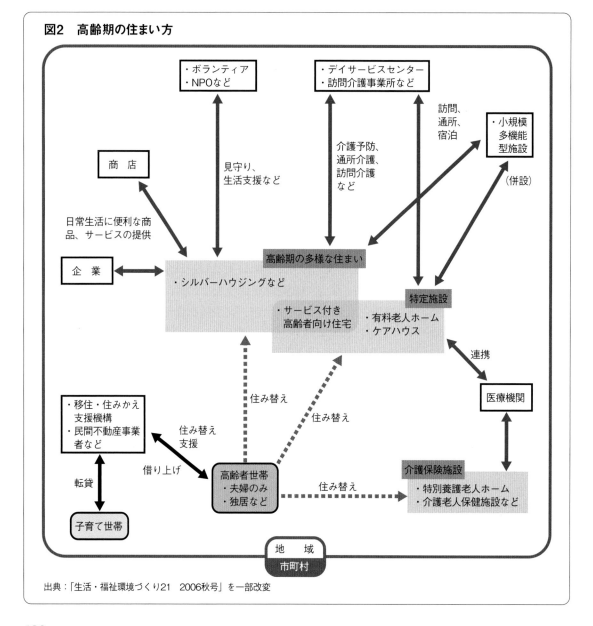

**図2　高齢期の住まい方**

出典：「生活・福祉環境づくり21　2006秋号」を一部改変

スを提供したりするものです。

　高齢期の住まいとしては、有料老人ホーム、**ケアハウス、シルバーハ
ウジング、コレクティブハウジング**、サービス付き高齢者向け住宅など
が挙げられ、その選択肢は拡がりをみせています（図2）。

　今後は、さらに地域における新しい住まいの拡充と、これらの住まい
の質の向上が大きな課題となります。どのような住居の形態であっても、
入居者の人権、自己決定、プライバシー、自立、選択および安全を守る
ことが重要であり、それが居住の継続に、ひいては自分らしく生きると
いう幸福の継続につながるといえます。

**シルバーハウジング**

ライフサポートアドバイザー（LSA）と呼ばれる生活援助員による生活指導・相談、安否確認、緊急時対応などのサービス提供を行うバリアフリー化された公的賃貸住宅。

**コレクティブハウジング**

個人の住宅部分とは別に、ダイニングキッチンやリビングなど居住者同士の交流や協同に用いる共有空間を備えた集合住宅。

---

**COLUMN**

# グループリビングとコレクティブハウジング

　住む人の年代やライフスタイルに対応した住まい方として、グループリビングと呼ばれる形態が広まってきています。

　日本語では「集住」や「協同居住」、「共同生活」という言葉があてはまり、住まい方を表す用語としてグループリビングが、またその住まい方に適した集合住宅の形態としてコレクティブハウジングがあります。

　血縁関係にない他人同士が協同で助け合って生活する居住形態をグループリビングといいます。住居の形態を規定する言葉ではありませんが、かつて「介護予防・生活支援事業」の中で、おおむね60歳以上の高齢者のみが5人から9人で同一家屋内での共同生活を行う場合に支援を行う事業が「高齢者共同生活（グループリビング）支援事業」として制度化されていたため、全国に多様な形で誕生しました。その後、2006（平成18）年実施の改正「介護保険法」により「地域支援事業」の中の任意事業になりました。共同生活を支援するプログラムの作成やボランティアとの連絡調整などのソフト面での支援を継続している自治体もありますが、大幅に後退しています。

　一方、より個々の独立性が高く、世代を限定しない協同居住が可能な集合住宅として、コレクティブハウジングが位置しているといえます。

　コレクティブハウジングは、子育て世代が家事を協同で分担する目的で考案された北欧の集合住宅に端を発しています。各世帯の自由やプライバシーの保護を重視した個々の住戸（専有空間）は確保しながら、そのほかに共有のリビングやダイニング、キッチン、ライブラリー、キッズルーム、ホビールームなど（共有空間）を有し、子どもや子育て世代、高齢者などさまざまな年代の人々が交流し協同しながら暮らす集合住宅の形態です。

　それぞれのコレクティブハウジングの性格は、専有空間と共有空間のコンビネーションの度合いによって決定されます。専有空間を充実させ、ワークショップやロビーを共有とした通常の集合住宅に近いものから、キッチンやダイニング、洗濯室など共有空間を充実させたものまでさまざまです。

　日本では、阪神・淡路大震災の際に単身高齢者等向けに建設された（高齢者・障害者向け）地域型仮設住宅（俗称「ケア付き仮設住宅」）で効果が実証され、震災復興公営住宅の一部に採用されたことから脚光を浴びました。実際の生活においては、負担と利益の公平性が保ちにくいことや、入居者の交代が生じた際の人間関係の維持などに課題が残されています。

# 安心できる住生活

## A 高齢者や障害者が安心して暮らせる住宅・住環境整備

　住まいは暮らしの基本であり、家庭をつくり、地域社会とつながりを持ちながら生活していくための拠点として重要な役割を果たしています。住まいの確保は自立の基盤となるものであり、高齢者や障害者を含むすべての人々が生涯を通じて安心で豊かな生活を実現できるよう、住宅や住環境の整備を行うことが求められています。近年のわが国の住宅政策では、少子高齢社会に対応した居住環境整備に取り組むことが重要課題として掲げられています。

　わが国の高齢社会対策の基本的な枠組みは、1995（平成7）年に施行された「高齢社会対策基本法」に基づいています。また、「高齢社会対策基本法」によって政府に作成が義務づけられている「高齢社会対策大綱」では、政府が推進する高齢社会対策の中長期にわたる基本的かつ総合的な指針が示されています（p.6参照）。

　最も新しい「高齢社会対策大綱」は2018（平成30）年に閣議決定されたものですが、この中では6つの分野別に、基本的施策に関する中期にわたる指針を定めています。住宅・住環境整備については「生活環境」の項で、「高齢者の居住の安定確保に向け、高齢者向け住宅の供給を促進し、重層的かつ柔軟な住宅セーフティネットの構築を目指すとともに、住み慣れた地域の中で住み替えの見通しを得やすいような環境整備を進める」とし、各種施策の方針が示されています。

　高齢者や障害者向けの住宅や住環境整備の基本的な考え方は、高齢者や障害者が住み慣れた地域や住宅で、尊厳を保ちながら自立し、安心して暮らし続けることができるようにするということです。

　引き続き高齢化が進行する中、高齢者や障害者のための住環境整備は一過性のものでも特殊なものでもなく、普遍的かつ一般的なものとして取り組むべきであるとの考え方が社会に定着しつつあります。高齢者や

## 表1　高齢者・障害者の居住の安定確保のための主な施策

| 項目 | | 内容 |
|---|---|---|
| 1.高齢者・障害者の自立や介護に配慮した自宅などの住まいの環境整備 | 基本計画 | ・2021(令和３)年に策定された新たな住生活基本計画(全国計画)では、高齢者が居住する住宅のうち一定のバリアフリー性能および断熱性能を有する住宅の割合を、2030(令和12)年に25％にすることを目標としている。また、高齢者人口に対する高齢者向け住宅の割合を、2030年に４％まで引き上げるとしている。 |
| | 設計指針 | ・加齢などによる身体機能の低下や障害が生じた場合にも、高齢者が安心して住み続けることができるよう、「高齢者が居住する住宅の設計に係る指針」の普及など、住宅のバリアフリー化を推進している。 |
| | 性能表示 | ・「住宅品確法」に基づく住宅性能表示制度では、性能表示事項の一つとして「高齢者等への配慮に関すること」があり、住宅内での安全性を確保するため、バリアフリー化などの対策がどの程度講じられているかを５段階の等級で表示している。 |
| | 標準化 | ・新たに供給するすべての公営住宅、改良住宅(不良住宅密集地区の整備改善に伴い建設された住宅)、都市再生機構の賃貸住宅で、高齢者・障害者に対応したバリアフリー仕様を標準化している。<br>・既設の公営住宅や都市再生機構の賃貸住宅について、高齢者・障害者に配慮した設備・仕様の改善を推進している。特に老朽化した公的賃貸住宅については、居住水準の向上を図るため、建て替え・改善を計画的に推進している。 |
| | 介護保険制度 | ・介護保険制度では、在宅の要介護者・要支援者が行う住宅改修に対して、介護保険から一定の住宅改修費を支給している。 |
| | 融資 | ・住宅金融支援機構では、高齢者みずからが行う住宅のバリアフリー改修について、元金は死亡時一括返済でもよい高齢者向け返済特例制度を実施している。<br>・住宅金融支援機構では、長期固定金利住宅ローンについて、バリアフリー性能などが優れた住宅の場合、金利の引き下げを行っている(フラット35S)。 |
| 2.高齢者・障害者の賃貸住宅への入居の円滑化 | 入居優遇 | ・公営住宅では、高齢者世帯を優先入居の対象とする高齢者世帯向け公営住宅を供給している。<br>・公営住宅では、地方公共団体の裁量により、高齢者・障害者世帯の入居収入基準を緩和(一定額まで引き上げ)している。<br>・都市再生機構の賃貸住宅では、高齢者・障害者世帯に対して、新規賃貸住宅募集時の当選倍率を優遇している。<br>・都市再生機構の賃貸住宅では、入居している間、高齢や障害などの理由で階段の昇降がしづらくなった人に対して、同一団地内の１階またはエレベーター停止階への住宅変更をあっせんしている。 |
| | 入居円滑化 | ・2017(平成29)年に施行された改正「住宅セーフティネット法」に基づき、高齢者・障害者などを含む住宅確保要配慮者の入居を拒まない賃貸住宅(セーフティネット住宅)の登録制度が実施されている。<br>・高齢者・障害者などの民間賃貸住宅などへの円滑な入居を促進するため、地方公共団体や不動産関係団体、居住支援団体などが連携して住宅確保要配慮者居住支援協議会を組織し、入居可能な民間賃貸住宅などの情報提供や相談対応などを行っている。 |
| | 家賃債務保証 | ・一般財団法人高齢者住宅財団などは、賃貸住宅に入居する高齢者・障害者などの世帯に対し、家賃債務保証制度を実施している。 |
| 3.高齢者の生活を支援する体制を整えた住宅の供給 | サービス付き高齢者向け住宅 | ・2011(平成23)年に施行された改正「高齢者住まい法」に基づき、高齢者が安心して暮らすことができる住まいの確保に向け、サービス付き高齢者向け住宅の登録制度が実施されている。 |
| | シルバーハウジング | ・地方公共団体の総合的な高齢者向け住宅施策のもと、シルバーハウジング・プロジェクト事業において高齢者向けの公的賃貸住宅(シルバーハウジング)が供給されている。 |
| 4.多様化するライフスタイルやライフステージに対応した住まいの供給 | 三世代同居・近居支援 | ・地方公共団体によっては、三世代で同居や近居をしようとする世帯などに対して、新築住宅の取得に要する費用の補助、低利融資、住宅ローンへの利子補給、既存住宅の増改築工事費に対する補助などを行っている。<br>・都市再生機構では、高齢者世帯と高齢者世帯との近居を希望する支援世帯の双方が、都市再生機構の指定する同一UR団地か隣接・近接するUR団地などのいずれかに居住することになった場合、新しく入居する世帯の家賃を５年間割り引く制度を行っている。 |
| | 融資 | ・民間金融機関では、住宅金融支援機構の住宅融資保険制度を利用して提供する死亡時一括返済型のリバースモーゲージ型住宅ローンを取り扱っている。<br>・住宅金融支援機構では、親子が債務を継承して返済する親子リレー返済(承継償還制度)を実施している。 |
| | 住み替え支援 | ・一般社団法人移住・住みかえ支援機構では、高齢者が所有する戸建住宅などを、広い住宅を必要とする子育て世帯などへ賃貸することを支援する「マイホーム借上げ制度」を実施している。 |

「令和３年版 高齢社会白書」「令和３年版 障害者白書」(内閣府)などをもとに作成

第1章 暮らしやすい生活環境をめざして

第2章 健康と自立をめざして

第3章 バリアフリーとユニバーサルデザイン

第4章 安全・安心・快適な住まい

第5章 安心できる住生活とまちづくり

事例集 地域で取り組む福祉のまちづくり実践事例

障害者に対応した施策も積極的に打ち出され、さまざまな取り組みが継続して行われています（表1）。

 **高齢者・障害者の自立や介護に配慮した自宅などの住まいの環境整備**

高齢者や障害者に配慮した住宅の整備は、高齢者や障害者を含むすべての人々が安心・安全に暮らせる生活環境を整備することにもつながり、わが国にとっても重要な取り組みとなります。住宅のバリアフリー化などを推進するための施策として、国による設計指針の策定や住宅性能の評価、地方公共団体などによる融資・助成制度などの経済的支援が実施されています。

### 【1】 高齢者が居住する住宅の設計に係る指針

住宅のバリアフリー化のための設計指針として、1995（平成7）年に建設省（現・国土交通省）により「長寿社会対応住宅設計指針」が発表され、床段差の解消や手すりの設置などの具体的な対策が示されました。

この指針自体は義務ではありませんでしたが、これを基に住宅金融公庫（現・住宅金融支援機構）の融資制度などが整えられました。特に住宅金融支援機構では、一定のバリアフリー化を行った住宅の取得やバリアフリー改修に対して金利の低い融資や高齢者向け返済特例制度を実施しており、個人が所有する戸建住宅や民間集合住宅（分譲マンションなど）でのバリアフリー化が進んでいます。

2001（平成13）年に「高齢者の居住の安定確保に関する法律（高齢者住まい法）」が制定され、同法による基本方針に基づき、「高齢者が居住する住宅の設計に係る指針」が新たに策定されました（表2）。現在はこの指針による住宅のバリアフリー化が進められています（この指針の策定に伴い、「長寿社会対応住宅設計指針」は廃止されました）。

**表2 「高齢者が居住する住宅の設計に係る指針」の概要**

| 趣旨 | 高齢者が居住する住宅において、加齢等に伴って心身の機能の低下が生じた場合にも、高齢者がそのまま住み続けることができるよう、一般的な住宅の設計上の配慮事項を示すとともに、現に心身の機能が低下し、または障害が生じている居住者（要配慮居住者）が住み続けるために必要とされる、当該居住者の状況に応じた個別の住宅の設計上の配慮事項を示すもの。 |
|---|---|
| 主な内容 | ・一般的な住宅の設計上の配慮事項<br>　①住宅の住戸専用部分に関する部屋の配置、段差、手すり、通路・出入り口の幅員、階段、便所、浴室等<br>　②一戸建住宅の屋外部分のアプローチ、階段等<br>　③一戸建住宅以外の住宅の共用部分および屋外部分の共用階段、共用廊下、エレベーター、アプローチ等<br>・要配慮居住者のために個別に配慮した住宅の設計の進め方<br>　①要配慮居住者および住宅の特性の把握<br>　②住宅の設計方針の検討および住宅の設計<br>　③設計の反映の確認 |

「高齢者が居住する住宅の設計に係る指針」（平成13年国土交通省告示第1301号、最終改正：平成21年国土交通省告示第906号）などをもとに作成

## 【2】 住宅性能表示制度における「高齢者等への配慮に関すること」の等級表示

　1999（平成11）年、「**住宅の品質確保の促進等に関する法律（住宅品確法）**」が制定され、翌2000（平成12）年にはこの法律に基づく「住宅性能表示制度」が始まりました。この制度は、共通のルールに基づいて住宅の基本性能を相互比較しやすくするとともに、第三者機関が性能を評価することで住宅の品質確保と信頼性を高め、消費者が安心して住宅を取得できるようにすることを目的としています。

　バリアフリー化については、性能表示事項の一つに「高齢者等への配慮に関すること」という分野が設定され、住宅内の移動に伴う転倒・転落などを防ぎ、安全性を確保するための対策が住戸内などでどの程度講じられているかを5段階の等級で表示することが定められています。等級が高くなるほど、より多くの対策が講じられていることを表します。

## 【3】 公的賃貸住宅のバリアフリー化

　公的賃貸住宅におけるバリアフリー化は、1990年代に本格化しました。新設するすべての公営住宅（都道府県営・市町村営の賃貸住宅）では、1991（平成3）年度から、住棟アプローチの確保、床段差の解消、共用階段への手すりの設置などの高齢化対応仕様が標準化され、その後も段階的に新たな高齢化対応仕様が付け加えられました。公団（住宅・都市整備公団、現・都市再生機構（UR都市機構））の賃貸住宅では1991年度から、また地方住宅供給公社の賃貸住宅では1995（平成7）年度から、新設のすべての住宅で高齢化対応仕様が標準化されています。

　既設の住宅についても、高齢者や障害者に配慮した改善を進めています。既設の公営住宅では、1982（昭和57）年度から床段差の解消、浴室などへの手すりの設置、エレベーターの設置など、バリアフリー化のための改善工事が行われています。また、既設のUR賃貸住宅（UR都市機構の賃貸住宅）・公社の賃貸住宅でも改修時に可能な限り高齢化対応を行うこととしています。特に老朽化した公的賃貸住宅については、居住水準の向上を図るため、建て替え・改善が計画的に進められています。

## 【4】 介護保険制度における住宅改修費の支給

　介護保険制度では住宅改修費の支給を行っています。在宅の要介護者・要支援者が以下の住宅改修を行う場合に、一定の住宅改修費が介護保険から支給されます（p.179参照）。

①手すりの取り付け
②段差の解消
③滑りの防止・移動の円滑化などのための床または通路面の材料の変更
④引き戸などへの扉の取り替え

**住宅の品質確保の促進等に関する法律（住宅品確法）**
住宅の品質確保の促進、住宅購入者等の利益の保護、住宅にかかわる紛争の解決を図ることを目的とした法律。同法に基づく「住宅性能表示制度」では、高齢者等への配慮も定められている。

第1章　暮らしやすい生活環境をめざして

第2章　健康と自立をめざして

第3章　バリアフリーとユニバーサルデザイン

第4章　安全・安心・快適な住まい

第5章　安心できる住生活とまちづくり

事例集　地域で取り組む福祉のまちづくり実践事例

⑤洋式便器などへの便器の取り替え
⑥その他①〜⑤に付帯して必要となる工事

### 【5】 高齢者住宅改造費助成事業など

　介護保険制度以外にも、地方公共団体によっては、住環境整備が必要な高齢者や障害者に対して費用を助成する事業を実施しています。

　「高齢者住宅改造費助成事業」では、おおむね65歳以上の要支援・要介護などの高齢者に対して、浴室、トイレ、洗面所、台所、居室、玄関、廊下、階段などの改修で、介護保険制度の給付対象となる住宅改修以外の工事に対して、市町村が一定の費用を助成します（利用者の所得に応じて助成割合が異なります）。地方公共団体によっては、介護保険制度の要介護認定で「非該当」と認定された高齢者に対して、介護保険制度の住宅改修と同等の工事について一定の費用を助成している例もあります。

　「在宅重度障害者住宅改造費助成事業」では、身体障害者手帳や療育手帳の交付を受けている在宅の障害者で一定の要件を満たした場合に、浴室、トイレ、洗面所、台所、居室などの改修に対して、市町村が一定の費用を助成します。

　両事業の詳細や実施の有無は、地方公共団体によって異なります。

### 【6】 高齢者・障害者住宅整備資金貸付制度、生活福祉資金貸付制度

　高齢者や障害者の住環境整備のための費用を地方公共団体が貸し付ける制度もあります。

　「高齢者住宅整備資金貸付制度」では、60歳以上の高齢者世帯、高齢者と同居する世帯を対象に、高齢者の専用居室、浴室、階段などの増改築や日常生活上の安全を確保するための改修工事に対して、必要な資金を都道府県または市町村が低利で貸し付けます。

　また、「障害者住宅整備資金貸付制度」では、障害者の居住環境を改善するため、障害者または障害者と同居する世帯に対し、障害者の専用居室などを増改築または改修するために必要な資金を都道府県または市町村が低利で貸し付けます。

　両制度の詳細や実施の有無は、地方公共団体によって異なります。

　さらに、都道府県の社会福祉協議会を実施主体として、各都道府県の市町村社会福祉協議会が窓口となって実施する「生活福祉資金貸付制度」があり、65歳以上の高齢者のいる世帯（日常生活上療養または介護を要する高齢者など）や、障害者世帯（身体障害者手帳、療育手帳、精神障害者保健福祉手帳の交付を受けた者）などに対して、それぞれの世帯の状況や必要の度合いに応じて資金を貸し付けます。この中で福祉資金として、住宅の増改築や補修に要する費用も貸し付けています。

**在宅介護支援センター**
高齢者の在宅福祉や施設福祉の基盤整備を推進するため、高齢者やその家族が身近なところで専門職による相談・援助が受けられるよう、1989（平成元）年以降、全国で整備が進められた施設。介護保険制度導入後、2006（平成18）年の地域包括支援センターの創設により、その多くは地域包括支援センターへ移行したほか、地域包括支援センターのブランチやサブセンターとして位置づけられるようになった。

**居宅介護支援事業所**
「介護保険法」に基づき、要介護認定を受けた人が自宅で介護保険サービスなどを利用しながら生活できるよう支援する事業所で、介護支援専門員（ケアマネジャー）が常駐している。ケアマネジャーは、高齢者本人・家族の心身状況や生活環境、希望などに沿って居宅サービス計画（ケアプラン）を作成し、ケアプランに基づいて介護保険サービスなどを提供する事業所との連絡・調整などを行う。

## 【7】住宅改修の相談・助言

　高齢者や障害者向けの住環境整備に関する制度や各種の情報については、地方公共団体の住宅課・福祉課などのほかに、地域包括支援センター、**在宅介護支援センター、居宅介護支援事業所、介護実習・普及センター**などに問い合わせるとよいでしょう。そこでは、建築士をはじめ、介護支援専門員（ケアマネジャー）、市町村の住宅改良ヘルパー（リフォームヘルパー）、公益財団法人住宅リフォーム・紛争処理支援センターによる増改築相談員やマンションリフォームマネジャーなどが住宅改修などに関する各種相談に対応してくれます（表3）。

**介護実習・普及センター**
介護の実習などを通じて地域住民が介護知識や介護技術を身に付けられることなどを目的とした施設で、1992（平成4）年度に始まった介護実習・普及センター事業に基づき整備される。福祉用具展示室、介護実習室などを備え、介護講座や情報提供、専門職向けの研修なども行っている。

### 表3　住宅改修の相談・助言などを行う専門職種

| 名称 | 所管する団体 | 概要 |
|---|---|---|
| 住宅改良ヘルパー（リフォームヘルパー） | 各市町村 | ・制度創設：1993（平成5）年の厚生省老人保健福祉局課長通知によるもので、「老人ホームヘルプサービス事業」の一環として位置づけられた。<br>・おおむね65歳以上の介護を要する高齢者のいる世帯を対象に、住宅の改修に関する相談や助言、施工業者の紹介、改修内容についての業者への連絡・調整、施工後の評価や利用者への指導を行う。介護福祉士、社会福祉士、理学療法士、作業療法士、保健師、建築士、施工業者など、福祉・保健・医療および建築関係の専門家によって構成されるチームによって行われる。<br>・介護保険制度の創設に伴い、根拠となる制度は「住宅改修指導事業」、「住宅改修支援事業」、「福祉用具・住宅改修支援事業」と変化しながらも、住宅改良ヘルパー（リフォームヘルパー）を派遣するしくみは存続している。 |
| 増改築相談員 | 公益財団法人住宅リフォーム・紛争処理支援センター | ・制度創設：1985（昭和60）年度<br>・住宅の新築工事または改修工事に関する実務経験を10年以上有している者が対象。（公財）住宅リフォーム・紛争処理支援センターが定めた研修を受講し、所定の考査に合格したうえで、同センターに増改築相談員として登録する。登録後も5年ごとに更新研修会を受ける。<br>・住宅の増改築について、顧客のための相談業務を行うとともに、必要に応じて住宅改修の具体的計画や見積もりなどを行う。<br>・全国で約1万2,000人が増改築相談員として登録されている（2021（令和3）年現在）。 |
| マンションリフォームマネジャー | | ・制度創設：1992（平成4）年度<br>・（公財）住宅リフォーム・紛争処理支援センターが実施するマンションリフォームマネジャー試験に合格した者が対象。<br>・主としてマンション専有部分の改修について、専門知識をもって、管理組合や施工業者などと協力・調整しながら、居住者に付加価値の高い住宅改修を企画・提供できるよう業務を進める。<br>・試験合格者は、延べ約1万1,000人（2021年現在）。 |

公益財団法人住宅リフォーム・紛争処理支援センターのホームページなどをもとに作成

## 2　高齢者・障害者の賃貸住宅への入居の円滑化

　民間賃貸住宅市場では、高齢者や障害者であることを理由に入居を拒まれることが少なくなく、こうした状況を改善することが重要な課題となっています。

　国は、公的賃貸住宅における高齢者・障害者の入居優遇策をとるとともに、「住宅確保要配慮者に対する賃貸住宅の供給の促進に関する法律（住宅セーフティネット法）」（p.196［2］参照）に基づき、高齢者や障害

第1章　暮らしやすい生活環境をめざして
第2章　健康と自立をめざして
第3章　バリアフリーとユニバーサルデザイン
第4章　安全・安心・快適な住まい
第5章　安心できる住生活とまちづくり
事例集　地域で取り組む福祉のまちづくり実践事例

者などが民間賃貸住宅に円滑に入居できるようにするための施策に取り組んでいます。

## 【1】 公的賃貸住宅における高齢者・障害者の入居の優遇

公営住宅は従来、原則として同居親族がいることを入居の資格要件としていましたが、高齢者や障害者は単身でも入居することができ、現在もこの措置がとられています。障害者は当初、身体障害者だけしか単身入居が認められていませんでしたが、2006(平成18)年からは知的障害者・精神障害者も単身入居が可能になりました(なお、同居親族要件は、2012(平成24)年の「公営住宅法」の改正により廃止されましたが、廃止するかどうかの判断は各地方公共団体に任されており、高齢者・障害者以外の人については、従来どおり同居親族がいることを入居の資格要件としている自治体もあります)。

また、地方公共団体の裁量により、高齢者世帯と障害者世帯については入居収入基準を緩和する(一定額まで引き上げる)とともに、当選倍率の優遇や別枠選考などが行われています。

公営住宅には高齢者世帯向け住宅や高齢者同居向け住宅もあり、地方公共団体の判断によって、高齢者世帯で住宅に困窮している人が優先的に入居することができます。

UR賃貸住宅では、高齢者(60歳以上)のいる世帯と障害者のいる世帯に対して、新規賃貸住宅募集時の当選倍率を優遇しています。また、入居後は、家賃改定により継続家賃が引き上げとなる世帯のうち低所得の高齢者・障害者世帯については、原則として改定前の継続家賃まで支払家賃を減額する措置がとられています。さらに、UR賃貸住宅に入居している間、高齢や障害などの理由で階段の昇降がしづらくなった人については、同一団地内の1階またはエレベーター停止階への住宅変更をあっせんしています。

## 【2】 新たな住宅セーフティネット制度による高齢者・障害者の
　　民間賃貸住宅などへの入居の円滑化

2007(平成19)年、「住宅セーフティネット法」が制定、施行されました。この法律は、低額所得者、被災者、高齢者、障害者、子どもを育成する家庭、その他住宅の確保に特に配慮を要する人など住宅確保要配慮者に対して、公的賃貸住宅の供給促進、民間賃貸住宅への円滑な入居の促進、賃貸住宅に関する適切な情報提供と相談の実施などの施策を進めるために定められたものです。

2017(平成29)年には、改正「住宅セーフティネット法」が施行され、新たな住宅セーフティネット制度が始まりました。この新制度は、①住宅確保要配慮者向けの賃貸住宅の登録制度、②登録住宅の改修や入居者

への経済的な支援、③住宅確保要配慮者の居住支援という3つの柱から成り立っています。

　住宅確保要配慮者向けの賃貸住宅の登録制度は、住宅確保要配慮者の入居を拒まない住宅（通称：セーフティネット住宅）を賃貸する事業者が、住戸面積や構造・設備など一定の要件を満たした住宅を都道府県・政令市・中核市に登録し、都道府県等は登録された住宅の情報を住宅確保要配慮者などに広く提供するというものです（図1）。登録された住宅は、インターネット上の「セーフティネット住宅情報提供システム」（https://www.safetynet-jutaku.jp/）で詳細な情報が公開され、だれでも自由にその情報を閲覧することができます。

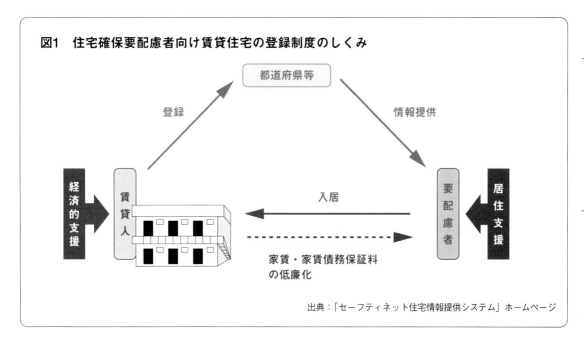

**図1　住宅確保要配慮者向け賃貸住宅の登録制度のしくみ**

出典：「セーフティネット住宅情報提供システム」ホームページ

　また、「住宅セーフティネット法」に基づき、住宅確保要配慮者が民間賃貸住宅などへ円滑に入居できるよう、都道府県・市町村や不動産関係団体、居住支援団体などが連携して住宅確保要配慮者居住支援協議会を組織し、入居可能な民間賃貸住宅などの情報提供や相談対応などを行っています。

　2021（令和3）年10月末現在、全国で111の協議会（47都道府県および64市区町、うち1協議会は3町合同で設立）が設立されています（図2）。

## 【3】家賃債務保証制度

　「家賃債務保証制度」とは、一般財団法人高齢者住宅財団などが実施しているもので、高齢者、障害者、外国人、子育て世帯、解雇などにより住居を退去した世帯が賃貸住宅に入居する際の家賃債務などを保証し、賃貸住宅への入居を支援する制度です。

第1章　暮らしやすい生活環境をめざして

第2章　健康と自立をめざして

第3章　バリアフリーとユニバーサルデザイン

第4章　安全・安心・快適な住まい

第5章　安心できる住生活とまちづくり

事例集　地域で取り組む福祉のまちづくり実践事例

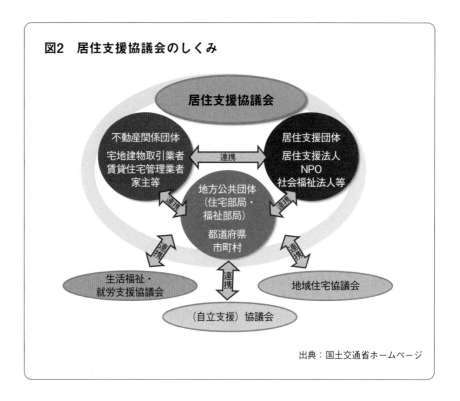

**図2　居住支援協議会のしくみ**

居住支援協議会

不動産関係団体
宅地建物取引業者
賃貸住宅管理業者
家主等

↔連携↔

居住支援団体
居住支援法人
NPO
社会福祉法人等

地方公共団体
（住宅部局・
福祉部局）

都道府県
市町村

連携

連携

生活福祉・
就労支援協議会

連携

（自立支援）協議会

地域住宅協議会

出典：国土交通省ホームページ

　たとえば、高齢者住宅財団の家賃債務保証制度を利用する場合、制度を利用できるのは、60歳以上または要介護・要支援認定を受けた60歳未満の単身・夫婦などの世帯、障害者世帯、子育て世帯などで、高齢者住宅財団と家賃債務保証制度の利用に関する基本約定を締結した賃貸住宅に入居します。万一、家賃の滞納や原状回復費用の未払いなどが生じた場合、高齢者住宅財団が滞納家賃（限度額は月額家賃の12か月分）や原状回復費用および訴訟費用（限度額は月額家賃の９か月分）を保証します。賃借人は、月額家賃の35％（保証期間２年の場合）に相当する額を保証料として支払います。

　新たな住宅セーフティネット制度では、家賃債務保証を行う業者の登録制度を設けています。適正に家賃債務保証の業務を行うことができる者として一定の要件を満たす家賃債務保証業者を国に登録し、その情報を広く提供しています。

 **3　高齢者の生活を支援する体制を整えた
住宅の供給**

　多くの人々は高齢期にも住み慣れた自宅に住み続けることを望んでいるものの、心身機能が低下したときに単身や夫婦だけで生活することに不安を感じる人も少なくありません。近年、大都市圏を中心に高齢者のみ世帯が急増していることを考えると、高齢者だけでも安心・安全に生

2節　安心できる住生活

第1章　暮らしやすい生活環境をめざして

第2章　健康と自立をめざして

第3章　バリアフリーとユニバーサルデザイン

第4章　安全・安心・快適な住まい

第5章　安心できる住生活とまちづくり

事例集　地域で取り組む福祉のまちづくり実践事例

活できる構造・設備を有した住まいや、日常生活支援や介護などのサービスが付いた住まいに対する需要は確実に増大していくと思われます。

　わが国では、これまで長い時間をかけて多種多様な高齢者住宅・施設が供給されてきました。これらの整備は、かつては住宅施策・福祉施策それぞれの領域で別々に進められがちでしたが、近年では住宅行政と福祉行政が連携して行うケースも増えてきました。ここでは、そうした連携によって供給される「サービス付き高齢者向け住宅」と「シルバーハウジング」について解説します。

## 【1】サービス付き高齢者向け住宅

　高齢者向け賃貸住宅については、従来、「高齢者住まい法」に基づき、高齢者円滑入居賃貸住宅、高齢者専用賃貸住宅、高齢者向け優良賃貸住宅の３つの高齢者向け賃貸住宅が制度化されていましたが、2011（平成23）年に法改正が行われ、これら３つの高齢者向け賃貸住宅を廃止したうえで、新たに「サービス付き高齢者向け住宅」の制度が始まりました（高齢者向け優良賃貸住宅については、2011年10月で認定制度が廃止されていますが、既存の認定住宅は、現在でも高齢者向け優良賃貸住宅と呼ばれているものがあります）。

　サービス付き高齢者向け住宅は、単身や夫婦などの高齢者世帯が安心して住まえる賃貸住宅などのことで、国土交通省・厚生労働省の２省の共管により、2011年10月に登録制度が始まりました（図３）。住宅面ではバリアフリー構造で一定の住戸面積と設備を有するなど高齢者が安全に生活できるよう配慮されているほか、サービス面では少なくともケアの専門家による状況把握（安否確認）・生活相談サービスが付いています。

　事業者は、住宅・サービスの基準や契約内容など一定の要件を満たし

### 図3　サービス付き高齢者向け住宅の登録制度のしくみ

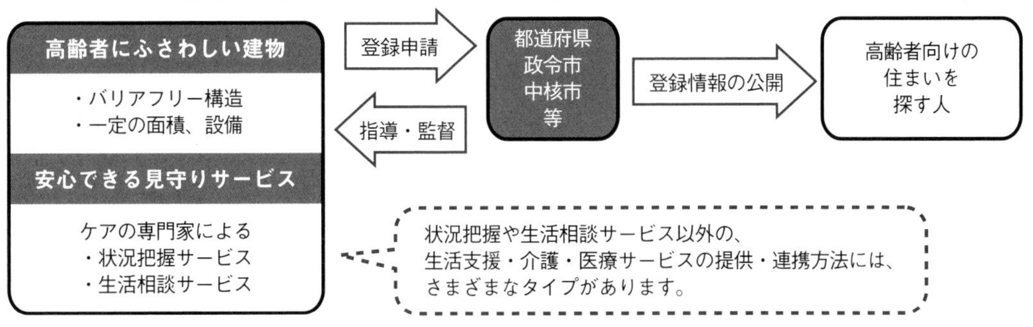

出典：一般財団法人高齢者住宅財団ホームページを一部改変

**表4　サービス付き高齢者向け住宅の入居者の条件および登録基準**

| 入居者の条件 | | 高齢者（60歳以上の者、または要介護・要支援認定を受けている者）で、以下のいずれかに該当する者。<br>①単身高齢者<br>②高齢者＋同居者（配偶者、60歳以上の親族、要介護・要支援認定を受けている60歳未満の親族、病気などの特別の理由により同居が必要であると都道府県知事が認める者） |
|---|---|---|
| 登録基準 | 住宅 | ・各居住部分の床面積は原則25㎡以上（ただし、一定の要件を満たせば18㎡以上でも可）。<br>・各居住部分に台所、水洗トイレ、洗面設備、浴室、収納設備を備えていること（ただし、一定の要件を満たせばトイレ、洗面のみでも可）。<br>・バリアフリー構造であること（段差のない床、手すりの設置、廊下幅の確保など）。 |
| | サービス | ・少なくとも状況把握（安否確認）サービス、生活相談サービスを提供すること。<br>①一定の要件を満たす職員が原則として、夜間を除いて、サービス付き高齢者向け住宅の敷地、または当該敷地に隣接するか近接する土地にある建物に日中常駐してサービスを提供する。<br>②夜間など職員が常駐しない時間帯は、各居住部分に緊急通報装置などを設置して対応する。<br>③状況把握サービスは、毎日1回以上、各居住部分への訪問などにより提供する。 |
| | 契約内容 | ・書面による契約であること。<br>・敷金、家賃、サービス費、家賃・サービス費の前払金以外の金銭を徴収しないこと。<br>・長期入院や心身状況の変化などの理由で、事業者が一方的に契約を解約することはできない。<br>・家賃やサービス費を前払金として受領する場合には、一定の入居者保護が図られていること（前払金や返還金の算定根拠の明示、前払金の保全措置の義務づけなど）。 |

「高齢者の居住の安定確保に関する法律」「同法施行令」「同法施行規則」などをもとに作成

たうえで、都道府県・政令市・中核市および都道府県から事務を移譲された市町村に登録を行います（表4）。登録された住宅は、インターネット上の「サービス付き高齢者向け住宅情報提供システム」（https://www.satsuki-jutaku.jp/）で仕様やサービスに関する詳細な情報が公開され、だれでも自由にその情報を閲覧することができます。

サービス付き高齢者向け住宅に入居できるのは、高齢者（60歳以上、または介護保険制度の要介護・要支援認定を受けている人）で、単身または夫婦などの世帯です。

元気な高齢者が入居することもでき、また要支援・要介護状態であっても、訪問介護や訪問看護、通所介護、福祉用具貸与などの介護保険サービスを利用して生活を続けることが可能です。一部のサービス付き高齢者向け住宅では、**特別養護老人ホーム**や**有料老人ホーム**などの老人ホーム同様、事業者がみずから介護や日常生活支援、食事などのサービスを一体的かつ連続的に提供しており、そうした住宅であれば要介護度が高い入居者でも安心して住み続けることができます。

## 【2】 シルバーハウジング

シルバーハウジングは1987（昭和62）年に制度化された「シルバーハウジング・プロジェクト」によって建設される高齢者向けの公的賃貸住宅（公営住宅、UR賃貸住宅など）で、地方公共団体の住宅部局と福祉部局が連携して供給を行います（図4）。

住宅は高齢者の生活特性に配慮した設備・仕様（手すりや緊急通報システムの設置など）にするとともに、**生活援助員（LSA：ライフサポートアドバイザー）**を配置して安否の確認、緊急時の対応、一時的な家事

**特別養護老人ホーム**
1963（昭和38）年に施行された「老人福祉法」に規定される老人福祉施設。常に介護が必要で、自宅での生活が困難な要介護高齢者が入所し、入浴・排せつ・食事等の介護、日常生活上の世話、機能訓練等を受ける施設。2015（平成27）年4月より、新規に入所できるのは原則要介護3以上となった。

**有料老人ホーム**
「老人福祉法」に規定される届出施設。高齢者を入居させ、①入浴・排せつ・食事の介護、②食事の提供、③洗濯・掃除等の家事、④健康管理の少なくとも一つのサービスを供与する施設。「介護付」「住宅型」「健康型」の3つの類型がある。

援助などの日常生活支援サービスを提供します。デイサービス（通所介護）などの福祉施設と併設して建設されることもあります。

　入居対象者は高齢者単身世帯（60歳以上）、高齢者夫婦世帯（夫婦のいずれか一方が60歳以上であれば可）、高齢者（60歳以上）のみからなる世帯です。また、事業主体の長が特に必要と認める場合には、障害者世帯の入居も可能です。

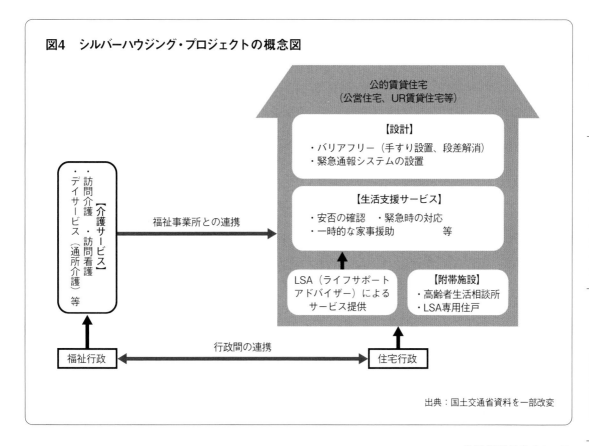

**図4　シルバーハウジング・プロジェクトの概念図**

公的賃貸住宅
（公営住宅、UR賃貸住宅等）

【設計】
・バリアフリー（手すり設置、段差解消）
・緊急通報システムの設置

【生活支援サービス】
・安否の確認　・緊急時の対応
・一時的な家事援助　　　等

LSA（ライフサポートアドバイザー）によるサービス提供

【附帯施設】
・高齢者生活相談所
・LSA専用住戸

【介護サービス】
・訪問介護　・訪問看護
・デイサービス（通所介護）等

福祉事業所との連携

福祉行政　←　行政間の連携　→　住宅行政

出典：国土交通省資料を一部改変

## 4 多様化するライフスタイルやライフステージに対応した住まいの供給

　ひとくちに高齢者・障害者といっても、年代やライフスタイル、居住する地域や住まいに求める条件などはさまざまです。高齢者・障害者だけでも安心・安全に生活できる居住環境整備が進められる一方で、三世代同居や近居を支援する取り組みもあります。また、高齢者が現在居住する住宅を活用して住み替えなどの資金調達を行う制度などが実施されています。

**生活援助員(LSA：ライフサポートアドバイザー)**
市町村の委託により、シルバーハウジングやサービス付き高齢者向け住宅などに住む高齢者に対して、必要に応じて日常生活上の相談・指導、安否確認、緊急時の対応、一時的な家事援助などのサービスを行う者。生活援助員の派遣事業は、「介護保険法」に定められる地域支援事業のうち、市町村が地域の実情に応じて実施する任意事業の中に含まれる。

第1章　暮らしやすい生活環境をめざして

第2章　健康と自立をめざして

第3章　バリアフリーとユニバーサルデザイン

第4章　安全・安心・快適な住まい

第5章　安心できる住生活とまちづくり

事例集　地域で取り組む福祉のまちづくり実践事例

## 【1】三世代同居・近居の支援

　地方公共団体によっては、三世代同居や三世代近居を支援する取り組みを行うところがあります。三世代で同居や近居をしようとする世帯などに対して、新築住宅向けでは、住宅の取得に要する費用の補助、低利融資、住宅ローンへの利子補給、不動産取得税の減免などを一部の市町村が行っています。また、既存住宅向けでは、三世代同居のための増改築工事について、工事費に対する補助や住宅ローンの低利融資などを市町村が行っている場合もあります。

　UR都市機構では、2013（平成25）年から、高齢者・子育て世帯とこれらの世帯を支援する親族世帯の双方が、UR都市機構の指定する同一UR団地か、隣接・近接するUR団地のいずれかに居住することになった場合、新しく入居する世帯の家賃を5年間割り引く制度を行っています。また、2015（平成27）年からは、UR賃貸住宅とUR都市機構が定めた地域内のUR賃貸住宅を含むあらゆる住宅との近居に対しても同じ割引を適用する制度を一部の地域で実施しています。

## 【2】リバースモーゲージ型住宅ローン

　リバースモーゲージのしくみを用いた住宅ローンとして、民間金融機関が住宅金融支援機構の住宅融資保険制度を利用して提供する死亡時一括償還型のリバースモーゲージ型住宅ローンがあります。これは、通常満60歳以上の人が自宅を担保に資金を借り入れ、毎月の支払いは利息のみで、元本の支払いは死亡時に一括して返済するというかたちの住宅融資です。

　融資された資金を用いて、高齢者世帯は新たな住宅の建設・購入、現在住んでいる住宅の改修、サービス付き高齢者向け住宅などに住み替える場合の入居一時金の支払いなどを行うことができます（利用条件などの詳細は金融機関により異なります）。

　借り入れた資金の使途は住宅関連に限定されていますが、高齢期の居住環境整備や、希望する新たな住宅への住み替えを行いやすくなり、高齢期に適した生活を実現するための資金調達のしくみとして、今後さらに普及していくことが見込まれます。

## 【3】親子リレー返済

　住宅金融支援機構では、親子が債務を継承して返済する親子リレー返済（承継償還制度）を実施しています。高齢者が、自身の子・孫などかその配偶者で定期的収入のある人、申し込み時の年齢が満70歳未満の人、連帯債務者になることができる人のいずれの条件も満たした人を後継者として設定できる場合には、申し込み時の年齢が満70歳未満と規定されている長期固定金利住宅ローン（フラット35）を満70歳以上でも利用する

ことができます。

### 【4】高齢者の住み替え支援

　高齢者の住み替えを支援する制度に、一般社団法人移住・住みかえ支援機構(JTI)が行う「マイホーム借上げ制度」があります。これは、50歳以上の人が所有し、耐震性など一定の基準を満たす住宅(戸建住宅、集合住宅)をJTIが賃料を保証しながら最長で終身にわたって借り上げ、子育て世帯などへ賃貸するというものです。仮に空き家になっても、JTIが地域の賃貸住宅市場の動向や建物の状況などから判断した空室時保証賃料を支払うので、住宅の所有者である高齢者などの世帯は安定して賃料収入を得ることができ、この賃料収入などをもとに高齢期に適した住宅への住み替えが行いやすくなります。

## B　少子化社会に対応した住宅・住環境整備

　少子化に対する近年の国の取り組みについては、第1章1節で学んだようにさまざまな施策が実施されていますが、住宅施策として取り組むべきは、次世代を担う子どもを安心して産み育てられるように、ゆとりある住宅と良質な住環境を整備することです。

　近年継続して取り組まれている主な住宅施策としてまず挙げられるのは、子育てを支援する良質なファミリー向け賃貸住宅の供給促進です。

　子育て世帯など居住の安定に特に配慮が必要な世帯に対して、居住環境が良好な賃貸住宅の供給を促進するため、地域優良賃貸住宅制度が実施されており、一定の所得以下の入居者に対しては家賃補助が行われます(実施状況・内容は地方公共団体によって異なります)。

　また、子育て世帯、高齢者、障害者、低額所得者、被災者など住宅の確保に特に配慮を要する人(住宅確保要配慮者)が民間賃貸住宅などへ円滑に入居できるよう、住宅確保要配慮者の入居を拒まない住宅(通称：セーフティネット住宅)の登録制度が2017(平成29)年から始まり、登録された住宅の情報が広く公開されています。都道府県・市町村は、不動産関係団体や居住支援団体などと連携して住宅確保要配慮者居住支援協議会を組織し、入居可能な民間賃貸住宅などの情報提供や相談対応などを行っています。子どものいる世帯が子育てしやすい民間賃貸住宅を探す場合にも利用することができるので、住宅情報を収集する際に役立ちます(p.196・197参照)。

　さらに、一般社団法人移住・住みかえ支援機構(JTI)が行う「マイホーム借上げ制度」があります。これは、50歳以上の人が所有し、耐震性

第1章　暮らしやすい生活環境をめざして

第2章　健康と自立をめざして

第3章　バリアフリーとユニバーサルデザイン

第4章　安全・安心・快適な住まい

第5章　安心できる住生活とまちづくり

事例集　地域で取り組む福祉のまちづくり実践事例

## 表5　子育て世帯の居住の安定確保のための住宅施策

| | 項目 | 内容 |
|---|---|---|
| 1.住宅取得の支援 | 融資 | ・良質な持ち家の取得を促進するため、住宅金融支援機構では、長期固定金利住宅ローンについて、耐久性・可変性などが優れた住宅の場合、金利の引き下げを行っている（フラット35S）。<br>・2017（平成29）年度からは、長期固定金利住宅ローン「フラット35子育て支援型」により、子育て支援に積極的な地方公共団体と住宅金融支援機構が連携し、地方公共団体による財政的支援と併せて金利の引き下げを行っている。 |
| 2.良質なファミリー向け賃貸住宅の供給促進 | 地域優良賃貸住宅制度 | ・子育て世帯、高齢者世帯、障害者世帯など居住の安定に特に配慮が必要な世帯に対して、居住環境が良好な賃貸住宅の供給を促進するため、国・地方公共団体では地域優良賃貸住宅の整備に要する費用や家賃の減額に対して助成を行っている。 |
| | 都市再生機構の民間供給支援型賃貸住宅制度 | ・都市再生機構では、機構が整備した敷地を民間事業者に定期借地し、民間事業者による良質なファミリー向け賃貸住宅などの建設・供給を支援している。 |
| | 住み替え支援 | ・一般社団法人移住・住みかえ支援機構では、高齢者が所有する戸建住宅などを、広い住宅を必要とする子育て世帯などへ賃貸することを支援する「マイホーム借上げ制度」を実施している。 |
| | 三世代同居・近居の支援 | ・地方公共団体によっては、三世代で同居や近居をしようとする世帯などに対して、新築住宅の取得に要する費用の補助、低利融資、住宅ローンへの利子補給、既存住宅の増改築工事費に対する補助などを行っている。<br>・都市再生機構では、子育て世帯と子育て世帯との近居を希望する支援世帯の双方が、都市再生機構の指定する同一UR団地か隣接・近接するUR団地などのいずれかに居住することになった場合、新しく入居する世帯の家賃を5年間割り引く制度を行っている。 |
| 3.新たな住宅セーフティネット制度の推進 | セーフティネット住宅の登録制度 | ・2017（平成29）年に施行された改正「住宅セーフティネット法」に基づき、子育て世帯などを含む住宅確保要配慮者の入居を拒まない賃貸住宅（セーフティネット住宅）の登録制度が実施されている。 |
| | 情報提供・相談 | ・子育て世帯などの民間賃貸住宅などへの円滑な入居を促進するため、地方公共団体や不動産関係団体、居住支援団体などが連携して住宅確保要配慮者居住支援協議会を組織し、入居可能な民間賃貸住宅などの情報提供や相談対応などを行っている。 |
| 4.公的賃貸住宅ストックの有効活用など | 公営住宅 | ・子育て世帯に対して、地域の実情を踏まえた地方公共団体の判断により、優先入居の取り扱いや入居収入基準の緩和を行っている。 |
| | UR賃貸住宅 | ・子育て世帯や子育て世帯との近居を希望する支援世帯に対して、新築賃貸住宅募集時の当選倍率を優遇している。 |
| 5.公的賃貸住宅と子育て支援施設との一体的整備など | 建て替え事業などでの施設整備 | ・大規模な公営住宅の建て替えに際して、原則として社会福祉施設などを併設する。<br>・公的賃貸住宅の建て替えや改修時に子育て支援施設などを導入する取り組みに対して、国が直接支援している。<br>・市街地再開発事業などにおいて、施設建築物内に保育所などを導入した場合の補助などを行っている。 |
| 6.街なか居住の推進 | 職住近接による子育て世帯支援 | ・都心における職住近接により子育て世帯を支援するため、都市部や中心市街地における住宅供給や良好な住宅市街地などの環境整備を行っている。 |
| 7.子育てバリアフリーの推進 | 建築物・公共交通機関・都市公園などのバリアフリー化 | ・「どこでも、だれでも、自由に、使いやすく」というユニバーサルデザインの考え方を踏まえた「バリアフリー法」に基づくバリアフリー施策を推進している。<br>・「高齢者、障害者等の円滑な移動等に配慮した建築設計標準」により、乳幼児連れの利用者に配慮した設計の考え方や優良な設計事例などの周知によるバリアフリー化を促進している。<br>・公共交通機関のバリアフリー化の一環として、ベビーカーを使用しやすい環境づくりを推進している。<br>・妊婦、子ども、子ども連れの人にも配慮しつつ、すべての人々の健康運動や遊びの場、休息、交流などの場となる都市公園や水辺空間（海岸保全施設）の整備を推進している。 |

「令和3年版 少子化社会対策白書」（内閣府）、「令和3年版 国土交通省白書2021」（国土交通省）をもとに作成

第1章　暮らしやすい生活環境をめざして

第2章　健康と自立をめざして

第3章　バリアフリーとユニバーサルデザイン

第4章　安全・安心・快適な住まい

第5章　安心できる住生活とまちづくり

事例集　地域で取り組む福祉のまちづくり実践事例

など一定の基準を満たす住宅(戸建住宅、集合住宅)を、JTIが賃料を保証しながら最長で終身にわたって借り上げるという制度です。借り上げた住宅は子育て支援の一環として、子育て期の若年層を中心に転貸されます。

　そのほかにも、公営住宅では地方公共団体の判断により、子育て世帯に対して優先入居や入居収入基準の緩和を実施しているほか、公的賃貸住宅と子育て支援施設などとの一体的整備の推進、職住近接の実現、子育てバリアフリーの推進などが行われています。

　近年では、三世代同居・近居を支援する取り組みも行われています。地方公共団体によっては、三世代同居・近居用住宅の購入や新築・増改築工事に対する補助や低利融資などを行っています。また、UR都市機構では、子育て世帯と子育て世帯を支援する親族世帯(親世帯など)の双方が同一のUR団地か隣接・近接するUR団地のいずれかに居住する場合、新たに入居する世帯の家賃を5年間割り引く制度を実施しています(表5)。

# C　安心で豊かな生活の実現に向けて

## ① 「住生活基本法」による安心して暮らせる社会の構築

　2006(平成18)年、新しい住宅政策の憲法ともいえる「**住生活基本法**」が制定されました。これは、戦後の住宅政策を抜本的に見直し、豊かな住生活の実現を図るための基本理念や新しい長期計画について定めたものです。この法律によって、日本の住宅政策は、量を増やす政策から、豊かな住生活の実現を正面に据えた政策へと大きく転換したといえます。

　「住生活基本法」では、良質な住宅ストックと良好な居住環境を形成することをめざし、人々がライフステージやライフスタイルに応じた住宅を安心して選択できる環境を整備するとともに、住宅市場で適切な住宅を得ることが難しい低所得者や被災者、高齢者、子どもを育成する家庭などのセーフティネット機能を構築し強化することを柱として位置づけています。

　「住生活基本法」に基づき、国と都道府県では「住生活基本計画(全国計画・都道府県計画)」を策定し、各種の住宅施策に取り組んでいます。住生活基本計画には住生活の安定や向上のための成果指標が掲げられており、バリアフリー化などについても明確な数値目標が示されています。これらの目標の達成をめざして個別の施策を進めることで、高齢者や障

**住生活基本法**
国民の豊かな住生活の実現を図るため、住生活の安定の確保および向上の促進に関する施策について、その基本理念、国などの責務、住生活基本計画の策定、その他基本となる事項を定めた法律。

害者、子育て世帯などを含めたすべての人々が安心して生活できる住宅・住環境整備の実現を期待することができます。

　住生活基本計画（全国計画）はおおむね5年ごとに見直すこととされており、最も新しい計画は2021（令和3）年に策定されました。この計画では、2021年度から2030（令和12）年度までの10年間の計画期間中の住宅政策の方向性と、それらを実現するための基本的な施策が示されています。住生活をめぐる課題として、世帯数や世帯構成の変化、気候変動問題と自然災害の頻発・激甚化、空き家の増加など住宅ストックに関する問題、コロナ禍を契機とした多様な住まい方の進展などを挙げたうえで、「社会環境の変化」「居住者・コミュニティ」「住宅ストック・産業」という3つの視点から複数の目標を立てています。

## 【1】住生活基本計画における高齢者・障害者向けの施策の目標

　高齢者・障害者などが安心して暮らせる住まいや住環境の整備としては、以下の施策推進が掲げられています。
- 高齢期に備えた適切な住まい選びの総合的な相談体制の推進
- バリアフリー性能やヒートショック対策などの観点を踏まえた、良好な温熱環境を備えた住宅の整備やリフォームの促進
- 高齢者の健康管理や遠隔地からの見守りなどのため、IoT（Internet of Things）技術などを活用したサービスの普及
- サービス付き高齢者向け住宅などの整備や情報開示の推進
- 住宅団地での建て替えや再開発などにおける医療福祉施設、高齢者支援施設、孤独・孤立対策に有効な生活支援・地域交流拠点の整備による、地域で高齢者世帯が暮らしやすい環境の整備
- 三世代同居や近居、身体・生活状況に応じた円滑な住み替えの促進と、家族や人の支え合いで高齢者が健康で暮らし、多様な世代がつながり交流できるコミュニティの形成

## 【2】住生活基本計画における子育て世帯向けの施策の目標

　子どもを産み育てやすい住まいや住環境の整備としては、以下の施策推進が掲げられています。
- 住宅の年収倍率の上昇などを踏まえ、時間に追われる若年世帯・子育て世帯の都心居住ニーズもかなえる住宅取得の推進
- 子育てしやすく家事負担の軽減に資するリフォームの促進、住宅内テレワークスペースなどの確保
- 子どもの人数や生活状況などに応じた柔軟な住み替えの推進
- 良質で長期に使用できる民間賃貸住宅ストックの形成と賃貸住宅市場の推進
- 住宅団地での建て替えや再開発などにおける子育て支援施設や公園・

緑地、コワーキングスペースの整備など、職住近接・職育近接を実現する環境の整備

・既成市街地における空き家や空き店舗など既存ストックを活用した地域の交流施設の整備による子育て支援機能の充実

##  社会的危機を乗り越えるための確かな居住環境整備

2020年代は新型コロナウイルス感染症(COVID-19)の感染拡大で世界中が大きく揺れる中での幕開けとなりました。2019(令和元)年12月に中国で感染者が報告されると、その後日本も含めて世界中に感染が伝播し、2021(令和3)年11月には累計の感染者数が世界で2.5億人を超えました。各国では感染拡大防止のためロックダウン(都市封鎖)などで人の動きを抑制するなどしており、経済面でも大きな影響が出ています。

わが国でも2020(令和2)年1月中旬に初めての感染者が確認されて以降、国内での感染が継続しています。日本は高齢化率が世界一であるにもかかわらず、人口規模の大きな国の中では例外的に死亡者数が少なく、感染者・死亡者を数多く出している欧米先進国との違いが際立っています。とはいえ、COVID-19はいまだに終息しておらず(2022(令和4)年1月現在)、引き続き国内外で人々の生命・安全に大きな被害と不安を与えていることに変わりはありません。

また、近年わが国では自然災害が激甚化し、地震や台風・豪雨による風水害など全国各地で大規模な災害が頻繁に起こるようになっています。国土交通省「令和3年版国土交通白書」によれば、洪水、土砂災害、地震、津波のいずれかの災害リスクがある地域の面積は国土全体の約5分の1程度ですが、これらの地域に総人口の7割弱に相当する人々が暮らしており(2015(平成27)年現在)、ひとたび災害が起これば、大きな被害をもたらす恐れがあります。

新たな感染症や大規模自然災害のような社会的危機が生じた際、人々の生命・身体・財産を守るために、生活の基盤、社会の礎ともいえる住まいが果たす役割はきわめて大きなものがあります。危機に直面したときに、住まいは必要最低限どのように機能すべきなのかをたえず考えていくことが重要です。

社会的危機はいずれまたやってきます。そのとき、国や地方公共団体などが迅速に対応できる体制(公助)を構築しておくことはいうまでもありませんが、より確実な安心・安全を保障するためには、個々の生活者の日頃からの心構えや対策(自助)、地域社会での助け合いなどのネットワーク(互助・共助)も大切です。

福祉住環境コーディネーターは、高齢者や障害者などの生活全体を見

第1章　暮らしやすい生活環境をめざして

第2章　健康と自立をめざして

第3章　バリアフリーとユニバーサルデザイン

第4章　安全・安心・快適な住まい

第5章　安心できる住生活とまちづくり

事例集　地域で取り組む福祉のまちづくり実践事例

据え、本人ができるだけ自立した生活がおくれるように住環境の側面か
らさまざまな支援を行う人材として定義されていますが、社会的危機が
生じた際に、ともすれば弱者となりやすい高齢者や障害者、子どものい
る家庭などを守っていくためにも、専門職として果たす役割は今後ます
ます大きくなるといえるでしょう。

第1章　暮らしやすい生活環境をめざして

第2章　健康と自立をめざして

第3章　バリアフリーとユニバーサルデザイン

第4章　安全・安心・快適な住まい

第5章　安心できる住生活とまちづくり

事例集　地域で取り組む福祉のまちづくり実践事例

3 節

# 安心して暮らせるまちづくり

**ねらい** まちづくりでは、バリアフリーやユニバーサルデザインの考え方や、法律や条例などの整備基準に沿った配慮を満たすだけではなく、そのまちで生活する住民や事業者の理解と参加・協力が重要になります。ここではまちづくりの基本的なしくみを理解します。

## A　人にやさしいまちづくり

### 1　まちづくりとは

#### 【1】まちづくりのテーマ

　まちづくりとは、地域住民や行政、事業者等が連携・協力して、道路、公園、建物などの整備に加え、環境、福祉、歴史などの観点からまちでの暮らしを見直し、不便・不自由な点を改善し、よいところは伸ばすことをめざして、安全で安心、快適な生活を実現するための活動をいいます。また、まちづくりは防災、交通、自然・環境、福祉、公園・緑化、景観、商店街など、地域で抱える問題点や課題、市民のニーズなどによって整備される内容が多岐にわたり、さまざまな観点から実施されています。

　自分の抱くまちのイメージとはどのようなものでしょうか。一人ひとり、よいまちのイメージは異なりますが、一般的には安全・安心なまち、美しいまち、やさしいまち、助け合うまちといった特徴がみられます（図1）。

#### 【2】まちづくりに参加するためには

　私たちがまちづくりに参加するためには、どのような手順を踏めばよいのでしょうか（図2）。

　最初は、まちに何らかの興味をもつことから始まります。自分の住んでいるまちを歩いて、不便なこと、不自由なことに気づき、「歩きやすいまちにしたい」「安全で安心できるまちにしたい」などの思いから、実際に行動を起こすことが、まちづくりへの参加の第一歩となります。

　たとえば、個人レベルでは自宅の庭やベランダ、周辺に花を植える、

自転車は駐輪場に止めるなど、自分の周りの小さな気づきが大切です。
次に視線を周囲に向けて、家の周りの道路や公園、駅前などの清掃や花
壇づくりなどもまちづくり活動の一つといえます。

このようにまちづくりは、地域に住む一人ひとりが、自分たちのまち
をよくしようという思いがなければ実現できません。まず、自分がまち
に積極的に身をもってかかわることが重要となります。さらに、まちづ
くりは、一人の力だけではなく、地域住民をはじめ、ボランティアや
NPO、研究会、専門家、事業者と行政との連携（ネットワーク）が大き
な力となり進められていくのです。

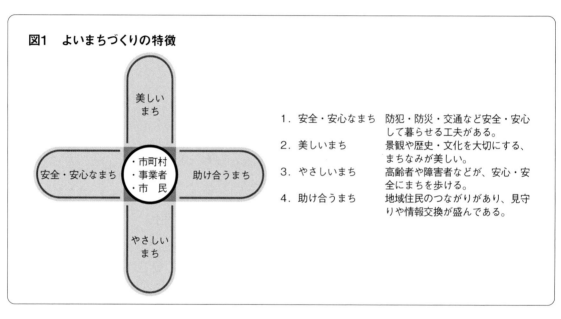

**図1　よいまちづくりの特徴**

1. 安全・安心なまち　防犯・防災・交通など安全・安心して暮らせる工夫がある。
2. 美しいまち　景観や歴史・文化を大切にする、まちなみが美しい。
3. やさしいまち　高齢者や障害者などが、安心・安全にまちを歩ける。
4. 助け合うまち　地域住民のつながりがあり、見守りや情報交換が盛んである。

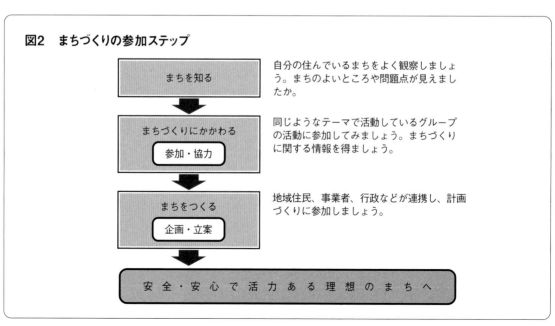

**図2　まちづくりの参加ステップ**

まちを知る

自分の住んでいるまちをよく観察しましょう。まちのよいところや問題点が見えましたか。

まちづくりにかかわる
参加・協力

同じようなテーマで活動しているグループの活動に参加してみましょう。まちづくりに関する情報を得ましょう。

まちをつくる
企画・立案

地域住民、事業者、行政などが連携し、計画づくりに参加しましょう。

安全・安心で活力ある理想のまちへ

現在、まちの交通、歴史、自然、福祉などを見直し、住民や専門家、市町村が協力し合い、暮らしやすい理想のまちをつくる市民参加のまちづくりが、各市町村で積極的に行われています。しかし、市民参加と言葉でいうのは簡単ですが、今日のように日常的な近所づきあいがなくなり、希薄な人間関係ではまちづくりはうまくいきません。したがって、地域に住む人たちとともに、コミュニティづくりから始めることが大切です。

なお、地域住民や事業者に対し、まちづくりに関する相談窓口を設けている市町村もあります。

 ## まちづくりの計画

まちづくりは、個人やグループ（商店街やボランティア、NPO団体等）を中心としたコミュニティレベルのまちづくりから、都市全体の将来を見据えた建築物、公共施設の計画まで幅広い活動や自治体による事業が展開されています。また、地域住民や事業者の意見は、都道府県や市町村が定める**都市計画**や認可する**建築協定**の策定に反映されます。

「都市計画法」に定められた都市計画は、都市計画マスタープランを指針として策定されます。都市計画の一つである「地区計画」は、住民に最も近い立場にある市町村が策定します。各地区の特性に応じて、長期にわたり暮らしやすいまちが形成、持続できるよう、生活に身近な地区の道路や公園等の施設の配置や建築物の建て方など、その地区に必要な独自のルールをきめ細かく決めるまちづくりの計画です。

これまでは、自治体が計画を策定してから、住民に告知し、意見や感想などを求める形式が多くみられましたが、最近では都市計画マスタープランを策定する段階から、住民が参加し、問題や課題を整理・検討し、自治体とともに計画・立案していく流れが取り入れられています。まちづくりに関心のある人たちが集まり、住民アンケートやまちづくり懇談会、**ワークショップ**などを企画しながら、一人ひとりの想いを把握し、課題を整理して、まちづくり構想案を作成します。

また、開発や建設からサービス業まで、その地域で事業を行うすべての事業者の理解や連携も重要となります。さらに自治体は、条例に基づいて、計画の実現をめざしていきます。なお、策定にかかる費用や活動費などを助成する自治体もあります。

**都市計画**
都市内の土地利用規制（地区計画等）や、道路、公園、下水道、ごみ焼却場などの都市施設の整備、また、土地区画整理事業、市街地再開発事業などの都市基盤整備、緑道など、まちづくりに必要な事柄に対して、総合的、一体的に進めていくことを目的とした都市づくりの計画のこと。

**建築協定**
「建築基準法」などの一般的制限以外に、条例で決める一定区域内で、関係権利者の全員の合意の下に、建築の敷地・構造・デザインなどについて取り決める協定のこと。

**ワークショップ**
まちづくりのアイデアを出し合い、意見をまとめていく話し合いの場。テーマに沿ったグループでの話し合いや作業を通じて、みんなで問題を検討し合う集まりのこと。

## ❸ 福祉のまちづくりとは

　福祉のまちづくりとは、特に高齢者や子ども、障害をもつ人をはじめ、すべての人にやさしく、安全で快適な日常生活を営み、積極的に社会活動を行うことができるまちづくりのことをいいます。すべての人が住み慣れたまちで、安心・安全に長く住み続けることができる良好な環境づくりをめざしています。「どこでも、だれでも、自由に、使いやすく」というユニバーサルデザインの考え方を踏まえた環境整備が推進されています。具体的には、住宅、建築物のバリアフリー化、公共交通機関、歩行空間などのバリアフリー化、安全な交通の確保、防災、防犯対策などが推進されています。

　特に高齢者や障害者は、日常生活のほとんどを自宅やその周辺で過ごすことが多く、通院、買い物、散歩、公共施設の窓口などに日常的に安全に外出できるような環境整備が必要となります。そのためには、まち全体を視野に入れ、建築物、道路、交通などに存在する多くのバリアを取り除き、整備する必要があります。

　高齢者や障害のある人だけでなく、だれもが安全で快適に過ごすためには、まちのなかにさまざまな配慮が必要です。たとえば、施設の出入り口はたくさんの人が利用しますが、自動ドア、出入り口の幅、段差などに配慮し、だれもが安心・安全に出入りできるようにします(図3)。

　高齢者や障害者の日常生活においては、歩いて行ける距離に必要な生活関連施設や、介護が必要になったときにいつでも相談できる機関や介護施設、病院などが住宅の周辺に配置されていることが必要とされています。特に高齢者の場合、生活環境や住環境の大きな変化には対応しにくいことが多いため、道路や公共空間が整備され、食料品や日用品など

---

**図3　人にやさしい福祉のまちの配慮**

入り口の階段にはスロープと手すりが設置され、広い開口幅と自動ドアを備えた施設の出入口の一例。だれもが安全・安心に出入りできるよう、配慮がなされている。

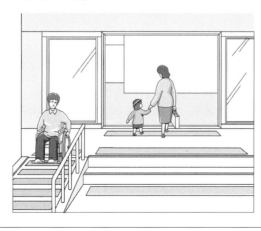

を販売する商店やスーパー、病院、郵便局、銀行、公共機関の窓口、交通機関、公園、集会施設などが徒歩圏内にあることで、住み慣れた土地で安全・安心に在宅生活を続けていくことができます(図4)。

　加えて、こうしたハード面(物的なまちづくり)の設備だけでなく、ソフト面(人的な支援、制度やしくみづくり)の配慮が、快適なまちづくりを実現します。

　ソフト面では、行政による福祉のまちづくりに関する諸制度の拡充をはじめ、高齢者や障害者が福祉のまちづくりに意見や要望を積極的にいえるようなしくみづくり、福祉のまちづくりにかかわる人材の育成・研究会や団体等への支援、高齢者や障害者が地域で暮らしやすいサービスや適切な情報提供なども福祉のまちづくりを進めていくための重要な要素となります。

　さらに、まちづくりとは人づくりともいわれます。たとえば、**視覚障害者誘導用ブロック**(通常「点字ブロック」と呼ばれている)に物を置かない、障害者用の駐車スペースに対象とならない車は駐車しないなど、高齢者や障害者が安全に移動するための配慮については、子どもへの教育のあり方、心のバリアフリー化を推進していくことも求められています。

**視覚障害者誘導用ブロック**

駅や歩道、公園などの公共施設に設置されている、視覚障害者が歩行する際に誘導するブロック。進行方向を示す線状ブロックと注意を促す点状ブロックの2種類がある。2001(平成13)年にJIS規格化され、突起の形状や寸法、配列が整備された。

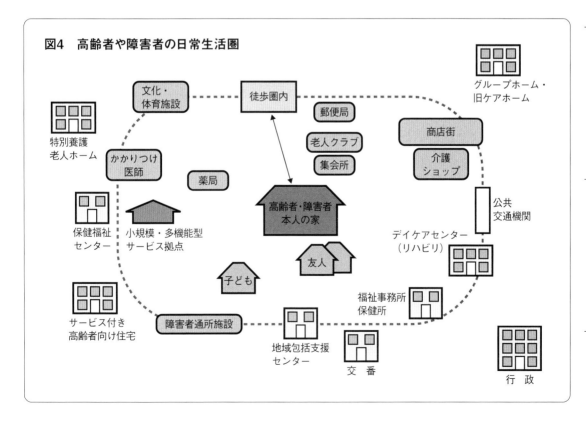

図4　高齢者や障害者の日常生活圏

さらに近年では、福祉のまちづくりの場面で、障害のある当事者の参加や住民参加の重要性が増しています。福祉のまちづくりの対象である都市空間や公共施設の計画に利用者自身が参加することによって、ユーザーである住民のニーズが明確に反映されることがその大きな理由です。さいたま新都心のバリアフリー計画や静岡県沼津市の「ぬまづ健康福祉プラザ」の建設計画はその代表例となります。

さいたま新都心では県内の15の障害者団体とのワークショップを通じて、新都心のバリアフリー整備計画を検討すると同時に、エリア内での人的対応を担うサポートセンターの設置に至りました。また、「ぬまづ健康福祉プラザ」では、構想段階から住民参加型のユニバーサルデザインの取り組みを徹底し、様々な障害のある人でも利用が容易な施設の設計が実現しました。

今後の福祉のまちづくりは、このように住民や障害当事者が牽引し、人々のニーズを的確に反映させていくことが望まれます。

# B　まちづくりを進めるための諸法制度

第3章1節でまちづくりのあゆみについて学びましたが、ここでは、それにかかわる諸法制度について詳しく見ていきましょう。

自治体等による計画づくりや市民レベルの活動は、法律や地方自治体が定める条例などに基づいて実施されます。ここではこれらの法律の基礎となる国のグランドデザインをはじめ、まちづくりにかかわる法律や条例について理解しましょう。

## ① まちづくりに関連した多様なグランドデザイン

少子高齢化の進展とそれに伴う人口減少や、地球規模での環境破壊、高度情報化社会の到来など、私たちの社会は大きな時代の転換期を迎えています。そのような状況の下で、1998（平成10）年に発表された「21世紀の国土のグランドデザイン」は、日本の国土づくりの指針となる計画です。グランドデザインのグランドとは、主要な、総括的なという意味があり、デザインとは、構想、計画を意味します。つまり「グランドデザイン」とは、総的・発展的な国づくりの計画を示すものといえます。

さらに、高齢者や子ども、障害をもつ人などを含めたさまざまな人がともに地域に暮らしていく社会（共生社会）の創造をめざしたグランドデザインには、少子化社会対策大綱、高齢社会対策大綱、**障害者基本計画**

**障害者基本計画**
障害者の社会への参加、参画に向けた施策のいっそうの推進を図るため、2003（平成15）年度から2012（平成24）年度までの10年間に講ずべき障害者施策の基本的方向について定められた。2013（平成25）年9月には、2013年度から2017（平成29）年度までを対象期間とした第3次計画が、2018（平成30）年3月には、2018年度からの5年間を対象期間とした第4次計画が策定されている。

などがあります。これらの計画については他章で述べられていますので、ここでは特に人にやさしいまちづくりを進めるうえで、その根幹となる施策の方向性を示したユニバーサルデザイン政策大綱（以下、UD大綱）について理解しておきましょう。

## 【1】ユニバーサルデザイン政策大綱

2005（平成17）年に策定されたUD大綱は、「どこでも、だれでも、自由に、使いやすく」というユニバーサルデザインの考え方を踏まえ、生活環境や連続した移動環境をハード・ソフトの両面から継続して整備・改善していく、バリアフリー化の指針です。

少子高齢社会を迎えたわが国の社会環境整備に必要不可欠な政策の方向性を示すものとして位置づけられています。

この大綱をまとめる過程において、バリアフリー化を促進するための法律が別々につくられていることで、交通や施設のバリアフリー化が独立して行われているために、連続的なバリアフリー化が図られていないという問題や、利用者の視点に立ったバリアフリー化が十分ではないことなどが指摘されました。また、心のバリアフリーや情報提供などの課題も挙げられました。

これらの指摘を踏まえて、大綱では今後の取り組みの基本的考え方として、次の5点と具体的な施策が示されました。

① 利用者の目線に立った参加型社会の構築

利用者、住民、NPOなどの多様な参加による推進、持続的・段階的な取り組みの推進（スパイラルアップの導入）、多様な関係者の連携・協働の強化など

② バリアフリー施策の総合化

利用者の一連の行動に対応する連続的なバリアフリー化の推進、交通機関や公共施設、公共空間などについてできる限り対象を拡充、「心のバリアフリー」の推進、既存施設のバリアフリー化など

③ だれもが安全で円滑に利用できる公共交通

ターミナルなど交通結節点における利便性向上や乗継円滑化、交通事業者と地域住民等との協働による取り組みの促進、ITの活用を含めた情報提供の改善・充実したまちづくりなど

④ だれもが安全で暮らしやすいまちづくり

歩いて暮らせるまちづくりに向けた取り組みの推進、ユニバーサルデザインの考え方を踏まえたまちづくりの基本的な方針の提示、安全・快適な歩行者空間等の整備、まちの再生、再開発も活用した、居住・福祉・にぎわい等生活機能の創出、防災対策や建築物における日常的な事故防止対策の推進など

⑤ 技術や手法等を踏まえた多様な活動への対応

第1章　暮らしやすい生活環境をめざして

第2章　健康と自立をめざして

第3章　バリアフリーとユニバーサルデザイン

第4章　安全・安心・快適な住まい

第5章　安心できる住生活とまちづくり

事例集　地域で取り組む福祉のまちづくり実践事例

観光地や、観光施設、宿泊施設のバリアフリー化、ITを活用したユニバーサルな情報提供、外国人の受け入れ環境の整備など

## 【2】 ユニバーサルデザイン2020行動計画

日本政府は「ユニバーサルデザイン2020関係閣僚会議」を設置し、オリンピック・パラリンピック東京大会を契機として、共生社会の実現にむけたユニバーサルデザイン、心のバリアフリーのより一層の推進を目指すべく、2017（平成29）年2月「ユニバーサルデザイン2020行動計画」を決定しました。この行動計画では、主要な取り組みとして「心のバリアフリー」の推進が位置づけられ、具体的施策として学校や企業における障害者を理解するための教育・啓発活動が展開されました。また、オリンピックやパラリンピックに関わる環境のバリアフリー化を推進するための以下のような対策が講じられました。

① 東京大会に向けた重点的なバリアフリー化

空港から競技会場等に至る連続的かつ面的なバリアフリーを推進、東京のユニバーサルデザインの街づくりを世界にアピール

・競技会場、およびその周辺エリア等の道路、都市公園、鉄道駅等のバリアフリー化に向けた重点支援
・新宿、渋谷等都内主要ターミナルの再開発プロジェクトに伴う面的なバリアフリー化の推進
・成田空港、羽田空港国際線ターミナルの世界トップレベルのバリアフリー化
・空港アクセスバスのバリアフリー化、UDタクシー導入への重点支援等

② 全国各地における高い水準のユニバーサルデザインの推進

今後の超高齢社会への対応、地方への観光誘客拡大等の観点から、全国のバリアフリー水準の底上げを図り、東京大会のレガシーとする

・バリアフリー法を含む関係施策の検討、スパイラルアップ
・交通バリアフリー基準・ガイドラインの改正、建築設計標準の改正による交通施設・建築施設のバリアフリー水準の底上げ
・観光地のバリアフリー情報の提供促進
・各地の中核施設を中心とした面的なバリアフリー化
・公共交通機関等のバリアフリー化
・ICTを活用した情報発信・行動支援
・トイレの利用環境改善

以上の様な対策を通じて、障害の有無にかかわらず、全ての人が互いの人権や尊厳を尊重しあう共生社会の実現をめざすものです。

**まちづくりに関する法律**

まちづくりに関する法律は、大きくは「都市計画法」「建築基準法」をはじめ、大規模小売店出店の新たな調整のしくみを定めた**大規模小売店舗立地法（大店立地法）**、中心市街地の再活性化を支援する**中心市街地活性化法**などがあります。ここでは、高齢者や障害者をはじめ、だれもが安全・安心・快適に暮らすための、福祉のまちづくりに関する法律として、「バリアフリー法」について見ていきましょう。

### 【1】 高齢者、障害者等の移動等の円滑化の促進に関する法律（バリアフリー法）

2006（平成18）年12月「高齢者、障害者等の移動等の円滑化の促進に関する法律（バリアフリー法）」が施行されました。この法律は、従来の建築物のバリアフリー化を目的とする「ハートビル法」と駅や公共交通機関などのバリアフリー化を目的とする「交通バリアフリー法」を一体化した法律です。この法律の第25条には、市町村は駅など旅客施設の周辺地区や高齢者や障害者等が利用する施設が集まった地区（重点整備地区）について、基本構想の作成に努めると規定されています。基本構想は、施設が集まる地区において、面的かつ一体的なバリアフリーを推進することをねらいとしており、これによりだれもが暮らしやすいまちづくりがより一層推進されることになります。

「バリアフリー法」の施行により、従来別々に行われ課題の多かった商業施設などの建築物と、道路・駅などの交通施設におけるバリアフリー施策について、総合的・一体的に推進されることになりました。また、身体障害者のみならず、すべての障害者を対象とし、これまでの建築物および公共交通機関に、道路や路外駐車場、都市公園や福祉タクシーが整備などの対象として追加されました。

さらに、この法律では、地域に暮らす住民にとって利用しやすいまちづくりを進めるため、基本構想を作成する際には、高齢者・障害者も含めた地域住民が意見を提案できる場（協議会）を設けることが求められています。基本構想を作成することによって、駅周辺にエレベーターやエスカレーターが設置され周辺道路からの移動の連続性が確保されたり、重点整備地区内の人々が頻繁に利用するスーパーマーケットに、エレベーター・エスカレーター・案内図・多機能トイレ・車椅子用駐車場が整備された例、鉄道駅・駅前広場のバス乗り場・道路などに音響式信号機を整備すると同時にノンステップバスを導入することによってまちの一体的なバリアフリー整備が実現した例などがあり、利用しやすいまちが徐々に増えています。バリアフリー基本構想を作成した自治体は、2017

---

**大規模小売店舗立地法（大店立地法）**

大型店の設置者に対して、周辺地域の生活環境を守るための適切な対応を求めることを定めた法律。大規模小売店舗の立地に伴う交通渋滞、騒音、廃棄物等の周辺生活環境への影響を緩和し、大型小売店と地域社会との融和を図るための制度として、建物の設置者（所有者）が、大規模小売店舗を設置しようとする場合に配慮すべき事項を中心に定められている。

**中心市街地活性化法**

郊外の大型店舗の増加に対して、地方都市でみられるようになった中心市街地の衰退や空洞化を防ぎ、中心市街地の活性化に取り組む自治体等を強力に支援するために施行された法律。1998（平成10）年施行。

（平成29）年3月末日で294市町村、482基本構想にも上ります。なお、「バリアフリー法」の施行により、「ハートビル法」と「交通バリアフリー法」は廃止されました。また、2018（平成30）年には「バリアフリー法」の改正が行われ、公共交通事業者等の範囲の拡大や計画の作成等による取り組みの強化のほか、市町村におけるバリアフリー方針や従来作成できるとされていた基本構想の作成の努力義務化など、さまざまな見直しが実施されています。

## 【2】改正バリアフリー法

　上述の通り、バリアフリー法は**ユニバーサル社会実現推進法**の公布・施行や東京オリンピック・パラリンピック大会を契機とした共生社会実現に向けた機運を醸成すること、「心のバリアフリー」に係る施策などソフト対策を強化する必要があること等から、2018（平成30）年、そして2020（令和2）年から2021（令和3）年にかけて施行されました。改正の概要は以下の通りです。

**ユニバーサル社会実現推進法**
2018（平成30）年12月公布、全ての国民が障害の有無、年齢などにかかわらず、等しく基本的人権を享有するかけがえのない個人として尊重されるものであるとの理念にのっとり、障害者、高齢者等の自立した日常生活および社会生活が確保されることの重要性に鑑み、ユニバーサル社会の実現に向けた諸施策を総合的かつ一体的に推進することを目的とした法律。

---

**COLUMN**

# バリアフリー化推進に向けたさまざまな取り組み

　ユニバーサルデザイン政策大綱や「バリアフリー法」などの取り組みによって、日本の生活環境のバリアフリー化は相当程度進展しましたが、いまだ既存の環境のなかには、バリアとなっている部分が数多く存在し、バリアフリー化へは道半ばという状況です。このような状況を改善し、より具体的にバリアフリー化を推進するため、国によってさまざまなガイドラインが整備されています。

　主なものとしては、①バリアフリー整備ガイドライン（旅客施設編・車両等編・役務編）、②旅客船バリアフリーガイドライン、③都市公園の移動等円滑化整備ガイドライン、④高齢者、障害者等の円滑な移動等に配慮した建築設計標準、⑤ユニバーサルデザインの考え方を導入した公共建築整備のガイドライン、などがあげられます。

　①〜③は、旅客施設、車両、旅客船、都市公園といった、それぞれ具体的な施設のバリアフリー化や移動の円滑化を促進するためにつくられたガイドラインです。④は公共建築物を単位空間ごとに捉え、それぞれの空間のバリアフリー化のための必要条件を整理したものです。⑤はユニバーサルデザインの考えに基づいた整備の進め方や整備の視点をとりまとめたガイドラインであり、整備ガイドとして、⑴移動空間、⑵行為空間、⑶情報、⑷環境、⑸安全の5つの視点から「対象部位」または「対象項目」に記載する部分を想定し、ユニバーサルデザインの考え方や施設整備にあたっての基本的な原則を、建築物の設計段階における視点を中心に「施設整備のポイント」として整理した、大変ユニークな構成となっています。

　いずれのガイドラインともに国土交通省のホームページに掲載されています。皆さんの周辺の環境では、どのような考え方に基づく整備が推進されているのか、そのことを知るためにもぜひ一度ご覧になってください。

## 図5　高齢者、障害者等の移動等の円滑化の促進に関する法律（バリアフリー法）の概要

※令和2年法改正の内容について、色字は令和2年6月19日施行、**太字**は令和3年4月1日施行

### 1. 国が定める基本方針

- ● 移動等円滑化の意義及び目標
- ● 基本構想の指針
- ● 情報提供に関する事項
- ● 施設設置管理者が講ずべき措置
- ● 国民の理解の増進及び協力の確保に関する事項
- ● その他移動等円滑化の促進に関する事項
- ● 移動等円滑化促進方針（マスタープラン）の指針

### 2. 国、地方公共団体、施設設置管理者、国民の責務

### 3. 公共交通施設や建築物等のバリアフリー化の推進

- ▶ ハード面の移動等円滑化基準の適合については、新設等は義務、既存は努力義務
- ▶ 新設等・既存にかかわらず、基本方針において各施設の整備目標を設定し、整備推進
- ▶ 各施設設置管理者に対し、情報提供、**優先席・車椅子用駐車施設等の適正利用推進のための広報・啓発活動の努力義務**
- ▶ 公共交通事業者等に対し、以下の事項を義務・努力義務化
  - ・旅客施設等を使用した役務の提供の方法に関するソフト基準の遵守（新設等は義務、既存は努力義務）
  - ・**他の公共交通事業者等からの協議への応諾義務**
  - ・旅客支援、職員に対する教育訓練の努力義務
  - ・ハード・ソフト取組計画の作成・取組状況の報告・公表義務（一定規模以上の公共交通事業者等）

【バリアフリー基準適合義務の対象施設】

旅客施設及び車両等　道路/路外駐車場（旅客特定車両停留施設を追加）　都市公園　建築物（公立小中学校を追加）

### 4. 地域における重点的・一体的なバリアフリー化の推進

- ・市町村が作成するマスタープランや基本構想に基づき、地域における重点的かつ一体的なバリアフリー化を推進
- ・基本構想には、ハード整備に関する各特定事業及び「心のバリアフリー」に関する教育啓発特定事業を位置づけることで、関係者による事業の実施を促進（マスタープランには具体の事業について位置づけることは不要）
- ・定期的な評価・見直しの努力義務

【マスタープラン及び基本構想のイメージ】

旅客施設を中心とした生活拠点

- ○：移動等円滑化促進地区
- ◎：移動等円滑化促進地区かつ重点整備地区
- □：生活関連施設
- ▬：生活関連経路

### 5. 当事者による評価

- ・高齢者、障害者等の関係者で構成する会議を設置し、定期的に、移動等円滑化の進展の状況を把握・評価（移動等円滑化評価会議）

出典：国土交通省「令和2年バリアフリー法改正に関する説明会資料」https://www.mlit.go.jp/sogoseisaku/barrierfree/content/001349371.pdf より一部改変

① 公共交通事業者など施設設置管理者におけるソフト対策の取組強化
・交通事業者等に対するソフト基準適合義務の創設
・公共交通機関の乗継円滑化のため、他の公共交通事業者等からのハード・ソフト(旅客支援、情報提供等)の移動円滑化に関する協議への応諾義務を創設
・障害者などへのサービス提供について国が認定する観光施設(宿泊施設・飲食店等)の情報提供を促進
② 国民に向けた広報啓発の取組推進
(1) 優先席、車椅子使用者駐車用施設等の適正な利用推進
・国・地方公共団体・国民・施設設置管理者の責務等として「車両の優先席、車椅子使用者用駐車施設、障害者用トイレ等の適正な利用の推進」を追加
・公共交通事業者等に作成が義務付けられたハード・ソフト取組計画の記載項目に「上記施設の適正な利用の推進」等を追加
(2) 市町村等による「心のバリアフリー」の推進(学校教育との連携等)
・目的規定、国の基本方針、市町村が定める移動等円滑化促進方針(マスタープラン)に「心のバリアフリー」に関する事項を追加
・市町村が定める基本構想に記載する事業メニューとして、心のバリアフリー関連事業である「教育啓発特定事業」を追加
・教育啓発特定事業を含むハード・ソフト一体の基本構想について、作成経費を補助
③ バリアフリー基準適合義務の対象拡大
・公立小中学校およびバス等の旅客の乗降のための道路施設(旅客特定車両停留施設)を追加
といった内容です。これまでのハード整備に加えて、人々の理解を啓発することにより、より一層のバリアフリー化を推進する狙いがあります。

 **福祉のまちづくり条例**

**地方自治法**
地方自治に関する基本法のこと。

**条例**
都道府県や市町村が議会の議決によって制定する法。

　「**地方自治法**」第14条を根拠とした「福祉のまちづくり**条例**」は、市町村や都道府県によって定められます。その内容は、公共建築物、民間建築物、交通機関、道路、公園など、日常生活のほぼすべての場面にかかわる施設のバリアフリー化を図るためのものです。
　条例は主として整備の対象施設と整備の項目によって構成されますが、「地方自治法」において条例に定められる内容は規定されていないため、対象施設の種別などは、地域の実情に応じて独自に制定することができます。
　表1には、ある地方自治体の福祉のまちづくり条例における対象施設

の例を示しました。この地方自治体では、整備対象施設を「生活関連施設」「特定生活関連施設」と位置づけています。

　このように、福祉のまちづくり条例は、市町村や都道府県の独自性を示すことができます。また、その制定の過程で市民や利用者の意見を聞き、地域住民のニーズを反映することができます。一方で、次のような課題もあります。

①法的な強制力・拘束力が弱い

　福祉のまちづくり条例は「地方自治法」に基づく条例であるため、手続や罰則規定を設けている事例がほとんど見受けられず、法的な強制力・拘束力が弱いこともある。

②「バリアフリー法」にその役割が移行しつつある

　福祉のまちづくり条例で届出などの対象としていた建築物が「バリアフリー法」の**建築確認**の対象となった。建築物は福祉のまちづくり条例の対象から除外されてきている。

**建築確認**

これから建築しようとする建物が「建築基準法」などの法令や各種基準に適合しているかどうかの審査のこと。

### 表1　ある地方公共団体の福祉のまちづくり条例の概要

| 区分 | 生活関連施設の例示<br>（整備基準の遵守が必要な施設） | 特定生活関連施設<br>（届出が必要な施設） |
|---|---|---|
| 建築物<br>（小規模建築物に該当するものを除く） | ・児童福祉施設、助産所、身体障害者社会参加施設、障害者支援施設、保護施設、婦人保護施設、老人福祉施設、有料老人ホーム、母子保健施設、母子福祉施設その他これらに類するもの、学校（専修学校および各種学校含む）、病院、診療所、観覧場、公会堂、集会場、博物館、美術館、図書館、展示場、銀行その他の金融機関の店舗、一般電気事業、一般ガス事業または電気通信事業を営む店舗、公衆便所、国または地方公共団体の庁舎その他の公共的施設 | 左のすべての施設（ただし、診療所のうち患者を入院させるための施設がないものにあっては、床面積の合計が200㎡以上のものに限る） |
| | ・ホテル、旅館、下宿、物品販売業を営む店舗、飲食店 | 左の施設のうち、床面積の合計が200㎡以上のもの |
| | ・公衆浴場、理髪店、美容院、クリーニング取次店、質屋、貸衣装屋、旅行代理店その他これらに類するサービス業を営む店舗 | |
| | ・市場、劇場、映画館、演芸場、遊技場、ダンスホール、キャバレー、ナイトクラブ、バー、料理店、待合、ボーリング場、水泳場、スケート場、スキー場、体育館、スポーツの練習場、自動車車庫、火葬場、映画スタジオ、テレビスタジオ、工場、事務所 | 左の施設のうち、床面積の合計が500㎡以上のもの |
| | ・共同住宅、寄宿舎 | 左の施設のうち、床面積の合計が1,000㎡以上のもの |
| 小規模建築物 | (1)床面積の合計が200㎡未満の診療所（患者を入院させるための施設を有しないものに限る）、薬局、理髪店、美容院、コンビニエンスストア | 左のすべての施設 |
| | (2)床面積の合計が200㎡未満の物品販売業を営む店舗（コンビニエンスストアを除く）もしくは飲食店、クリーニング取次店、質屋、貸衣装屋、旅行代理店その他これらに類するサービス業を営む店舗または公衆浴場 | 左の施設のうち、床面積の合計が100㎡以上のもの |
| 公共交通機関の施設 | (1)鉄道の駅または軌道の停留所およびこれらと一体として利用者の用に供する施設<br>(2)空港整備法第2条第1項に規定する空港<br>(3)自動車ターミナル法第2条第4項に規定するバスターミナル | 左のすべての施設 |
| 公園 | (1)都市公園法第2条第1項に規定する都市公園その他これに類する公園<br>(2)児童福祉法第40条の児童公園<br>(3)遊園地、動物園または植物園 | 左のすべての施設 |
| 道路 | 道路法第2条第1項に規定する道路（自動車のみの一般交通の用に供する道路を除く） | 左のすべての施設 |
| 路外駐車場 | 駐車場法第2条第2号に規定する路外駐車場（駐車場法施行令第15条に規定する国土交通省が認める特殊の装置を用いるものを除く）であって、建築物以外のもの | 左の施設のうち、自動車の駐車の用に供する部分の面積が500㎡以上のもの（その利用について料金を徴収するものに限る） |

# 4 まちづくりに関連する諸計画

　ここでは、建物の建て方などを決める都市計画を策定する際に指針となる計画やまちづくりを進めるための諸計画の概要を解説します。

## 【1】 住宅マスタープラン

　「住宅マスタープラン」は、根拠となる法をもたない地方公共団体任意の制度であり、地域の実情に応じた住宅整備などを推進するための制度として位置づけられています。その内容は、地方公共団体により若干違いはありますが、主として、地域内における住宅ストックの確保、居住水準の向上、防災や環境に配慮した住環境の創設などで構成されています。

## 【2】 都市計画マスタープラン

　「都市計画マスタープラン」は、都市計画の指針となる計画で、将来のまちの姿をどのようなものにするかという、まちづくりの方向をみんなで決めていこうとするものです。1992（平成4）年の「都市計画法」改正に伴い、「市町村の都市計画に関する基本的な方針」として新たに創設された制度です。住民に最も近い立場にある市町村が、住民の意向を反映させて策定します。数回のワークショップ、素案作成、さらに素案を基に住民の意見を集め、計画内容を決定していくなどの流れを踏みます。

## 【3】 まちづくりマスタープラン

　上述した法に基づく「都市計画マスタープラン」に対して、地方公共団体独自のまちづくりにかかわる事項をまとめた「まちづくりマスタープラン」があります。この制度も任意のものですが、まちづくりの対象領域が多様化し、さらにはまちづくりにかかわる存在が市民や企業、NPOなどの非営利組織など多部門化するに従い、都市計画法の枠組みでは対応しきれない課題が出てきているため、近年「まちづくりマスタープラン」を策定する地方公共団体が増えています。その内容は市町村ごとに特色あるもので、たとえば、低炭素まちづくりに関わる方針やアクションエリアを記載している千葉県柏市のプランや、地域ごとのまちづくりの熟度に応じた地域レベルの構想を記載した京都府京都市のものなどがあります。

## 【4】 地域防災計画

　「地域防災計画」は、1961（昭和36）年制定の「**災害対策基本法**」を根

---

**災害対策基本法**
国土と国民の生命、財産を災害から守ることを目的に、1961（昭和36）年に制定された法律。国、地方公共団体、その他の公共機関によって必要な体制を整備し、責任の所在を明らかにするとともに防災計画の策定、災害予防、災害応急対策、災害復旧等の措置などを定めることを求めている。

**表2　ある自治体の要配慮者への対応策**

■実態の把握
　心身障害者、高齢者、寝たきり障害者、乳幼児、病人、外国人等は、災害時には適切な防災行動をとることが必ずしも容易なことではなく、環境の整備や支援が必要であり、通常時から災害弱者の実態を把握し、適切な対策を確立しなければならない。
　自治体は、災害弱者の実態把握に努めるとともに、地域における協力体制の確立を図っていく。
■避難対策の確立
1. 寝たきり高齢者および障害者については、自治体は本人からの申し出により各地域の自主防災組織に名簿を提供し、各自主防災組織は避難計画を策定している。また、避難資器材として担架、車椅子、リヤカーを配備している。寝たきり高齢者以外についても、本人からの申し出を基本に避難対策を確立していく。
2. 災害弱者の避難生活等の救援・援護を目的とする地域（自主防災組織、事業所等）、ホームヘルパー、保健師（福祉部、保健所）、社会福祉協議会、福祉団体、民生委員、福祉ボランティア等でネットワークを構築する。
3. 日本語のわからない外国人の対応については、発災から避難所における生活まで全般にわたる援助が必要である。自治体は、通訳協力者や語学登録ボランティアの協力を求め、援助体制を確立する。また自治体における避難体制の理解を進めるため、外国人対象のパンフレットを作成し配布する。
　また、少なくとも定住外国人については、発災時に自分を守ることができるよう、外国人を対象とした防災教室等を通じて防災意識の普及啓発を図る。

（以下略）

拠とする計画です。その内容は、震災・風水害・火山災害・雪害などの自然災害と航空災害・鉄道災害・道路災害・原子力災害など事故災害に対する予防計画と対応計画とで構成されています。さらに、高齢者、障害者、乳幼児その他の特に配慮を要する者を「要配慮者」と位置づけ、身体能力および情報の認知能力が低下している人などへの対応を策定することになっています（表2）。

 ## 5 人にやさしいまちづくり整備の課題

　人にやさしいまちづくり整備のしくみ全体を見ると、今後の課題として次のような点が挙げられます。

### 【1】諸制度の連携・整合性の確立

　人にやさしいまちづくりを推進するための諸制度は、大きく分けて、建設系、都市計画系、福祉系の施策に分類できますが、国および地方自治体においてこうした事業を担当する部署も、建設系部局、都市計画系部局、福祉系部局とそれぞれ異なった部局が担当しています。

　そのため、まちづくりにかかわる諸制度の連携が不十分となり、整合性のないまちづくりが展開されている面があります。こうした傾向は、縦割りの分野ごとに発生しているばかりではなく、たとえば建設関連施策など、同じ分野内での施策間においても発生しています。このような事態を踏まえて、連携・整合性を確立するために、「ハートビル法」と「交通バリアフリー法」が「バリアフリー法」として一本化されました。今後、まちのハードの環境整備において、連続的かつ整合性のあるまちづくりが進められることになります。

第1章　暮らしやすい生活環境をめざして

第2章　健康と自立をめざして

第3章　バリアフリーとユニバーサルデザイン

第4章　安全・安心・快適な住まい

第5章　安心できる住生活とまちづくり

事例集　地域で取り組む福祉のまちづくり実践事例

少子高齢社会が進み、すべての人が住み続けることのできるまちづくり整備を進めるためには、今後もさまざまな分野の施策を連携する必要があります。そのための法制度の整備・しくみづくりが求められています。

## 【2】 継続的なまちづくり整備を進めるためのしくみづくり

　さまざまな人の暮らすまち・地域環境においては、継続的にまちの状況を点検し、常に改善を図っていく必要があります。それぞれの地域の実情に応じたスパイラルアップ（まちづくり事業の段階的かつ継続的な発展）のしくみを創設することが大切です。

## 【3】 住民や事業者などの関与の促進

　「バリアフリー法」の基本構想の策定や、都市計画マスタープランおよび市町村地域福祉計画の策定においては、地域住民の参加が明確に位置づけられています。これまで行政のみが担ってきたまちづくり計画は、行政、地域住民、事業者などの連携によって進められる体制が定着しつつあります。しかし、まちづくり事業に関心のある一部の住民、事業者の関与にとどまっている面もあり、今後は、多くの地域住民・事業者がその責務としてまちづくりにかかわっていくための啓発活動などを展開する必要があります。

## 【4】 子どもや子育て支援からの視点の強化

　効果的な打開策が打ち出せないまま少子化が進展していますが、少子化現象への歯止めの観点から、子どもや子育て中の人が安心して日常活動のできるまちづくりや環境整備を行っていく必要があります。幼い子どもやベビーカー利用の子連れの人が円滑に移動できる環境整備や、防犯、事故防止の観点から子どもが安心して生活できるまちづくり施策を強化していく必要があります。

　新築の建物や新たに計画されたまちにおいては、本節で解説したまちづくり諸制度の影響を受けて、高齢者や障害をもつ人でも利用しやすい環境整備が行われていますが、一方で、既設の建物やまちにおいては、依然としてバリアが存在しています。建築条件などにより、改善が困難なものもありますが、ソフト面での対応も視野に入れながら、柔軟に既存の環境を改善していくしくみづくりも、今後の重要な課題です。

　福祉住環境コーディネーターは、まちづくりのしくみをよく理解し、高齢者や障害者が住まいから外へ出て、地域とかかわりのある暮らしを支援していくために、地域で生活するなかで不便や不自由に気づき、まちづくりにも積極的にかかわることで、高齢者や障害者と地域を結びつけるコーディネーターとしての役割をもつことが期待されています。

第1章　暮らしやすい生活環境をめざして

第2章　健康と自立をめざして

第3章　バリアフリーとユニバーサルデザイン

第4章　安全・安心・快適な住まい

第5章　安心できる住生活とまちづくり

事例集　地域で取り組む福祉のまちづくり実践事例

## 【5】だれもが安心して最期まで生活できるまちづくりの整備

　2017(平成29)年にわが国の高齢化率は27.7％となり、さらには75歳以上の後期高齢者の割合も増加し、およそ7人に1人が75歳以上高齢者という社会に到達しました(総務省統計局「人口推計」(2017年10月1日現在)より)。このような人口構造の急激な変化に伴い、現在、地域包括ケアシステムの構築が急がれています。

　地域包括ケアシステムとは、図6に示したとおり、重い介護が必要になった場合にも、住まいに暮らしながら、地域からの医療サービスや介護サービスを受けることにより生活を続けていけるケア体制を意味するものです。そして、図7はこのような地域包括ケアシステムを構成する要素を示していますが、体制を受け止める植木鉢(土台)として住まいが位置づけられていることが、この図から読み取れます。また、このケア体制を実現するためには、医療や介護を提供するサービス拠点を地域の中に適正な範囲で立地していくことも大切です。

　すなわち、地域包括ケアシステムとは、医療・介護サービスの提供に連携した形でまちづくりが進められていかないと実現できないものなのです。こうしたまちづくりが実現することによって、私たちは高齢になっても、また病気などで終末期に直面したとしても、安心して地域や住まいに住み続けることができるようになるのです。


参考文献
髙橋儀平「福祉の街づくり　その思想と展開」彰国社　2019年8月

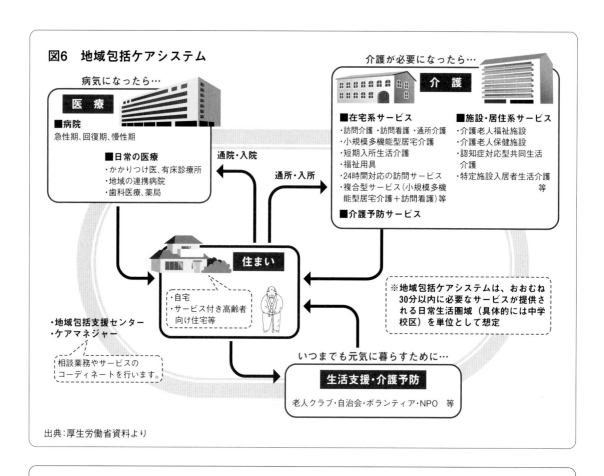

図6　地域包括ケアシステム

介護が必要になったら…

介護

病気になったら…

医療

■病院
急性期、回復期、慢性期

■日常の医療
・かかりつけ医、有床診療所
・地域の連携病院
・歯科医療、薬局

■在宅系サービス
・訪問介護・訪問看護・通所介護
・小規模多機能型居宅介護
・短期入所生活介護
・福祉用具
・24時間対応の訪問サービス
・複合型サービス（小規模多機能型居宅介護＋訪問看護）等

■介護予防サービス

■施設・居住系サービス
・介護老人福祉施設
・介護老人保健施設
・認知症対応型共同生活介護
・特定施設入居者生活介護　　等

通院・入院

通所・入所

住まい

・自宅
・サービス付き高齢者向け住宅等

※地域包括ケアシステムは、おおむね30分以内に必要なサービスが提供される日常生活圏域（具体的には中学校区）を単位として想定

・地域包括支援センター
・ケアマネジャー

相談業務やサービスのコーディネートを行います。

いつまでも元気に暮らすために…

生活支援・介護予防

老人クラブ・自治会・ボランティア・NPO　等

出典：厚生労働省資料より

図7　地域包括ケアシステムを構成する要素

医療・看護

介護・リハビリテーション

保健・福祉

介護予防・生活支援

すまいとすまい方

本人の選択と本人・家族の心構え

出典：三菱UFJリサーチ＆コンサルティング「＜地域包括ケア研究会＞－2040年に向けた挑戦－」（地域包括ケアシステム構築に向けた制度及びサービスのあり方に関する研究事業）、平成28年度厚生労働省老人保健健康増進等事業、2017年をもとに作成

3節　安心して暮らせるまちづくり

第1章　暮らしやすい生活環境をめざして

第2章　健康と自立をめざして

第3章　バリアフリーとユニバーサルデザイン

第4章　安全・安心・快適な住まい

第5章　安心できる住生活とまちづくり

事例集　地域で取り組む福祉のまちづくり実践事例

**COLUMN**

# 住民の手で安心・安全なまちづくりを進める「セーフコミュニティ」とは？

「セーフコミュニティ」活動とは、人と人とがお互いに信頼し合える地域を再生し、地域住民、行政、地域の団体・組織などが力を合わせて、安心して暮らせる安全なまちづくりに取り組む活動です。1970年代、スウェーデンの地方都市、ファルシェーピン市やリドシェーピン市で始まった事故予防のためのまちづくり活動が体系化されたもので、「WHOセーフコミュニティ協働センター（WHO CSP協働センター）」によって推進されている、今世界で注目されているまちづくり活動です。

この活動では、地域内で発生する、子どもや高齢者および一般成人をめぐる事故や傷害、自殺や犯罪・暴力などを予防するために、その問題の原因を明らかにし、対策を講じ、その対策によって得られた成果を評価するプロセスが重要視されています。CSP協働センターでは「セーフコミュニティ」であるために必要な以下の7つの条件（指標）を定めています。

1. コミュニティにセーフティ・プロモーションに関連するセクションの垣根を越えた組織が設置され、協働のための基盤がある。
2. すべての性別、年齢、環境、状況をカバーする長期的継続的なプログラムを実施する。
3. ハイリスクグループと環境に焦点を当てたプログラム、弱者とされるグループを対象とした安全性を高めるプログラムを実施する。

4. 根拠に基づいたプログラムを実施する。
5. 傷害が発生する頻度とその原因を記録するプログラムがある。
6. プログラム、プロセス、変化による影響をアセスメントするための評価基準がある。
7. 国内および国際的なセーフ・コミュニティネットワークへ継続的に参加する。

これらの条件を満たした自治体がWHOによって「セーフコミュニティ」と認証されます。

2015（平成27）年7月の時点では、世界各国の362の自治体が認証を受けています。日本では、2008（平成20）年に京都府亀岡市が認証を受けたのをはじめ、その後もいくつかの自治体が認証を受け、また、認証をめざしてさまざまな取り組みを進めています。

日本でいちばん最初の「セーフコミュニティ」となった京都府亀岡市は、京都府からモデル地区としての認証申請の依頼があったこと、さらに地域内に活発な活動を展開する自治会があったこと、さらには「セーフコミュニティ」活動を通じて地域のきずなを復活させていきたいなどの思いから、認証をめざしたのだそうです。市内には23の自治会がありますが、それぞれ自治会ごとに、今後のまちづくりを考える活動などを展開しています。

**セーフコミュニティ活動の効果**

このセーフコミュニティ活動は、5年ごとに活動内容を確認した上で再認証が行われています。再認証を受けた自治体として、東京都の豊島区や埼玉県の秩父市があります。豊島区では、子どものけが・事故予防、高齢者の安全、障害者の安全、自転車利用の安全、繁華街の安全、学校の安全、地震災害の防止、児童虐待の防止、DVの防止、自殺・うつ病の予防・がんの早期発見といった11の重点テーマを設けそれぞれに対策委員会を設置しています。各対策委員会は課題の洗い出しを行い対策の検討を進めていきます。豊島区ではこうした活動の成果をセーフコミュニティ年間活動レポートとして発行し、各年度の活動の成果を追跡・公表しています。また秩父市では、中山間地域に位置すると同時に、埼玉県内で高齢化率が最も高い自治体であることから、土砂災害の危険箇所の安全や高齢者の安全に重点を置いた活動を展開しています。

**図　セーフコミュニティの一例（京都府）**

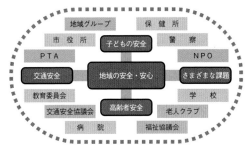

出典：京都府ホームページより一部改変

# 地域で取り組む福祉のまちづくり
# 実践事例

※本事例における内容や制度の名称等は取材当時のものに基づいています。

# 行政主導から住民主導へ
# —多世代協働による新しい住まいの形

**釧路町型コレクティブハウジング**（北海道釧路町）

北海道の南東部に位置し、釧路市の東部に隣接する人口約1.9万人の釧路町。この北の町が今、新しい公営住宅のあり方を提唱しています。

「釧路町型コレクティブハウジング」は、シルバーハウジング・プロジェクトのしくみを生かしながら、世代間交流ができる住まい方として、多世代が協働して暮らす「コレクティブハウジング」の考え方を取り入れました。小規模多機能型居宅介護や地域交流施設などの福祉拠点を併設し、さらにそこを運営するNPO法人を地域住民の中から育成するなど、多様な**ハード・ソフト**の仕掛けを織り込みました。町の住宅部局と福祉部局が連携し、公営住宅整備と合わせて住民どうしが支え合い、交流するコミュニティ形成と福祉拠点化を図った先進事例です。

## 新しい公営住宅
## 「釧路町型コレクティブハウジング」
## ができるまで

釧路町の高齢化率は25.0％（2015（平成27）年）と全国平均（26.6％）より低いものの、近年急速に高齢化が進み、特に高齢者単身・夫婦のみ世帯の増加が顕著です。

2000～2001（平成12～13）年度に策定された「釧路町住宅マスタープラン」では、不足している公営住宅を整備するなかで、特に高齢者向けとして、同町ではじめてシルバーハウジングを供給することとしました。

担当する都市建設課建築係では、釧路町が北海道で最後にシルバーハウジングに取り組むこ

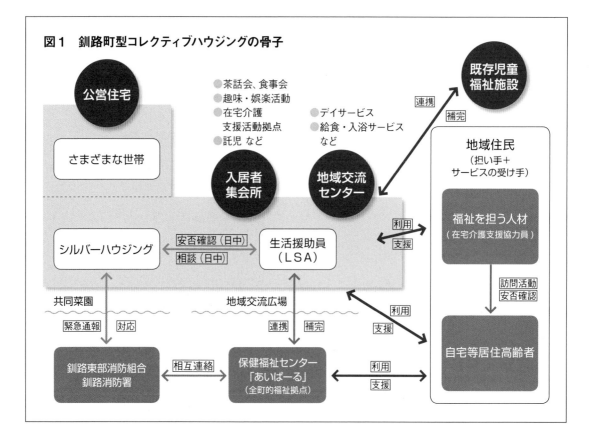

**図1　釧路町型コレクティブハウジングの骨子**

ととなったため、"後発組"の利点を最大限生かそうと、他都市の事例を徹底的に研究しました。その過程で、これからの住宅施策は、ハードに加えて、「どう使われるか」というソフトが重要だと痛感し、介護健康課に日参して連携を呼びかけました。

そして、両部局連携のもと2003（平成15）年度に策定した「釧路町高齢者住宅整備計画」では、住民代表の委員から、多世代が交流して暮らす「コレクティブハウジング」が提案されました。こうして釧路町型コレクティブハウジングの骨子はまとめられました（図1）。

構想の第1号は、公営住宅「遠矢団地」です。全部で3棟60戸が入居の予定で、各棟にシルバーハウジング6戸と一般世帯向け公営住宅14戸を一体整備して世代を混在させ、地域福祉・交流の拠点である遠矢コレクティブセンター「ピュアとおや」を併設しています。

全景。「遠矢団地」と「ピュアとおや」は屋内連絡通路で繋がっている。

## 多世代交流と地域福祉の担い手を育てる開設前のソフトのしくみづくり

本計画では、入居開始前に行われたソフト事業が大きな特徴です。

都市建設課では、交流や協働といったコレクティブハウジングの暮らし方の趣旨を理解した人を入居対象としたことから、入居者の選定方法を工夫。入居選考の1年前に入居希望者の事前登録を行い、3回の「コレクティブハウジング模擬事業」への参加を義務づけました。第1期募集では、20戸に対し71世帯が登録。食事会やガーデニングなどの協働作業やワークショップ、勉強会などを体験したあとに行われ

た本申込みの応募は35世帯でした。模擬事業を通してコレクティブハウジングでの暮らしになじむ人に絞り込まれました。

この模擬事業のメリットは大きく、住民の中からリーダーが生まれ、入居後の自治会設立や運営がスムーズでした。また、入居前から良好な人間関係ができていたため、住民どうしで問題解決をし、共同住宅に付きものの、生活音などによる隣人トラブルがまったくないそうです。

一方、介護健康課では、地域の中から福祉に関心をもつ人材を掘り起こし、コレクティブセンターの運営を住民主体の地域型NPOに委ね、地域雇用の創出なども期待しました。そこで、2004（平成16）年度から2年にわたり、「在宅支援サポーター養成事業」を実施。地域住民に3級ヘルパー（現在は廃止）養成講座への参加を呼びかけ、そのなかで、地域食堂の開催や福祉施設の視察、NPOに関する勉強会などを行いました。やがて受講生の中から、両親の在宅介護経験をもつ整骨院の経営者が代表に立候補し、2006（平成18）年2月にNPO法人「ゆめのき」が誕生しました。現在、ゆめのきは、遠矢コレクティブセンターの小規模多機能型居宅介護、LSA派遣事業、地域包括支援センターの**ブランチ**等の事業を町から受託して実施しています。

さらに、「地域守り隊」という地域の防犯活動グループを組織し、コミュニティレストラン「ぽかぽか食堂」やフリーマーケットを行うなど、地域貢献活動を活発に行い、コミュニティづくりの核となっています。

入居希望者は事前登録のうえで、模擬事業を行った。写真はワークショップの一場面。

模擬事業の一つ、食事作り班の様子。他にガーデニングなどの協働作業が行われた。

第1章　暮らしやすい生活環境をめざして

第2章　健康と自立をめざして

第3章　バリアフリーとユニバーサルデザイン

第4章　安全・安心・快適な住まい

第5章　安心できる住生活とまちづくり

事例集　地域で取り組む福祉のまちづくり実践事例

## 交流を促し、長く住み続けられる
## ハードの仕掛け

　住棟1階のシルバーハウジング住戸前の共用廊下を南側に配し、各住戸の玄関脇に、縁側のようなベンチを置きました（図2）。冬もサンルームのように暖かく、入居者がベンチに腰かけて日向ぼっこや世間話をしたりと、快適なコミュニケーション空間になっています。さらに、この共用廊下はカーペット敷きのため、入居者間でここでは靴を脱ぐというルールができ、廊下全体がセミパブリックな空間となって、訪問販売などが入りづらく、防犯上の効果もあげています。

　単身用住戸は1LDKで58㎡あり、共用廊下にリビング・ダイニングが面して明るく、車椅子でも使いやすい間取りです（図3）。トイレ・風呂などには緊急通報ボタンが付き、消防署とコレクティブセンターに同時発報され24時間対応のため、安心です。また、要介護状態になっても、併設の小規模多機能サービスを利用しながら、長く住み続けられます。

　住棟からは、屋内廊下を通って、「ピュアとおや」とつながっています。

陽光が差し込むシルバー住戸前の共用廊下は、入居者たちの憩いの場となっている。

シルバーハウジングの明るい共用廊下を舞台とした、菜園収穫祭での一こま。

## 地域のつながりを再生する試み

　「釧路町型コレクティブハウジング」の構想の背景には、地域コミュニティの希薄化があります。自宅があり、隣近所がいても、なかなか交流は生まれません。持ち家を手放してシルバーハウジングに入居した単身女性は、「自宅では、だれも遊びに来なくなってさみしかった。しかしここに住むと会話が絶えることがない」と喜んでいます。

　また、ある共働き家庭の小学生の子どもは、放課後、高齢のご夫婦宅で過ごします。孫のようにかわいがり、迎えにきた親に夕食のおかず

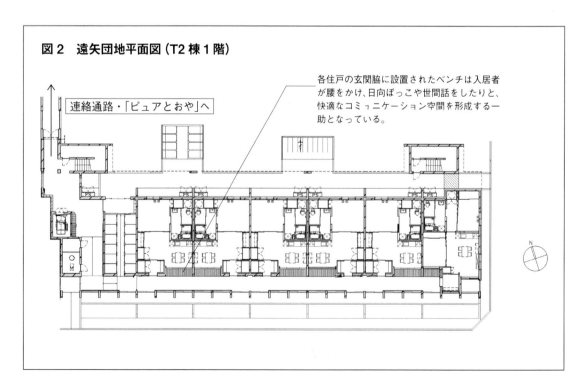

**図2　遠矢団地平面図（T2棟1階）**

連絡通路・「ピュアとおや」へ

各住戸の玄関脇に設置されたベンチは入居者が腰をかけ、日向ぼっこや世間話をしたりと、快適なコミュニケーション空間を形成する一助となっている。

N

をおすそ分けしたりと、疑似家族のような関係が生まれています。

　自治会やゆめのき主催の、敬老会やクリスマス会、新年会などの行事も盛んで、子どもから高齢者まで、ときには町の職員も参加します。入居前からのかかわりを通して、いつの間にか、役場の人と入居者という関係ではなく、お互いに、気軽に名前で呼び合う間柄になりました。コミュニティづくりというのは決して難しいものではなく、「楽しいことをしているところに、人は集まるのではないか」と役場職員は言います。

　行政主導で始まった「釧路町型コレクティブハウジング」は、やがて住民主導に発展していきました。住民の潜在的な力を掘り起こし、地域福祉の実践部隊も育ちました。行政の住宅部局と福祉部局が協力し、それぞれの専門性を発揮し、ていねいなプロセスを積み上げたことにより、新しいコミュニティが芽生えています。

イベントの一つ、クリスマス会。敬老会、新年会と行事は盛んに行われている。

NPO法人「ゆめのき」は、住民との交流活動も主催する。子どももたくさん参加している。

## 図3　シルバーハウジング平面図

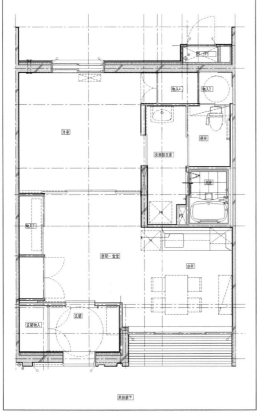

## 概　要

**釧路町型コレクティブハウジング**
住所：北海道釧路郡釧路町河畔3-2
事業主体：釧路町
◉公営住宅「遠矢団地」
　構造規模：RC造、地上3階建て　計3棟（各20戸、計60戸）の計画
　入居開始：T1棟 2006（平成18）年10月／T2棟 2008（平成20）年11月入居／T3棟　未定
　住戸構成（各棟）：一般世帯向 3LDK 4戸、2LDK 10戸
　高齢者世帯向け 1LDK 5戸、2LDK 1戸
◉遠矢コレクティブセンター「ピュアとおや」
　構造規模：RC造り、平屋建て
　運営開始：2006（平成18）年9月
　運営主体：NPO法人ゆめのき
　施設内容：多目的室、集会室、浴室、調理室、交流サロン、団らん室、相談室、LSA執務室

**NPO（Non Profit Organization）**
民間の非営利団体のこと。行政・企業とは別に社会的活動に従事する。
**ハード・ソフト**
「ハード」とは施設・設備などを示し、「ソフト」とは主にサービスを示す。
**ブランチ**
住民の相談などを受け付け・集約して、地域包括支援センターにつなぐ窓口。

平面図・写真の提供：釧路町

# ホームセンターからのコンバージョン
# —地域ケアの福祉拠点

## 総合ケアセンター榛名荘（群馬県高崎市）

　群馬県高崎市の旧榛名町では、多くの地方都市と同様に中心市街地の衰退が問題になっています。空き店舗が増え、まちなかで営業していたホームセンターも閉店し、2004（平成16）年に建物と土地が競売にかけられました。

　このホームセンターを、地域の中核医療を担う（一財）榛名荘が落札し、地域密着型の総合ケアセンターに**コンバージョン**しました（図1）。同法人は戦前の結核保養所から出発したため、市街地や住宅地から離れた榛名山麓に、榛名荘病院（223床）や老人保健施設などの施設群を持ちます。しかし、医療制度改革が進み、"病院・施設から在宅へ"という時代の流れの中で、当時のS専務理事は、「これからは送迎車で患者や利用者の方々を集める時代ではない。私たちが生活の場に近づき、地域に密着したサービスを提供すべき」と考え、まちなか進出を図りました。立地の優れたこのホームセンターを福祉拠点として再生すれば、まちの活性化にも貢献できると考えました。

　ホームセンターは耐震基準を満たしておらず、壊して建て替えた方が安くあがるのではないかとの意見が大多数ありました。しかし、S専務は改修にこだわりました。まちの人たちに親しみのある建物を残すことにこそ価値があると考えたからでした。

## ホームセンターの特徴を生かした空間のしつらえ

　総合ケアセンター榛名荘は、2006（平成18）年9月にオープンしました。

　1階が小規模多機能型居宅介護とデイサービス、認知症グループホーム、2階が高齢者住宅「第1せきれい」、訪問看護・訪問介護・居宅介護支援事業所です（図1、図2）。また、別棟として、

建物外観

利用者も地域の人もだれもが利用できる食堂棟を新築しました。

　改修工事では、ホームセンターの外観と屋根をそのまま残し、内部はすべて新しくしました。巨大なホール型の空間であったため、採光が必要なグループホームや高齢者住宅の居室は建物の外周に寄せ、中央の吹き抜けの大空間は、小規模多機能やデイサービスとして利用。吹き抜けの高い天井や、元の建物にあったトップライトや円窓、曲線テラスをそのまま利用するなど、ホームセンターの特徴を生かしたしつらえは、新築の施設にない魅力があります。

　2階の居室前からは、1階の小規模多機能やデイサービスがよく見え、住宅の入居者が、1階の利用者に向かって手を振る姿もみられます。

従前建物にあった曲線テラスを残して活用。

高い吹き抜けの空間。円窓は住宅（2階）と1階をつなぐ。

多様な機能をコンパクトに集約し、居室部分はプライバシーに配慮しながらも、交流を生み出しやすい空間づくりがされています。

手前が小規模多機能、奥がデイサービス。

※その後、デイサービスが近隣に移転し、小規模多機能型居宅介護の定員を増床して訪問看護を合わせて、複合型サービス（看護小規模多機能型居宅介護）として提供している。

## 高齢者住宅では入居者どうしが支え合う力を引き出し、地域全体で温かく見守る

　グループホームも高齢者住宅もオープン直後に満室になりました。小規模多機能やデイサービスもほぼ満員です。立地がよいことに加え、オープン半年前から、住宅部門の責任者であるNさんを中心に公共機関や商店も含めて地域内をくまなく戸別訪問し、センターの存在を地域に浸透させたためです。

　センター2階にある高齢者住宅は、支援が必要な虚弱な人を対象としており、併設の介護サー

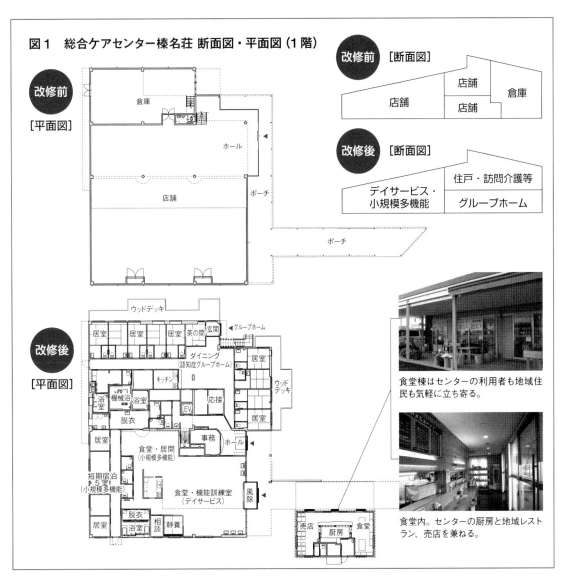

**図1　総合ケアセンター榛名荘 断面図・平面図（1階）**

改修前 [平面図]

倉庫 / ホール / 店舗 / ポーチ / ポーチ

改修前 [断面図]

店舗 / 店舗 / 店舗 / 店舗 / 倉庫

改修後 [断面図]

デイサービス・小規模多機能 / 住戸・訪問介護等 / グループホーム

改修後 [平面図]

ウッドデッキ / 居室 / 居室 / 居室 / 茶の間 / 玄関 ←グループホーム / ダイニング（認知症グループホーム） / 居室 / キッチン / 浴室 / 機械浴 / 浴室 / ウッドデッキ / EV / 応接 / 脱衣 / 居室 / 事務 / ホール / 居室 / 食堂・居間（小規模多機能） / 短期宿泊 5室（小規模多機能） / 食堂・機能訓練室（デイサービス） / 風除 / 居室 / 脱衣 / 浴室 / 相談 / 静養 / 売店 / 厨房 / 食堂

食堂棟はセンターの利用者も地域住民も気軽に立ち寄る。

食堂内。センターの厨房と地域レストラン、売店を兼ねる。

第1章 暮らしやすい生活環境をめざして

第2章 健康と自立をめざして

第3章 バリアフリーとユニバーサルデザイン

第4章 安全・安心・快適な住まい

第5章 安心できる住生活とまちづくり

事例集 地域で取り組む福祉のまちづくり実践事例

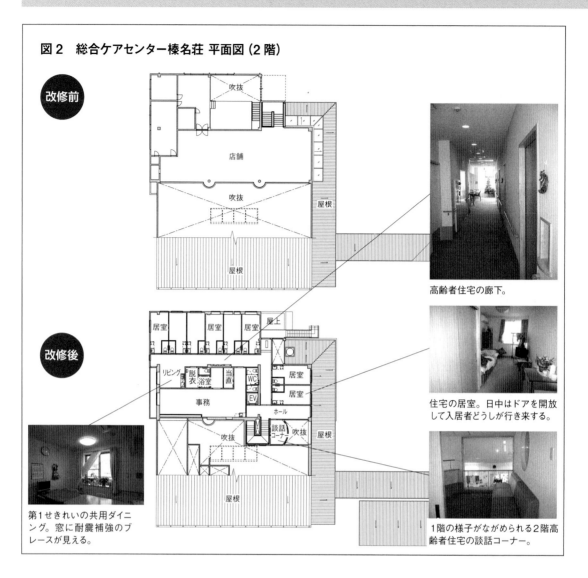

図2 総合ケアセンター榛名荘 平面図（2階）

改修前

改修後

吹抜
店舗
吹抜
屋根
屋根

居室　居室　居室　屋上
リビング　脱衣　当直　WC　居室
浴室　EV　居室
事務
ホール
吹抜　談話コーナー　吹抜　屋根
屋根

高齢者住宅の廊下。

住宅の居室。日中はドアを開放して入居者どうしが行き来する。

第1せきれいの共用ダイニング。窓に耐震補強のブレースが見える。

1階の様子がながめられる2階高齢者住宅の談話コーナー。

ビスを利用しながら暮らします。比較的軽度のときは訪問介護とデイサービスを併用し、重度化してくると、必要に応じて包括的なサービスが受けられる小規模多機能に切り替えます。

　国民年金の受給者層が多い地域なので、1か月の利用料を食費込みで10万円程度に抑えています。また、建物内に24時間体制で介護・看護の職員がいるため、安心です。Nさんは、常に携帯電話で入居者と連絡が取れる状態にし、仕事の空き時間や休日などに、できるだけ入居者と過ごすようにしています。入居者が8人という少人数のメリットを生かして、一緒に外食したり、一緒に入院した入居者のお見舞いに行くなど、柔軟に入居者本位の支援を行っています。

　そのため入居者は、高齢者住宅での暮らしになじむにつれて結束力が高まり、自立に向かう気持ちが強くなりました。

　入居者の多くは要介護認定者ですが、ADLを維持しようと自発的にみなで体操をしたり、虚弱な入居者をかばいながら買い物に出かけたり、玄関ドアをあけ放してお互いに見守りをし合ったりと、高齢者住宅のすぐ隣りにある訪問介護・看護のステーションや、職員に依存することなく、入居者どうしで支え合って暮らしています。

　また、頻繁にNさんが外出に誘い出すため、入居者の顔を地域の人たちが覚えたことにより、見守りのネットワークが地域にできました。入

居者が銀行や郵便局、スーパーなどに出かけると、Nさんに連絡が入ります。途中で歩くのが「しんどく」なった入居者を、地域の人が連れ帰ってくれることもあります。Nさんと入居者がよく行く蕎麦屋には、入居者の笑顔の写真が飾られていました。多くの人の温かい目に守られ、高齢者住宅に入居した後、元気を回復される人も多いそうです。

看護師がセンター全体で10名ほどおり、母体病院のほか、地域の医療機関とも連携がとれているため、ターミナルケアも可能です。「最期までここで暮らしたい」という入居者や家族の強い希望に応え、「ナースやヘルパーの力を借りて最期まで私がお世話します」とNさん。入居者と職員が家族のような一体感をもって暮らす「終の棲家」です。

## 地域に密着した運営により、さびれかけた中心市街地ににぎわいを取り戻す

ログハウス風の食堂棟は、厨房と喫茶店を兼ね、また、地元産の野菜や花、お菓子等を販売する売店も併設しています。ホームセンター時代の看板と広い駐車場はそのまま残しており、学生や子ども連れが、アイスクリームやカレーライスを食べに気軽に立ち寄ります。

駐車場では毎年、お祭りや感謝祭を開催します。地域のボランティアグループも参加し、200〜300人が集まります。

地元の学校との交流も盛んです。小学生とは行事交流を主に行い、中学生は体験学習で訪れます。榛名高校とは、福祉コースの学生を実習生として受け入れたり、講師を派遣するなど協力関係にあります。地元住民を優先的に雇用し、現在は、職員の約6割が旧榛名町の住民と、雇用創出にも貢献しています。

このような地域密着型の運営により、さびれかけていた旧榛名町のまちなかに、にぎわいが戻ってきました。

施設や病院みずからが地域に出ていき、地域で住民の生活を支えること。また、地域にネッ

全景。広い駐車場を使い、地域住民も参加するお祭りを行う。

ホームセンターの看板をそのまま活用。

トワークを構築し、その中で支援の必要な高齢者を見守る体制を作ること。地域ケアの一つの形を、旧榛名町での取り組みに見ることができます。

### 概要

**総合ケアセンター榛名荘**
◎事業主体：一般財団法人榛名荘
◎所在地：群馬県高崎市下室田町965‐1
◎構造・規模：鉄骨造地上2階建て（一部木造）
◎事業内容：小規模多機能型居宅介護、認知症高齢者グループホーム、通所介護（別地域に移転）、訪問介護、訪問看護、居宅介護支援、住宅型有料老人ホーム（8戸、14.5〜15.2㎡）、店舗、レストラン（休止）、認知症カフェ
◎開設：2006（平成18）年9月

> **コンバージョン**
> 既存の建物の用途を変更することで、建物を再生し、活用する手法。

> 2021（令和3）年8月現在、高齢者住宅では、開設から15年が経過したため、入居者の一層の高齢化・重度化が進行し、外出は困難になっています。併設の看護小規模多機能サービス等と連携をし、住み慣れた環境での最期までの暮らしを支えています。
>
> また、別棟の食堂を休止し、認知症の方やそのご家族のためにオレンジカフェを開設。地域の介護・福祉拠点としてしっかりと根付き、さらに、職員がケアセンターの外に出て、環境美化や花植え活動等を行うなど、地域とのつながりを大事にしています。

第1章 暮らしやすい生活環境をめざして

第2章 健康と自立をめざして

第3章 バリアフリーとユニバーサルデザイン

第4章 安全・安心・快適な住まい

第5章 安心できる住生活と

事例集 地域で取り組む福祉のまちづくり実践事例

# 住民と社会福祉法人のコラボレーション
# ―地域での暮らしを支える器

## 生活支援総合センター姉小路 (京都府京都市)

京の町の中心、二条城のすぐそばに、地域での暮らしを支える小さな多機能拠点、「生活支援総合センター姉小路 (以下、「姉小路」)」があります。京都の町中を南北に貫く堀川通り沿いの、およそ300㎡の敷地に建つ、5階建ての建物です。モダンな打ちっぱなしコンクリートを用いながら、町屋風の外観、玄関にさがる粋なのれんは老舗のお店のように、京の町並みにしっくりと溶け込んでいます。

建物正面・入り口

園祭りのお囃子が聞こえてきます。この歴史と文化が身近に息づく古都の、都心の一等地を提供したのは、みずからの土地を地域福祉に役立てたいという強い思いをもつ、ある住民でした。

## 「住み続けられる町」にするため、公共に役立てて欲しいと土地を提供

伝統と文化を重んじる京都の町中にも開発の波が押し寄せるようになり、Iさん夫婦が住む中京区でも、堀川通りの拡張による車騒音の拡大や高層ビルの乱立により、生活環境の悪化が顕著になってきました。それに伴って世帯数も

建物外観

デイサービス、居宅介護支援事業所、訪問介護事業所、グループホームといった介護保険事業のほか、地域サロン、配食サービス、障がい者・高齢者向け住宅といった介護保険外の事業も多彩に行い、地域の駆け込み寺や町の縁側のような、気軽に立ち寄れて、福祉に関するあらゆる困りごとの受け皿になることをめざして活動しています (図1)。

商店街や区役所がすぐそばにあり、夏には祇

### 図1 姉小路建物構成図

| 障がい者・高齢者向け住宅 (3戸)<br>訪問介護事業所 (2013年〜) | 5階 |
| --- | --- |
| 認知症グループホーム<br>(1ユニット・9名) | 4階 |
| 認知症グループホーム<br>(1ユニット・9名) | 3階 |
| デイサービス／居宅介護支援事業所 | 2階 |
| 地域サロンひだまり／配食サービス | 1階 |

減少し、高齢化が進行して、住民どうしのつながりも薄れてきていました。「老いても住み慣れたこの町で暮らし続けたい」と願うIさんは危機感を募らせ、自分の土地を公共に役立てようと決意しました。

Iさんの思いは地域住民や専門家を動かし、住み続けられる町にするため、1998（平成10）年頃から勉強会を始めました。そして、その土地に、小さくても多様なニーズに応えることができる福祉施設を作ろうと、構想は具体化し始め、運営主体には、住民による老人ホーム建設運動に起源をもつ社会福祉法人七野会（本部・京都市北区）に白羽の矢が立ちました。

やがて勉強会が核となって、2000（平成12）年に「中京区に小規模・多機能施設をつくる会（「つくる会」）」が発足。約100名の会員が集まり、建設のための協力や寄付金集めにも奔走しながら、2003（平成15）年4月に姉小路は完成しました。

## グループホームや高齢者住宅に住み替えても、地域住民の一員として普通に暮らす

姉小路は、地域に"開く"ことを意識した建物です。入口ののれんをくぐると、奥行きのある路地空間が現れ、格子戸の向こうに「サロンひだまり」があります。だれもがふらっと立ち寄り、交流できるよう、丸テーブルに椅子、ミニキッチンとカウンターを備えています。2013（平成25）年より、笑いヨガを取り入れた認知症カフェ「姉カフェ」も始めました。認知症を心配される人と専門職との出会いを早める場としての役割も担っています。そのほか、地域の集会やサークル活動など、多目的に利用されています。

また、1階奥の厨房を活用して、毎日、地域の高齢者を対象に昼食と夕食の配食サービスを行っています。職員やボランティアは、弁当を届けるとともに声かけをし、安否確認を行います。家族が仕事に出て日中を家で一人で過ごす高齢者も多く、配達をする職員がちょっとした用事を頼まれることも多いそうです。この活動によっ

て、介護保険制度ではカバーできない制度の隙間にあるニーズも見えてきました。

2階は、居宅介護支援事業所とデイサービスです。在宅の要支援・要介護認定を受けた高齢者が、この姉小路デイサービスセンターに日中通ってきて、家庭的な雰囲気の中、入浴や食事の提供を受けたり、レクリエーション等をして過ごします。西陣織や友禅染めの産地が近く、壁面に飾られた利用者の作品も芸術性が高いと評判です。

3階・4階は、認知症グループホームが1ユニットずつ（図1）。廊下には使いこまれた家具やミシン、オルガンなどがさりげなく置かれ、高齢者にとってなじみのある懐かしい空間を演出し

路地風の1階共用廊下とサロン「ひだまり」。

「ひだまり」は地域の多様な用途に使用される。

配食サービスは見守りも兼ね、在宅の暮らしを支える。

家庭的でくつろいだ雰囲気のデイサービス。

ています。各居室にはご自宅から家具や仏壇が持ち込まれていました。

　姉小路の基本理念は、「見慣れた風景・なじみの人・いつもの暮らし、姉小路はそんな生活を支援します」です。その理念どおり、グループホームの入居者は町内会に入り、運動会にも参加します。毎朝、近くにあるお地蔵さんの掃除をし、近所の人と挨拶を交わします。また、食事も自分たちで調理をするため、毎日、献立を考えながら、三条商店街に買い物に行きます。地域住民の一員として地域活動に参加し、地域で普通に暮らすことを実践しています。

　さらに、「役割」もあります。近所への配食サービスを、グループホームの入居者が散歩を兼ね

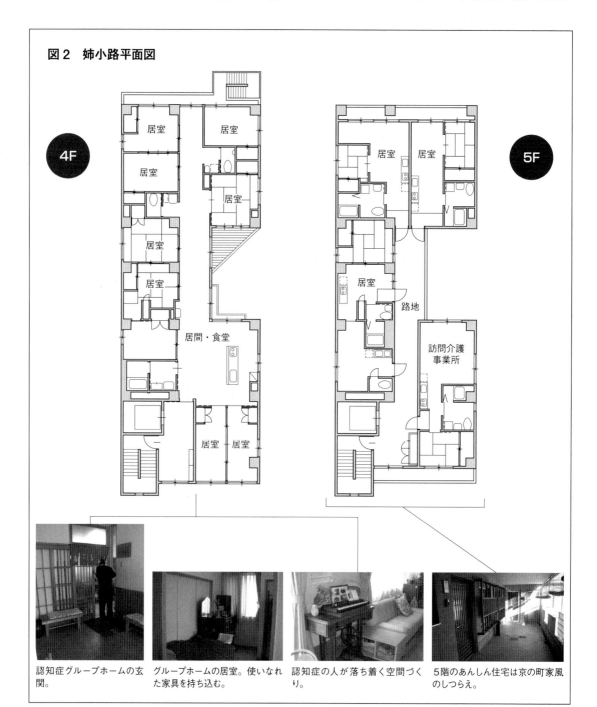

**図2　姉小路平面図**

4F

居室　居室　居室　居室　居室　居室　居間・食堂　居室　居室

5F

居室　居室　居室　路地　訪問介護事業所

認知症グループホームの玄関。

グループホームの居室。使いなれた家具を持ち込む。

認知症の人が落ち着く空間づくり。

5階のあんしん住宅は京の町家風のしつらえ。

て、配達することがあります。また、職員と一緒に利用者宅を訪れ、言葉を交わしていくうちに交流が生まれ、配食サービスの利用者がグループホームに遊びに来ることもあります。

5階は、高齢者・障害者向け住宅が3戸です。5階のみ開放廊下にし、路地に並ぶ長屋を思わせるしつらえです。各住戸は約32〜40㎡あり、浴室・台所も付いて快適です。地域で不安を抱える独居の高齢者が安心して暮らせるようにと3戸の住宅を併設しました（図2）。

小規模のため住宅専用のスタッフはいません。しかし、この建物内には約30人の介護職員がおり、職員全員で緩やかな見守りを行っています。入居者は緊急ペンダントを持ち、何かあれば職員が駆けつけます。

食事を作るのが大変なときは、配食サービスを利用したり、元気な入居者はデイサービスでボランティアをしたりと、併設の機能を活用し、職員やほかの利用者と日常的に交流しながら、地域での暮らしを継続しています。

また、2013年に訪問介護事業所を開設し、居宅・デイ・配食サービスと連携して365日、地域の高齢者の在宅生活を可能な限り支えます。屋上での家庭菜園や大文字送り火観賞など、利用者のその人らしく楽しい暮らしを多彩に演出しています。

## 住民と社会福祉法人のコラボレーションが育んだ暮らしを支える器

社会福祉法人七野会は、住み慣れた地域で住み続けたいと願う住民の声から生まれました。「地域で"その人らしく"住み続けることを支える」を理念にしており、まさに、「つくる会」の理念と同じです。市内に特養等の拠点を12か所持ち、ターミナルケアも行っているので、利用者とは「最期までのおつきあい」をモットーにしています。

開設から10年以上が経過し、姉小路の存在は地域に浸透し、制度外のことも、時間外でも、

住民から相談ごとが持ち込まれるようになりました。

土地を提供し、姉小路の運営を見守ってきたIさんは、「まだ小規模多機能施設がないときに、次の時代を見据えてつくった姉小路は、自称"京都一"、いや、"全国一"の施設になったと自負しています」と語っています。

住民と社会福祉法人が力を出し合って作りあげてきた、地域での暮らしを支える器。ほかの地域にもこのような運動が波及することを、Iさんは切に願っています。

---

**概　要**

**生活支援総合センター姉小路**
- 事業主体：社会福祉法人七野会
- 所在地：京都府京都市中京区堀川通姉小路下る　姉東堀川町76
- 構造・規模：鉄筋コンクリート造5階建て
- 事業内容：配食サービス、地域サロン、高齢者・障害者向け賃貸住宅3戸（32.2〜39.6㎡）、訪問介護事業所、認知症高齢者グループホーム（2ユニット）、通所介護事業所（定員27名）、居宅介護支援事業所
- 開設：2003（平成15）年4月

# 家族と地域につなげるホームに
# ―地域に戻るための再生の場所

**鞆の浦・さくらホーム（広島県福山市）**

　瀬戸内海に面する広島県福山市の鞆町は、万葉の時代から「潮待ちの港」として栄えた歴史ある港町です。江戸時代には北前船が往来し、朝鮮通信使が訪れ、常夜灯や雁木などの港湾施設、古寺・旧跡、町屋や浜蔵などが、往時の繁栄をしのばせます。

　しかし、主要産業である鉄鋼業の衰退と漁師の跡継ぎ不足のため、人口減少と高齢化が進行しています。まちの活力低下に伴い空家も増え、多くの貴重な古い建物が取り壊しの危機に瀕しているなかで、300年近く前に創建された由緒ある商家を再生し、「鞆の浦・さくらホーム」が2004（平成16）年4月にオープンしました。

潮待ちの港として栄えた鞆港。江戸時代の雁木・常夜灯がそのまま残る。

　「さくらホーム」は、認知症グループホームや小規模多機能型居宅介護事業所といった地域密着型サービスと、居宅介護支援事業所、デイサービスを行っています。訪れる人が「なんだかほっとする」と言うような、懐かしさとぬくもりを感じさせる空間です。利用者や家族以外の地域の人も、たくさん出入りします。ここを舞台に、認知症や障害等により閉じこもりがちになり、人間関係が切れてしまった人たちをもう一度地域につなげる。そして在宅生活を支えるネットワークを作ってから地域にお返しするという支援を

ていねいに行っています。鞆にいまだ残る濃い人間関係や、町内会組織などのコミュニティ力を活用し、地域全体の福祉力を向上させる、まさに福祉のまちづくりの実践です。

## さくらホームができるまで

　代表の羽田富美江さんは理学療法士として、介護老人保健施設に勤務していました。脳卒中の患者に一生懸命リハビリをし、家族指導や住宅改修をして自宅に帰しても、すぐにまた施設に戻って来るという現実に疑問を感じていました。それは、障害者は施設に入れるべきという感覚がまだ地域に根強くあり、自立できそうな人でも、社会参加ができないためでした。

　やがて、羽田さんはしゅうとの介護に専念することになりました。専門職として自立に向けた歩行や洗面、着替えといった訓練を課しましたが、しゅうとはそれを嫌がりました。しかし、地域の人からの温かい声かけをきっかけに、みずから積極的にリハビリに励むようになります。羽田さんが車椅子を押して外出すると、「兄さん、ビール飲みに入りない（注：鞆の言葉）」などと、しゅうとの車椅子を抱えて自宅に招き入れてくれる人もいました。地域の人たちに励まされ、自分で歩きたいと意欲を取り戻すしゅうとの姿をそばで見て、人のつながりが人を元気にすることを痛感した羽田さんは、介護のかたわら、町内会の福祉会でボランティア活動を始めました。鞆は高密居住の漁師町であり、結束力の強い町

さくらホーム外観。300年近く前に建造された由緒ある商家を再生した。

内会組織が、年間70日にも及ぶ祭を仕切って
います。この鞆に残る濃い人間関係や地縁組織
を生かしながら、認知症の人も障害のある人も
住み続けられる福祉のまちづくりができないか、
と羽田さんは考えていました。

　そんなとき、この古い商家と出会いました。
住民に親しまれてきた、江戸時代から続く酢の
醸造家でしたが、長年放置されて廃屋同然の姿
で売りに出されていました。羽田さんはまちの
記憶を継承するためにもこの建物を残すべきと
考え、ご主人を説得して買い取りました。まち
なかにあり、徒歩5分圏内に商店がすべてそろ
い、鞆で一番美しい海の景色を間近で眺めるこ
とができるなど、立地も理想的でした。

## 江戸時代の古い商家を、
## だれもがほっとする
## 癒しの空間に再生

　改修するときに建築家に注文したのは、「近所
の方が入りやすく、入ったら癒される、ほっとす
る場所に」ということでした。

　木造2階建ての外観は昔のままに、内部は、「ヤ
グラダテ」という伝統的な木組みと豪快な空間
構成を生かしており、開放感があります。鞆の
高齢者がなじみやすいよう、建具や家具はすべ
て、近所の古民家から持ち込みました。特に天
保年間に作られ、酢の醸造用に使われていた「た
る」を再利用したお風呂は、「よく温まる」と利
用者に大人気でした。このたる風呂に入りたい
ために、不自由な足を一生懸命上げることが、
リハビリにもなります。介護のしやすさや機能
性も大切ですが、より利用者の意欲を引き出す
ような環境整備に力を入れています。

　また、特に認知症の人は、見通しがよすぎる
と監視されているように感じて落ち着かないた
め、グループホームの廊下はあえてまっすぐにし
ていません。手すりも最小限にし、その代わり、
柱や家具につかまりながら歩けるように工夫さ
れています。段差やスロープも少し残っていま
す。バリアだらけの町に出ていくためには、こ
の建物内の少しくらいのバリアはクリアして、か

内部にはヤグラダテという伝統工法の木組み
を残しており、開放感がある。

懐かしい建具や民具。鞆の高齢者にとっては
なじみの空間となる。

江戸時代の樽で作られたお風呂。入浴動作
は足のリハビリにもなっている。

手すりは最小限、廊下はまっすぐにしない。
どちらも利用者に向けた配慮。

第1章　暮らしやすい生活環境をめざして

第2章　健康と自立をめざして

第3章　バリアフリーとユニバーサルデザイン

第4章　安全・安心・快適な住まい

第5章　安心できる住生活とまちづくり

事例集　地域で取り組む福祉のまちづくり実践事例

らだの機能を維持してもらおうという羽田さんの理学療法士らしい配慮です。

「地域の人に頻繁に出入りしてほしい」という思いから、新築するよりも手間とお金をかけて、古い醸造家を蘇らせました。利用者も家族も地域の人も、「実家に帰ったみたい」「ほっとする」と、買い物のついでやおしゃべりをしに気軽に立ち寄り、出会いや交流の場にもなっています。さくらホームには、古民家を再生した建物に特有の、癒しの力が空間に備わっています。認知症の人も入居後数日で落ち着くとのことです。

## 家族と地域につなげるケアの実践

小規模多機能型サービスは、「通い」を中心に、「訪問」や「泊まり」を組み合わせて、自宅での生活が継続できるように支援するというものです。さくらホームでは、利用者一人ひとりのニーズに合わせた柔軟な対応を徹底しています。たとえば「通い」を休んだ独居高齢者のお宅にスタッフが昼食を持って「訪問」し、一緒に食べることもあります。また「泊まり」も、自宅のほうが本人が落ち着くのであれば、利用者宅に職員

小規模多機能サービスでの一幕。自宅での生活を継続できるよう支援する。

鞆の町並み。散歩すると、認知症の人でも懐かしい場所で会話が弾む。

が泊まって添い寝をすることもあります。

さくらホームの利用者は、半径 1.5km 以内に自宅がある人が多く、また、職員の多くも鞆に住んでいます。一人暮らしでも、認知症や障害

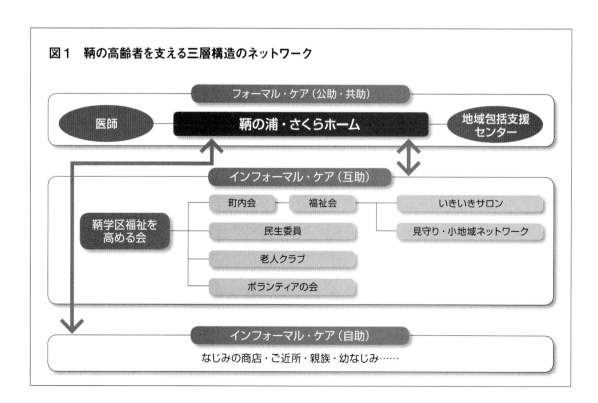

図1　鞆の高齢者を支える三層構造のネットワーク

- フォーマル・ケア（公助・共助）
  - 医師
  - 鞆の浦・さくらホーム
  - 地域包括支援センター
- インフォーマル・ケア（互助）
  - 鞆学区福祉を高める会
    - 町内会
    - 福祉会
    - いきいきサロン
    - 民生委員
    - 見守り・小地域ネットワーク
    - 老人クラブ
    - ボランティアの会
- インフォーマル・ケア（自助）
  - なじみの商店・ご近所・親族・幼なじみ……

第1章　暮らしやすい生活環境をめざして

第2章　健康と自立をめざして

第3章　バリアフリーとユニバーサルデザイン

第4章　安全・安心・快適な住まい

第5章　安心できる住生活とまちづくり

事例集　地域で取り組む福祉のまちづくり実践事例

があろうと、とにかく鞆に住み続けたい、自宅がいいという人を中心に支えています。自宅での暮らしを支えるためには、施設や職員といった専門職のかかわりに加えて、日常生活の中でその人を見守る近隣ネットワークが不可欠です（図1）。

そこで、さくらホームが最も大切にしている理念は、「家族と地域につなげるホームにする」。ケアは施設の中で完結せず、買物や散歩と称して頻繁に利用者と職員が外出し、地域力を活用するケアプランを立てています。鞆は古い町並みが残っているので、懐かしい場所にくると、認知症の人も記憶が蘇り会話が戻ってきます。また、近隣の人から声をかけられたり、懐かしい知人に再会したりして、「座っていき」と呼びとめられ、お茶を出してもらったりします。高齢者のたまり場になっているお店や海の見えるベンチ、町内会長や世話人等のお宅に職員が出勤途中等に顔を出し、情報交換をします。そうして、利用者と地域の人たちとの関係づくりを行い、職員が見守りを依頼します。さらに、疎遠になってしまった家族との関係を再構築したり、利用者の家族会と交流をしたり、家族による介護体験の発表会を行うなどして、地域住民や家族をケアに引き込み、互いに助け合う関係を作っていきます。

福祉のまちづくりとは、認知症や障害のある人の受け皿をまちなかにどれだけ整備できるかということと、羽田さんは言います。その受け皿を大きくするために、「学区福祉を高める会」や町内会に設置される「いきいきサロン」などにさくらホームの職員がかかわり、認知症や介護に関する知識を浸透させ、また、身近な住民どうしによる支え合いの活動を支援しています。

このようにして、建物や職員を媒介にして利用者と地域との関係を作り、地域に受け皿を作って地域に戻す。施設は、決して終着点ではなく、回復して地域に戻る再生の場なのです。このような活動が成果を結びつつあり、認知症のかかわりにおいて大切な「早期発見」の情報が、まちの人たちからさくらホームに持ち込まれるよう

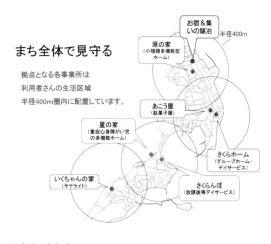

**まち全体で見守る**

拠点となる各事業所は
利用者さんの生活区域
半径400m圏内に配置しています。

になりました。

今や鞆の町には、目に見えない見守りネットワークが張り巡らされ、まち全体が、認知症の人も安心して暮らせるグループホームになりつつあるといえそうです。

「鞆の浦・さくらホーム」は2004（平成16）年の開設以来、空き家等を活用し、鞆の浦の各所に、子どもから高齢者まで、新たなサービスを作り出しています。

小規模多機能型居宅介護事業所は、本体事業所を「原の家」として、「さくらホーム」と「いくちゃんの家」をサテライトと位置づけました。また、障害のある子どもたち向けに、重度心身障害児のための多機能ホーム「星の家」、放課後等デイサービス「さくらんぼ」を開設。さらには、駄菓子屋や、「お宿＆集いの燧冶（ひうちや）」などを展開し、認知症の高齢者が駄菓子屋やお宿のお手伝いをするなど、多世代が交流し、支え合う地域共生社会を目指しています。

### 概要

**鞆の浦・さくらホーム**

⚫ 所在地：広島県福山市鞆町鞆552
⚫ 事業主体：有限会社親和
⚫ 事業内容：通所介護事業所（18名）、認知症グループホーム（9名）、小規模多機能型居宅介護事業所（29名、サテライト1　12名　サテライト2　12名）、居宅介護支援事業所
⚫ 開設：2004（平成16）年4月

# 1本の手すりで人生が変わる
## ～日々の暮らしを自立して生き生きと続けるために

### 慢性関節リウマチ等・M子さんの例

　高齢者や身体が不自由な障害者が、残存機能を最大限活用して、毎日同じようにくり返される普通の暮らしを、できる限り自立することはとても大切なことです。このことがその人の生きる自信になり、自分の人生で本当にやりたいことを見つけ、それを続ける糧にもなると私は考えています。

　私は地域医療の中で訪問リハビリテーション(以下、リハビリ)を20年以上続けてきました。訪問リハビリは、病院等に入院していた患者さんが自宅に戻ってから、日々の暮らしを自立して生き生きと暮らし続けるためにはどうすればよいかを、個々の自宅を訪問して現実の生活の中で本人とともに考え、支えていくのが仕事です。

　私が初めて訪問したとき、M子さん(74歳)はおむつを使っていました。ベッドの脇にはポータブルトイレが置かれていましたが、移乗には介助が必要で、さらに夜間頻尿です。夜間頻尿は夜になるとトイレの利用回数が増えることで、老化現象の一つと考えられ、ひどくなると30分間隔になる人もいます。夜間の家族の身体的負担が大きくなるために、M子さんもおむつをすることになったのです。

　「あんただって、下(しも)のことで人のせわになるのはいやじゃろう。早くおむつをとって、自分でできるようになりたいのう。」

　M子さんは、排泄のことは自分で始末したいという願いがとても強かったのです。私の経験では訪問リハビリの6割以上が排泄関連の相談です。M子さんには心臓病、慢性関節リウマチ、高血圧症などの持病があります。しかし、そんなことは少しも苦にされず、テレビの水戸黄門のように豪快に笑っていました。

　1年以上寝たままだったので、全身の筋力低下はあるものの、両下肢の動きは良いことがわかりました。慢性関節リウマチのために両上肢

の変形はありますが握力は比較的保たれていました。そこで、多少力を入れても動かないようなしっかりした縦手すりをベッドの脇に取り付けました。体調の良いときには、おむつをはずし、手すりを両手で握りながら、ポータブルトイレへの移乗を試みました。M子さんは、決して弱音をはかず、黙々と移乗動作の自立に励みました。

　しばらくして、一段と明るい顔で「おむつがとれたよ」との報告がありました。自分でポータブルトイレに移乗できるようになったのです。夜間の頻尿もしばらくして卒業することになりました。歯車が良い方向にまわりだしたのです。この縦手すりはカナダで開発されたものです。天井と床をバネで支えて固定する突っ張り棒の親玉のようなもので、日本の伝統的な建築様式では吊り天井のために、上方への突き上げに対する強度が弱く、取り付けられないこともあるの

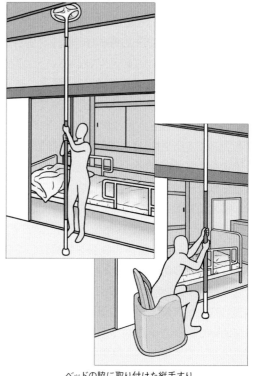

ベッドの脇に取り付けた縦手すり

で注意が必要です。今は日本の複数のメーカーで作られており、介護保険の福祉用具レンタルで活用することもできます。

　その後の生活は、昼間の足元がよく見える明るい時間は自宅のトイレまで多脚つえ（つえ先が4脚に分かれた安定の良いつえ）を使いながら移動できるようになり、夜間の暗い時間はベッド脇の縦手すりとポータブルトイレを使い、排泄関連動作は完全に自立しました。1階で金物

屋を営んでいるためM子さんの住まいは2階です。毎日くり返される暮らしの中で移動動作も安定し、手すりを使いながら階段昇降も安全に一人でできるようになりました。店の前にはバスの停留所がありベンチが置かれています。毎朝、自分で階段を下りて近所に住むお仲間と談笑し、下町のおばさんの顔と暮らしに戻ることができました。

## コーディネーター実践事例2

# リアルニーズを見極めるには
# ～最適な用具を選択する感性をみがく

## 交通事故および脳梗塞後遺症・Aさんの例

　わが国は人生100年時代を迎え、近未来には人口のおよそ4割が65歳以上の高齢者となります。これは「高齢社会」先進国の日本だけの問題ではなく世界的な課題となりつつあります。高年齢になると要支援率・要介護率は性別に関係なく加齢とともに急上昇し、85歳以上では半数以上の人が要支援・要介護状態になります。要介護状態を減らすにはその人の自立を支援する必要があります。自立支援は介護予防とほぼ同様の概念で、高齢者が日々の暮らしを自立し、最期まで生き生き生活を続けられるよう支援することです。それには①心身の状態を整える、②日々の暮らしを自立する、③自分の人生で本当にやりたいこと、好きなことをみつける、という3段階があり、これらのどれから始めても良いでしょう。私が所属する東京都福祉保健財団には多種多様な専門家のネットワークがあり、地域だけでは解決が困難な事例の相談を受け付けています。今回は自立支援の「②日々の暮らしを自立する」に当てはまる事例をご紹介します。

　ニーズはフェルトニーズ（利用者が感じるニーズ）、ノーマティブニーズ（専門家のニーズ）、リアルニーズ（真のニーズ）の3種類に分けて考

えることができます。真のニーズを見極めるためにするべきことの一つ、個別訪問指導はとても重要です。毎日の食事メニューにかかわる食材、調理法、調味料等の食に関することは自立支援の①で最も大切な要素の一つだからです。相談される人の地域における生活環境。ここではその人の周りにある建築物、商店、公園、道路、交通機関などすべてを知る必要があります。周りに何があるのか、どんな街並みなのか、その方の自宅の周りを歩きまわるのも良いでしょう。というのも、今回のケースはそこに気がまわらず、私も未熟であると反省した事例だからです。

　1年ほど前、都内に住むAさん（62歳）について地域包括支援センターから相談を受けました。自宅は4階建て鉄骨造り、ご本人は交通事故および脳梗塞の後遺症のため両手指には変形と筋力低下があります。階段には頑丈な手すりが両側に付いていますが、手すりによる階段昇降はほぼ不可能です。日々の暮らしを自立したいので、何とか2階まで上りたいと強く希望しています。福祉事務所からは、1階で生活が成り立つため無理にリスクを冒してほしくないと回答されたのですが、本人がどうしても階段を利

用したいと聞かないために、専門家の派遣を要請したとのことでした。コロナ禍で緊急事態宣言の折でしたが、自宅を訪問し、本人の身体状況等を理学療法の動作・歩行分析に基づく身体機能評価をした結果、階段の昇降は十分可能と判断し、オーダーメイド階段昇降支援用具を作りました。私の専門はインダストリアルデザインで、専門分野は福祉用具などの研究開発および普及です。

　この種の対応で一番大切なことは短時間で結果を出すことです。長引くと意欲や身体機能が低下するなど状況が変わることが多いので、なるべく早期に結果を出す必要があります。近くのホームセンターをまわり、必要な材料をかき集め1週間で完成させました。1年半ぶりに階段昇降が自立したAさんは、2階に一人で上がり、その日のデイサービスで着る衣類を抱えて1階に戻ったときの笑顔を、私は今でも鮮明に覚えています。

　その後、地域事例検討会議にAさんも参加し、

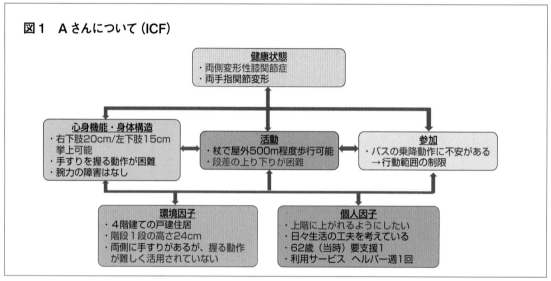

図1　Aさんについて（ICF）

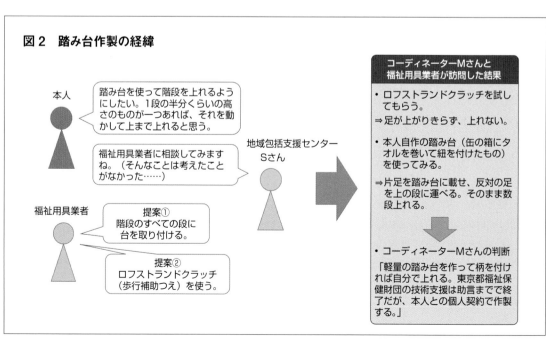

図2　踏み台作製の経緯

そこで真のニーズが判明しました。前年の台風で近くの川が氾濫しかかり、このままでは水死してしまうという強い恐怖があったそうです。生き残るためには2階、3階と自力で避難する必要があったのです。地域のハザードマップを見ると確かに危険な場所でした。Aさんは「この階段昇降用補助用具で安心してここに住み続けられる」とはじめて真のニーズを明かしてくれたのです。

　私はまだまだ未熟ですが、専門家には真のニーズは何かをさぐる感性が求められています。福祉用具等の自立支援用具は、うまく使えば何らかの事情で急速に低下する心身機能を一時的に補うことが可能です。少しの補助で自立が維持できるので、即効性のある自立支援の手段と言えます。しかし、なんでも用具に頼れば良いという問題でもなく、正しく選択する必要があります。

　群馬県中之条町では、東京都健康長寿医療センター介護予防研究で5,000人の高齢者に歩行を主に自立支援を15年間続けたところ、医療費が大幅に削減されました。全国には65歳以上しか住んでいない集落が1,000以上あると言われています。その一つ、徳島県上勝町では自立支援事業で高齢者が中心となり、野山の草葉を料理のツマとして料亭に販売する事業を始めました。皆が良葉を探し野山を歩きまわったため歩行距離が長くなり、健康で長寿になりました。その結果、町が活性化し若者の移住が増えてきました。国の地方創生事業費を活用し、自立支援で地方に新たな産業を創り、高齢者も地域も元気になれば幸いです。

作製した踏み台

# 社会福祉援助技術

## 1　問題を抱える利用者への支援技術（方法）

　福祉サービスを供給するとき、現場では実際に利用者と接することになります。そのような相談援助活動の場において活用されるのが、社会福祉援助技術です。

　社会福祉援助技術は、利用者の抱えている問題の解決を支援するための専門的援助技術の総称です。

## 2　社会福祉援助技術の体系

　対人福祉サービスの利用者や対象の種類を大きく分ければ、個人、家族、小集団、地域社会、医療、施設、機関となります。これらの状況に対応した社会福祉援助技術が存在し、直接援助技術・間接援助技術・関連援助技術に大別されます。

　直接援助技術は、個人や家族、小集団などの利用者に直接的、対面的に働きかけて、福祉問題や生活問題の解決を援助する技術で、利用者との直接・対面的関わりの中で提供する際に用いられる技術であり、個別援助技術と集団援助技術があります。

　間接援助技術は、地域社会、医療、福祉施設、機関などにおいて、直接援助技術をより効果的に推進させるために援助する技術で、地域援助技術、社会福祉調査法、社会福祉運営管理、社会活動法、社会福祉計画法があります。

　関連援助技術は、利用者の福祉的課題や生活問題に対して関連的に支援する技術であり、直接援助技術および間接援助技術と深く関わり合いながら、援助活動を有効に促進させることを主眼として用いられる技術であり、ネットワーク、ケアマネジメント、スーパービジョン、カウンセリング、コンサルテーションがあります。

## 3　個別援助技術（ケースワーク）の原則

　個別援助技術は、個人や家族が抱える心理・社会的な生活課題（問題）に対し、生活課題を解決したり、緩和するように個別的に援助してい

く技術です。個別援助技術は多くの援助方法がある中で、基本的な技術として定着しています。

　住宅改修や福祉用具のサービス提供においては個別援助技術の手法が有効です。その際の援助者がとるべき基本的姿勢については、バイステック（Biestek, F. P.）が示した7原則が参考になります。

## 4　個別援助技術（ケースワーク）の展開過程

　利用者と援助者の専門的対人関係の展開は、以下のとおりです。

### （1）インテーク（受理面接）

　福祉サービスを利用しようとする申請者と援

## 表　社会福祉援助技術の体系

| 直接援助技術 | 個別援助技術（ケースワーク） |
| --- | --- |
| | 集団援助技術（グループワーク） |
| 間接援助技術 | 地域援助技術（コミュニティワーク） |
| | 社会福祉調査法（ソーシャルワーク・リサーチ） |
| | 社会福祉運営管理（ソーシャル・アドミニストレーション） |
| | 社会活動法（ソーシャル・アクション） |
| | 社会福祉計画法（ソーシャル・プランニング） |
| 関連援助技術 | ネットワーク／ケアマネジメント／スーパービジョン／カウンセリング／コンサルテーション |

## 表　バイステックの7原則

| 個別化の原則 | 一人ひとりのクライエント（利用者）が独自性をもつ存在であることを認める。 |
| --- | --- |
| 意図的な感情表出の原則 | クライエントがもつ否定的な感情を自由に表出できるようにする。 |
| 統制された情緒的関与の原則 | 援助者が自分の個人的感情を制御することで、クライエントの感情に共感する。 |
| 受容の原則 | クライエントの態度や行動をあるがままに受け止める。 |
| 非審判的態度の原則 | 援助者が、自分の倫理観や価値観のみで、クライエントを裁いてはならない。 |
| 自己決定の原則 | クライエント自身の生活、人生についての選択、決定はクライエント自身がするのであって、援助者ではない。 |
| 秘密保持の原則 | 援助の過程で知り得たクライエントの情報について、他者に漏らしてはならない。 |

助者、援助機関とが最初に出会う段階です。

この段階では、申請者との信頼関係（ラポール）を築くとともに主訴を明確に把握することが必要です。さらに、所属機関の提供できるサービスを説明し、申請者のニーズに対応できるかどうか、サービスを利用するかどうかを決定できるようにします。また、援助者が所属する機関や施設では、利用者の主訴に対する援助ができないことが明らかとなった場合には、当該機関では対応できないことを告げ、適切な機関や施設への送致・紹介を行います。

### (2) アセスメント（事前評価）

情報収集と分析を主として行い、利用者の解決すべき課題を明確にする段階です。

利用者の話を傾聴し、生活状況、問題に関する状況などとともに、利用者自身の強みや健全な側面なども把握します。また、利用者の希望、価値観などを組み込むことも重要です。

### (3) プランニング（援助計画）

アセスメントに基づいて、具体的な問題解決の方法を計画する段階です。利用者自身が問題解決への意欲をもつためには、利用者の参加が不可欠となります。利用者が容易に理解できる言葉を用いて説明し、合意を得ること（インフォームド・コンセント）が重要です。

### (4) インターベンション（援助的介入）

援助の展開期であり、利用者自身、利用者の生活、利用者を取り巻く状況、環境、および利用者と社会環境との関係性に直接的に関わっていく段階です。援助者や施設・機関が有する機能、社会資源などを適切に活用し、利用者のもつ可能性や潜在能力をできるだけ発揮できるように援助することが求められます。

利用者のニーズと社会資源とを結びつけ、調整を行うケアマネジメント、利用者の本来もつ力を回復・強化させて主体性を促すエンパワメント、意思表示が困難な利用者に代わって権利擁護するアドボカシー（代弁）などの活動が必要となります。

### (5) モニタリング（分析・評価）

援助の過程は一方向の直線ではなく、常にフィードバックされます。モニタリングは、援助が円滑に、効果的になされているか、利用者に意味と価値のある計画と実践となっているかなどを分析・評価する段階です。必要な場合にはアセスメントに戻って、再度、計画の立て直しがなされます。

### (6) エバリュエーション（事後評価）

サービスの提供が利用者にとってどのような意味と効果をもたらしたかを総合的に判断する段階です。近年では、利用者によるサービス評価、第三者によるサービス評価が行われるようになり、事後評価の意味が重要になっています。

### (7) ターミネーション（終結）

利用者の問題が解決し、援助が必要ではなくなった場合は終結します。

### (8) アフターケア

利用者がサービス利用を終結した後にも、利用者は不安や生活上の困難に遭遇することがあります。そうした事態に対応するために終結後もフォローアップを行います。

**図　個別援助技術の展開過程**

| | |
|---|---|
| 1 | ・受理面接（インテーク） |
| 2 | ・事前評価／問題の理解と査定（アセスメント） |
| 3 | ・援助計画の作成（プランニング） |
| 4 | ・援助的介入／具体的サービスの提供（インターベンション） |
| 5 | ・効果の分析・評価／フォローアップ（モニタリング）<br>※効果が確認できない場合は、2のアセスメントに戻る。 |
| 6 | ・事後評価／援助効果の評価（エバリュエーション） |
| 7 | ・終結（クローズド、ターミネーション） |
| 8 | ・終結後の支援（アフターケア） |

第1章　暮らしやすい生活環境をめざして

第2章　健康と自立をめざして

第3章　バリアフリーとユニバーサルデザイン

第4章　安全・安心・快適な住まい

第5章　安心できる住生活とまちづくり

事例集　地域で取り組む福祉のまちづくり実践事例

# 索引

**太数字**は用語解説あり

# 福祉住環境コーディネーター検定試験®（3級）のご案内

2022年7月時点の情報です。最新情報は東商検定ウェブサイトからご確認ください。

## ■試験要項

| 主　催 | 東京商工会議所・各地商工会議所 |
| --- | --- |
| 出題範囲 | 3級公式テキスト（改訂6版）に該当する知識と、それを理解した上での応用力を問います。<br>※東商検定ウェブサイト上で随時公表される「公式テキスト追補資料」も出題範囲に含まれます。 |
| 試験方式 | IBT・CBT |
| 合否基準 | 100点満点とし、70点以上をもって合格とします。 |
| 受験料（税込） | 5,500円 |

## ■試験方式について

| 受験方式 | IBT | CBT |
| --- | --- | --- |
| 概　要 | 受験者ご自身のパソコン・インターネット環境を利用し、受験いただく試験方式です。<br>受験日時は所定の試験期間・開始時間から選んでお申込みいただきます。 | 各地のテストセンターにお越しいただき、備え付けのパソコンで受験いただく試験方式です。<br>受験日時は所定の試験期間・開始時間から選んでお申込みいただきます。<br><br>※受験料の他にCBT利用料2,200円（税込）が別途発生します。 |
| 2022年度<br>試験日程 | ※IBT・CBT方式共通<br>■第48回　【申込期間】　6月15日（水）〜6月27日（月）<br>　　　　　　【試験期間】　7月22日（金）〜8月8日（月）<br>■第49回　【申込期間】　10月5日（水）〜10月17日（月）<br>　　　　　　【試験期間】　11月11日（金）〜11月28日（月） | |
| 試験時間 | 90分<br>※別に試験開始前に本人確認、受験環境の確認等を行います。 | |
| 受験場所 | 自宅や会社等<br>（必要な機材含め、受験者ご自身で手配いただく必要があります） | 全国各地のテストセンター |

---

## お問い合わせ

東京商工会議所　検定センター
TEL:03-3989-0777（2022年8月12日まで）
※2022年8月15日から以下の番号に変更となります
TEL:050-3150-8559
（土日・祝休日・年末年始を除く 10:00 〜 18:00）
https://kentei.tokyo-cci.or.jp/fukushi/

## 執筆者担当一覧

坂本　洋一　　元　和洋女子大学生活科学系　教授
　　　　　　　（第1章1節）

野村　歡　　　日本大学理工学部　教授　元　国際医療福祉大学大学院　教授
　　　　　　　（第1章2節、第4章1節・2節）

菊池　和美　　帝京平成大学健康メディカル学部作業療法学科　教授
　　　　　　　（第1章3節）

柴田　博　　　桜美林大学　名誉教授　日本応用老年学会会長
　　　　　　　（第2章1節）

寺山久美子　　大阪河崎リハビリテーション大学　副学長・教授
　　　　　　　（第2章2節）

和田　光一　　創価大学　名誉教授
　　　　　　　（第2章2節コラム）

川内　美彦　　東洋大学人間科学総合研究所　客員研究員
　　　　　　　（第3章1節）

星川　安之　　公益財団法人共用品推進機構　専務理事・事務局長
　　　　　　　（第3章2節）

山内　繁　　　特定非営利活動法人支援技術開発機構　理事長
　　　　　　　（第3章2節）

田中　賢　　　日本大学理工学部まちづくり工学科　教授
　　　　　　　（第4章1節・2節）

池田由里子　　株式会社リハブインテリアズ　インテリアコーディネーター・理学療法士
　　　　　　　（第4章1節コラム）

相良　二朗　　神戸芸術工科大学大学院芸術工学研究科長／
　　　　　　　芸術工学部プロダクト・インテリアデザイン学科教授
　　　　　　　（第5章1節）

吉村　直子　　株式会社長谷工総合研究所　取締役・主席研究員
　　　　　　　（第5章2節）

水村　容子　　東洋大学ライフデザイン学部人間環境デザイン学科　教授
　　　　　　　（第5章3節）

落合　明美　　一般財団法人高齢者住宅財団　企画部長
　　　　　　　（実践事例①〜④）

望月　彬也　　有限会社望月彬也リハデザイン　代表取締役
　　　　　　　（コーディネーター実践事例①・②）

筒井　澄栄　　創価大学大学院　文学部　教授
　　　　　　　（事例集コラム）

<編者>東京商工会議所

<テキスト企画委員会>
委 員 長　大原　一興　横浜国立大学大学院都市イノベーション研究院　教授
副委員長　和田　光一　創価大学　名誉教授

**福祉住環境コーディネーター検定試験® 3級公式テキスト　改訂6版**

| | | |
|---|---|---|
| 2007年2月25日 | 新　版　発　行 | |
| 2011年1月31日 | 改　訂　版　発　行 | |
| 2014年1月31日 | 改 訂 2 版 発 行 | |
| 2015年2月15日 | 改 訂 3 版 発 行 | |
| 2016年1月31日 | 改 訂 4 版 発 行 | |
| 2019年1月31日 | 改 訂 5 版 発 行 | |
| 2022年2月18日 | 改 訂 6 版 発 行 | |
| 2022年7月28日 | 改訂6版第2刷発行 | |

編　者　　東 京 商 工 会 議 所
発 行 者　　湊　元　良　明
発 行 所　　東 京 商 工 会 議 所
　　　　　　　　　検定センター
〒100-0005 東京都千代田区丸の内3-2-2
　　　　　　（丸の内二重橋ビル）
　　　　TEL 03-3989-0777
制　　作　　(株)社会保険研究所
〒101-8522 東京都千代田区内神田2-15-9
　　　　TEL 03-3252-7901(代)
印 刷 所　　富士美術印刷(株)